U0941127

中国食品药品检验年鉴

STATE FOOD AND DRUG TESTING YEARBOOK

2017

中国食品药品检定研究院　组织编写

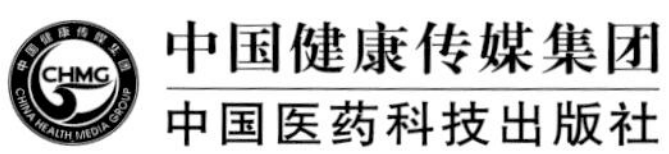
中国健康传媒集团
中国医药科技出版社

内容提要

《中国食品药品检验年鉴2017》是一部反映中国食品药品检定研究院及各地方食品药品检验检测机构2017年在药品、生物制品、医疗器械、食品、化妆品等方面的监督检验工作及科研成就的年度资料性工具书，由中国食品药品检定研究院组织编纂。书中包括特载、附录及第一至第十三部分，主要分为检验检测、标准物质与标准化研究、食品药品技术监督、质量管理、科研管理、系统指导、国际交流与合作、信息化建设、党的工作、综合保障、部门建设、中国食品药品检定研究院大事记、地方食品药品检验检测等。可供关心、关注中国食品药品检验检测事业发展的人士、各级食品药品监管部门的管理者参阅。

图书在版编目（CIP）数据

中国食品药品检验年鉴.2017／中国食品药品检定研究院组织编写.—北京：中国医药科技出版社，2019.4

ISBN 978－7－5214－1038－9

Ⅰ.①中…　Ⅱ.①中…　Ⅲ.①食品检验－中国－2017－年鉴 ②药品检定－中国－2017－年鉴　Ⅳ.①TS207.4－54 ②R927.1－54

中国版本图书馆CIP数据核字（2019）第050121号

美术编辑　陈君杞
版式设计　张　璐

出版　**中国健康传媒集团**｜中国医药科技出版社
地址　北京市海淀区文慧园北路甲22号
邮编　100082
电话　发行：010－62227427　邮购：010－62236938
网址　www.cmstp.com
规格　889×1194mm 1/16
印张　17
字数　375千字
版次　2019年4月第1版
印次　2019年4月第1次印刷
印刷　三河市万龙印装有限公司
经销　全国各地新华书店
书号　ISBN 978－7－5214－1038－9
定价　298.00元

编辑委员会

编纂说明

《中国食品药品检验年鉴》是由中国食品药品检定研究院编纂出版的一部综合反映中国药检系统对食品、药品、保健食品、化妆品、医疗器械等监督检验、科研成就的大型年度资料性工具书。

《中国食品药品检验年鉴》编委会主任、副主任由中国食品药品检定研究院院领导担任，编委会委员由中国食品药品检定研究院各所、处（室）、中心主要负责人担任，执行委员由中国食品药品检定研究院办公室主要负责同志担任。

《中国食品药品检验年鉴 2017》框架设置包括特载、附录及第一至第十三部分，分别为：检验检测、标准物质与标准化研究、食品药品技术监督、质量管理、科研管理、系统指导、国际交流与合作、信息化建设、党的工作、综合保障、部门建设、中国食品药品检定研究院大事记、地方食品药品检验检测。地方食品药品检验检测章节，收载各省级（含副省级）食品、药品、药用包材辅料检验机构，中央军委后勤保障部卫生局、武警部队药品仪器检验所，通过国家资质认可的各有关医疗器械检验机构共 31 个单位的 2017 年工作内容。收载范围包括：重要会议、领导讲话、报告、政策法规等；机构调整改革及重要人事变动相关信息；检验检测中的重要活动、举措和成果；食品药品安全突发事件应急检验；具有统计意义、反映现状的基本数据和专业性信息资料。

▲ 2017 年 5 月 4 日，国家食品药品监督管理总局与丹麦环境食品部、丹麦卫生部在中检院举行中丹食品药品监管合作中心启动仪式。丹麦首相拉斯穆森与中国全国人大常委会副委员长艾力更·依明巴海出席并致辞。国家食品药品监督管理总局局长毕井泉、副局长郭文奇与丹麦环境食品部部长拉尔森、卫生部代理部长克洛赫一道为中丹食品药品监管合作中心揭牌。

▲ 2017 年 5 月 4 日，中丹合作中心成立时，丹麦首相拉斯穆森一行参观中国食品药品检定研究院化药所实验室。

▲ 2017 年 1 月 18 日上午，全国食品药品医疗器械检验工作电视电话会议在北京市召开。国家食品药品监督管理总局副局长、党组成员、药品安全总监孙咸泽出席会议并讲话。中国食品药品检定研究院院长、党委书记李波作工作报告。

▲ 2017 年 8 月 31 日，全国食品药品医疗器械检验工作座谈会在西安市召开。

▲ 2017 年 9 月 25 日，中国食品药品检定研究院举办院士工作站揭牌仪式暨科技周开幕式活动。

▲ 2017 年 9 月 27 日，国家食品药品监督管理总局副局长焦红一行到中国食品药品检定研究院（大兴新址）调研指导工作，并出席医疗器械注册检验工作座谈会，听取对部分检验机构调研以及信息化建设等情况的汇报。

▲ 2017年4月7日，世界卫生组织（WHO）传统医药合作中心揭牌仪式在中国食品药品检定研究院举行。

▲ 2017年3月28日，中国食品药品检定研究院院长李波与英国生物制品检定所所长 Christian Schneider 签订 EV71 国际标准品的共同分发协议。

▶ 2017 年 5 月 8 日，中国食品药品检定研究院院长李波与日本 NIID 院长 Ichiro Kurane 签署合作备忘录。

◀ 2017 年 5 月 8 日 ~9 日，第三届疫苗研究及质量控制国际研讨会在中国食品药品检定研究院（大兴新址）举办。

▶ 2017 年 11 月 28 日 ~29 日，由中国食品药品检定研究院主办，深圳市药品检验研究院协办的中国药品质量安全年会暨药品质量技术培训会在深圳市召开。

◀ 2017年2月21日~22日，中国食品药品检定研究院组织召开2017年医疗器械行业标准制修订项目立项工作会。

▶ 2017年4月6日，中国药检（三品一械检验检测系统）能力验证专家委员会第一届会议在南宁市召开。会议由中国食品药品检定研究院主办、广西食品药品检验所承办。

▶ 2017 年 4 月 8 日，由中国食品药品检定研究院、广东省疾病控制中心联合举办的化妆品眼刺激和腐蚀性替代方法国际专家研讨会在珠海市召开。

◀ 2017 年 4 月 12 日，医疗器械检验机构比对试验工作会议在苏州市召开。

◀ 2017 年 4 月 26 日 ~ 28 日，中国食品药品检定研究院对深圳市药品检验研究院申报口岸药检所进行现场评估。

▶ 2017 年 6 月 5 日 ~7 日，中国食品药品检定研究院对山东省食品药品检验研究院申报口岸药检所进行现场评估。

▲ 2017 年 6 月 29 日，由中国食品药品检定研究院主办、新疆维吾尔自治区食品药品检定所协办的人参中有机氯农残测定能力验证计划分析总结会在乌鲁木齐市召开。

▲ 2017 年 7 月 13 日，中国食品药品检定研究院在通化市召开《药用辅料与药物相容性研究指导原则》定稿讨论会。

◀ 2017 年 7 月 19 日，中国食品药品检定研究院在北京市举办了 2017 年国家实验动物种子中心发展研讨会。

▶ 2017 年 8 月 9 日~11 日，由中国食品药品检定研究院主办、青海省药品检验检测院承办的国家食药监总局药化注册司专项 12 种特色民族药材检验方法的示范性研究结题会议在西宁市召开。

▶ 2017年8月20日～22日，中国食品药品检定研究院对湖南省药品检验研究申报口岸药检所进行现场评估。

◀ 2017年9月5日，中国食品药品检定研究院在乌鲁木齐市举办药包材标准与关联审评及相容性检验检测技术培训班。

▶ 2017年9月6日，中国食品药品检定研究院在北京市召开了第四届全国药检系统实验动物学术交流会。

◀ 2017年9月19日～20日，中国食品药品检定研究院在南京市举办2017年医疗器械标准化综合知识培训班。

▲ （苏州分会场）

▲ （深圳分会场）

▲ （北京分会场）

▲ （景德镇分会场）

中国食品药品检定研究院举办新版《医疗器械分类目录》实施政策解读及综合知识培训班。

▶ 2017年10月24日～26日，中国食品药品检定研究院对辽宁省药品检验检测院申报口岸药检所进行现场评估。

◀ 2017年10月24日～27日，由中国食品药品检定研究院与美国体外科学研究院（IIVS）主办、山东省食品药品检验研究院承办的第五期化妆品体外试验技术培训班在济南市举行。

2017年11月6日~8日，中国食品药品检定研究院在济南市召开医疗器械能力验证和比对试验结果分析研讨会。

2017年11月7日~8日，中国食品药品检定研究院在南宁市召开第三届全国药包材与药用辅料检验检测技术研讨会。

◀ 2017年11月15日～17日，由中国科学技术协会主办、中国药学会承办，中国食品药品检定研究院、山东省食品药品检验研究院、河北省药品检验院、安徽省食品药品检验研究院、中国中药协会中药质量与安全专业委员会协办的第334次青年科学家论坛在北京市召开。

▶ 2017年11月29日～30日，中国食品药品检定研究院中药民族药检定所代表国家食品药品监督管理总局荣获2017年全国科学实验展演汇演二等奖。

▲ （武汉分会场）

▲ （苏州分会场）

中国食品药品检定研究院举办 WHO 药品质量保证相关工作规范培训班。

▲ 2017 年 12 月 23 日，中国食品药品检定研究院和国家纳米科学中心联合建立的“医用纳米材料检测与评价”联合实验室启动会暨揭牌仪式在北京市召开。

▲ 2017 年 12 月 25 日，中国食品药品检定研究院在北京市召开 2017 年度药包材、药用辅料检验实验室能力验证工作总结会。

◀ 2017年3月17日，中国食品药品检定研究院中药民族药检定所与香港中文大学中医药研究发展中心签署合作协议。

▶ 2017年6月6日～8日，中国食品药品检定研究院在上海市承办了医疗器械监管机构国际论坛（IMDRF）国际标准研究工作组会议。参加此次会议的外方人员包括德国、美国、加拿大、俄罗斯、巴西、日本等7个监管机构以及DITTA和GMTA等医疗器械行业协会的代表共15人。

◀ 2017年6月14日，日本化妆品工业联合会专务领事山本顺二一行4人访问中国食品药品检定研究院。

▶ 2017年10月26日，欧洲药典委员会草药组专家霍仲熙（Erich Stoeger）教授来中国食品药品检定研究院中药民族药检定所开展学术交流。

► 2017年11月2日，美国杰克逊实验室副总裁 Auro Nair 和中国区代表张雪峰博士来到中国食品药品检定研究院进行了有关实验动物技术和管理方面的交流访问。

◄ 2017年12月6日，中国食品药品检定研究院院长李波会见来访的WHO专家。

► 2017年12月5日～9日，中国食品药品检定研究院孙会敏研究员赴美参加2017年度美国药典委员会药用辅料专家委员会会议。

◀ 2017 年 7 月 31 日，中共中国食品药品检定研究院第二次代表大会在院新址报告厅隆重召开。

▲ 2017年10月18日上午，中国食品药品检定研究院集中组织观看十九大视频直播。

▲ 2017年10月27日，中国食品药品检定研究院召开党委扩大会议，组织“两委”委员、支部委员、科室副主任等干部传达贯彻十九大精神。

▶ 2017 年 11 月 8 日，中国食品药品检定研究院党委理论学习中心组学习十九大会议精神。

◀ 2017 年 11 月 16 日，中国食品药品检定研究院以“学习贯彻十九大精神，助力推进全面深化改革”为主题举办了民主党派智库论坛活动。

▲ 2017 年 7 月 10 日，中国食品药品检定研究院组织党员领导干部参观北京市反腐倡廉警示教育基地。

▲ 2017 年 9 月 20 日，中国食品药品检定研究院召开党风廉政教育专题培训班。

▶ 2017 年 2 月 8 日，广西壮族自治区副主席黄日波一行视察广西 – 东盟食品药品安全检验检测中心实验大楼建设现场。

◀ 2017 年 5 月 18 日，天津药检院开展“公仆心 公仆情 志愿服务社区行”大型户外志愿服务活动。

► 2017年5月22日，河南省省长陈润儿一行在河南省食品药品检验所视察指导工作。

◄ 2017年6月23日，全国食品宣传周期间，陕西省政协副主席冯月菊在陕西省食品药品监督检验研究院展台前观看。

► 2017年6月26日～29日，由西藏自治区人力资源和社会保障厅主办、西藏自治区食品药品检验所承办的2017年全国藏药质量标准高级研修班在拉萨市举办。

◄ 2017年7月18日，浙江省食品药品检验研究院举办食品药品安全与技术发展研讨会暨建院60周年学术会议。

► 2017年9月4日下午，谢茹副省长莅临江西省医疗器械检测中心调研指导。

◄ 2017年9月7日，由浙江省食品药品检验研究院牵头的全国首个化妆品毒理学替代方法研究国际合作项目总结交流会在杭州市召开。

▲ 2017 年 12 月 7 日，国家食品药品监督管理总局副局长尚勇一行到湖南省药品检验研究院视察指导。

▲ 2017 年 12 月 27 日，国家食品药品监督管理总局药品审评中心实践培训基地揭牌仪式在山东省食品药品检验研究院举行。

目　录

特　载

第一部分　检验检测

第二部分　标准物质与标准化研究

第三部分　食品药品技术监督

第四部分　质量管理

第五部分　科研管理

第六部分　系统指导

第七部分 国际交流与合作

第八部分　信息化建设

第九部分　党的工作

第十部分　综合保障

第十一部分　部门建设

第十二部分　大事记

第十三部分　地方食品药品检验检测

附　录

Contents

Features

Part Ⅰ Inspection and Testing

Part Ⅱ Reference Materials and Standardization Research

Part Ⅲ Food and Drug Technology Supervision

Part Ⅳ Quality Control

Part Ⅴ Scientific Research Management

Part Ⅵ Systematic Guidance

Part Ⅶ International Exchange and Cooperation

Part Ⅷ Information Construction

Part Ⅸ Party Work

Part X Integrated Support

Part XI Department Construction

Part XII Chronicle of Events

Part XIII Local Food and Drug Inspection & Testing

Appendix

特　载

重要会议与讲话

国家食品药品监督管理总局副局长、党组成员、药品安全总监孙咸泽在2017年全国食品药品医疗器械检验工作电视电话会议上的讲话（节选）

一、2016年检验检测工作取得明显成效

2016年是“十三五”开局之年，也是实施食品安全战略和深化药品医疗器械审评审批制度改革的关键节点。一年来，在总局党组和各级监管部门的正确领导下，全系统检验检测机构以提高食品药品质量安全水平为中心，认真落实“四个最严”和“四有两责”要求，全面加强监督抽验，深入推进审评审批制度改革，积极开展能力建设，切实提高支撑水平，各项工作成效明显，有力地保障了食品药品安全形势总体稳中向好。

一是服务监管大局迈上新台阶。各级检验机构认真履行职责，圆满完成各项检验任务。食品抽验量创历史新高，达到129万批次。抽验工作布局合理、重点突出、覆盖全面，科学反映了食品安全总体水平，也有力提高了全过程风险管控水平。完成国家药品计划抽验17317批次，医疗器械计划抽验3075批次，共发现不符合规定产品1069批次，据此发出质量提示函471份，发布质量通告9期，对320家企业的产品采取停产、停售、召回等措施，充分发挥了抽验工作的“立体化”风险防控作用。此外，扎实做好婴幼儿配方奶粉、枸杞、安宫牛黄丸、阿胶等专项抽验，以及盐酸氟哌噻吨原料药、银翘解毒片、珍菊降压片等应急检验，通过检验和方法学研究，探索发现质量问题，为妥善处置突发事件，为及时开展监管执法提供科学依据，发挥了重要作用，也彰显了检验检测工作的作用和成绩。

二是技术支撑水平有了新提高。全系统把标准和方法研究工作当作一项基础性的制度建设来抓，持续加强药品检验标准和方法研究工作，全年完成《中国药典》标准制修订498项，新建补充检验方法27个。中检院、河北、四川省院等承担的9个食品国家安全标准制定项目获得立项。通过公开征集，北京、上海、成都等地牵头研制了13个监管工作亟须的食品检验方法。我们还制定了《食品补充检验方法工作规范》（食药监办科〔2016〕175号）和《药品补充检验方法管理工作规程》，搭建了食品检测协作平台和药品补充检验方法审评专家库，保证补充检验方法研究科学实用、技术先进。医疗器械标准全年制修订106项，新发布国家标准3项、行业标准250项，使得我国医疗器械国家和行业标准达到1515项，覆盖了各专业领域，基本建成符合我国国情的医疗器械标准体系。通过标准不断完善提高，以及标准体系的不断优化，覆盖度、系统性不断增强，极大地提升了对食品药品监管的支撑。

三是药品医疗器械审评审批制度改革任务取得新进展。全面贯彻落实国务院《关于改革药品医疗器械审评审批制度的意见》（国发〔2015〕44号），出台实施配套政策措施近30项，我们提高了药品分类标准，开展了上市许可持有人制度试点，推行仿制药质量和疗效一致性评价，加快临床急需药品审评速度，彻底解决药品审评积压问题（由2015年最高2.2万件下降到2016年底的8800件），改革成效十分明显。按照国务院《关于开展仿制药质量和疗效一致性评价的意见》（国办发〔2016〕8号）的部署，总局成立仿制药一致性评价办公室，负责整体工作的统筹协调，中检院组建仿制药质量研究中心，与办公室合署办公。到去年年底，我们发布10个工作文件（其中1个意见、5个公告、1个通告、2个通知、1个文号信息），5个指导原则，还有6个指导原则征求意见。建立了一致性评价信息公开专栏，及时发布工作进展，公开参比制剂备案、品种申报、受理等动态信息。启动了参比制剂备案，建立备案信息平台，受理备案4163件，推荐参比制剂12个品种、18个规格。并加强了技术指导培训，翻译转化国外橙皮书和相关指导原则，在全国开展了10场免费培训，培训全国2400余家企业的6000多人。成立了一致性评价专家委员会，聘请66名专家委员，审议参比制剂选择结果、品种评价结果，生产、研发企业也参与其中。各地监管部门也结合实际，制定实施方案，完善工作机制，明确职责分工，组织引导生产企业积极参与。尤其是承担首批品种复核检验任务的38家检验检测机构，高度重视，抢前抓早，踊跃参加指导原则制定，提前开展评价前期工作，深入企业服务调研，集中力量做好技术储备。山东省院在没有任何经验可借鉴的情况下，全国第一个拿出了工作方案，为今年开展复核工作奠定了良好基础。全系统齐心协力，推动仿制药一致性评价工作转入全面督查评价阶段。

医疗器械分类改革工作取得新的成果。我们举系统之力，集行业之智，在梳理6万余个医疗器械注册产品的基础上，立足国情、借鉴国际、深入研究、多方论证，形成了《医疗器械分类目录》，并组建了16个专业组386名委员的分类技术委员会，建立分类目录动态调整工作的保障机制。相比2002版目录，新版分类目录从医疗器械的功能和临床使用的角度划分产品归属，子目录数量由43个减少为22个，产品种类由265个细化为205个大类和1094个小类，增加了“产品描述”和“预期用途”，并大幅度扩充和规范了典型产品名称举例，框架设置更合理、层级结构更丰富、产品覆盖更全面，目录的科学性和指导性明显提升，进一步夯实医疗器械分类管理基础。

四是能力验证工作打开新局面。中检院协助总局首个能力验证工作文件《关于加强食品药品检验检测能力验证工作的通知》（食药监办科〔2016〕127号），提出建设符合我国国情的食品药品检验能力验证制度，明确了中检院组织系统能力验证的工作职责和全国能力验证的工作布局。全年组织开展了36项能力验证项目，共有350家系统内检验机构以及250家系统外和企业的检验机构、实验室参加，能力验证累计达到1600项次。通过能力验证和实验室间比对的手段，深化食品药品检验检测机构对检验检测技术的理解，发现自身在质量管理和检测技术中的薄弱环节，提高技术能力和管理水平。从2014年至今，中检院组织的能力验证项目从13项增加到36项，报名单位从356家增加到600家。能力验证服务平台用户达到750家，积累近2年数据，初步形成能力验证参加者数据库，为下一步做大做强能力验证，推动食品药品检验检测机构能力水平的全面提升打好了基础。

五是体系建设得到新拓展。随着食品职能划转，检验检测系统对食品检验检测资源进行了有效整合，检验检测职能得到进一步拓展，2016年又有21个单位进入第三批食品复检机构名录，使得系统内食品复检机构增加到了37家，进一步强化了食品监督抽验工作的基础。同时，基层快检得到蓬勃发展，据不完全统计，2016年各地监管部门对食品快检投入资金超过10亿元。广东作为全省十件民生实事之一，在1000家农贸市场开展食用农产品快检工作。浙江出台《农贸、农批市场食品快速定性检测室建设规范（试行）》。天津推进343个食用农产品集中交易市场快检室建设。甘肃建成“省市县三级专业检验检测机构+基层监管所快检室+社区大型农贸市场和商场超市食用农产品快检室+企业质量控制实验室”食品药品安全四位一体技术检验体系。借助快筛快检，食品的抽检监测频次、品种类别、市场覆盖率成倍增加，流通及使用环节风险监测密度加大，安全风险“早发现、早研判、早预警、早处置”得到保障，技术监督发挥出前所未有的作用。此外，我们还启动口岸药检所评估，拟定《增设允许药品进口口岸工作评估考核实施方案》和相关配套文件，完成苏州口岸所试点评估（第19个口岸所），以及湖北省口岸、宜昌、中山、济南、沈阳、深圳口岸的资料审核工作，进一步强化了进口药品管理。

六是严格落实巡视整改展现新气象。2016年，总局党组接受了中央第十五巡视组专项巡视，对直属单位开展两轮巡视，各级食品药品监管部门很多也接受了属地政府的巡视。各地切实把中央巡视整改工作作为重大政治任务来抓，认真履行整改主体责任，以主动认领的自觉、敢于担当的勇气、知错就改的态度，落实全面从严治党要求，巩固党风廉政建设成果，加强思想建设、组织建设、作风建设、反腐倡廉建设、制度建设，干部队伍展现出新气象和新面貌，各项工作有了新举措和新进展，努力形成从严治党为本、应急工作优先、法定工作为首要任务的导向，为提升保障食品药品安全、服务监管大局能力，创造了积极条件、提供了良好契机。

在全系统共同努力下，我们圆满完成了全国两会、G 20峰会、第三届世界互联网大会等重大活动食品安全保障任务，召开了2016年药品质量安全年会，加大了援疆援藏和定点扶贫工作力度，积极配合GMP/GSP认证检查工作、飞行检查、境外核查、审评审批等工作，为服务监管工作大局做出贡献。

回顾2016年的工作，可圈可点的地方确实不少，为“十三五”食品药品检验检测工作开了个好头。这些成绩都是大家实干苦干得来的，应充分肯定。在全国食品药品监督管理工作和表彰先进会议上，有检验检测机构的4个单位荣获先进集体，4名人员获得先进工作者，成为食品药品监管战线的杰出代表，集中体现了检验检测队伍忠诚担当、勤勉尽责的精神品格。无论监管任务多么繁重，无论改革发展多少挑战，各级检验检测队伍始终胸怀大局，牢记使命，一往无前，展现出开基立业、勇于担当、攻坚克难的勇气。借此机会，我代表总局对全系统各级检验机构的广大干部职工表示崇高敬意和衷心感谢！

二、切实增强食品药品检验检测工作责任感和使命感

食品药品安全事关人民福祉，事关全面建成小康社会大局。十八大以来，党中央、国务院把食品药品安全工作摆在前所未有的突出位置。将食品药品安全上升到国家战略范畴统筹部署，保障食品药品安全被纳入《中华人民共和国国民经济和社会发展第十三个五年规划纲要》和《“健康中国2030”规划纲要》中提出统一安排。习近平总书记多次作出“落实‘四个最严’，切实保障人民群众‘舌尖上的安全’”的重要指示。李克强总理提出“落实最严格的全程监管制度，严把从农田到餐桌的每一道防线”的要求。张德江委员长率全国人大常委会执法检查组到全国各地开展《食品安全法》落实情况检查。俞正声主席两次主持召开全国政协双周协商座谈会，围绕食品安全、仿制药一致性评价和监管体系建设展开座谈。1月3日，新年伊始，习近平总书记就国务院食品安全委员会第四次全体会议作出重要批示。与2016年12月21日，习近平总书记在中央财经领导小组第十四次会议上听取食品安全监管汇报并发表重要讲话，相隔仅仅12天。两次重要指示相隔时间之短、嘱托之重，充分体现了以习近平同志为核心的党中央对食品安全工作的高度重视，也为我们研究部署当前和今后一个时期的食品药品安全工作指明了方向，提供了根本遵循。全国食品药品监管工作会议指出，食品药品安全形势依然严峻，监管工作与党和人民的期

待还有不小差距。毕井泉局长要求，要准确把握食品药品监管的新形势、新任务、新要求，充分认识保障食品药品安全是必须抓好的重大政治任务，是全面建成小康社会的基本内涵，是推进食品药品产业供给侧结构性改革的迫切要求，牢牢把握严字当头的食品药品监管工作客观规律，加强食品药品安全监管的统一性、专业性、权威性，把各项监管工作抓得紧而又紧、严而又严，努力让监管工作始终“跑”在风险前面。

这些重要指示和总局的部署，都要求全系统各级检验检测机构要坚持以人民利益为中心不动摇，以高度的政治责任感，认真履行好肩负的保障公众饮食用药安全的重要使命，将党中央、国务院和总局的部署落在实处。这就要求我们：

一要从监管的大局看待和做好检验检测工作。中央要求建立统一权威的食品药品监管体制，权威的标志，就是专业性、技术性。检验机构的能力和水平，是中国食品药品监管权威的重要组成。现阶段食品药品安全形势依然严峻复杂，食品药品安全监管须臾不容懈怠，特别是面临农兽药残留超标、微生物污染、环境污染，以及不法分子掺假造假等风险隐患，必须严把从农田到餐桌、从实验室到医院的每一道防线。检验检测工作必须全面适应监管大局的要求，要努力跑在风险前面，主动发现风险问题，防范好区域性、系统性风险，坚决守住不发生重大食品药品安全事故的底线。要认真落实监督抽检责任，促进源头治理，加大信息公开，做好与日常监管的衔接，及时查处违法违规行为，督促企业落实主体责任，确保食品安全和药品安全有效。

二要从改革的全局看待和做好检验检测工作。当前食品药品研发、生产、流通、使用中存在的问题，本质上是供给侧的问题，是如何更好地满足市场需要的问题，也是结构性问题。有的企业为了低价竞争，擅自低限投料、掺杂使假，给食品药品质量带来很大的风险。这就要求我们要牢固树立以人民为中心的理念，切实从严监管、深化改革、支持创新，深入推进我国食品药品产业供给侧结构性改革，更好地满足人民群众日益增长的食品药品质量安全需要。检验检测工作要紧紧围绕提高食品药品质量安全水平这个中心，以新的发展理念为引领，加强检验检测能力建设，落实“四个最严”要求，推进仿制药一致性评价。特别是在质量控制相关的技术创新中，要积极拓宽对企业的技术指导和技术服务，寓监管于服务中，用检验检测的技术手段帮助企业提升产品质量，加快食品药品医疗器械新产品的研发进程，推动科技成果产业化和国际化，严控食品药品质量风险，推动我国食品药品产业提质增效，以实实在在的供给侧改革成果惠及广大人民群众。

三要从发展的观点看待和做好检验检测工作。食品药品技术创新日新月异，一些不法分子掺假造假手段花样翻新，各种未知风险相互交织，对食品药品安全监管的时效性、快速反应能力和应急处置能力都提出了更新、更高要求。全系统要按照《关于加强食品药品检验检测体系建设的指导意见》的要求和“十三五”食品、药品安全规划的安排，加强体系和能力建设。检验检测工作要服务科学监管，加快技术创新和储备步伐，应对未知风险挑战，更好发挥技术支撑的“前瞻性”和“靶向性”效应，破解监管技术难题。同时，还要积极应对检验检测行业发展挑战。目前，政府购买服务、市场配置资源已成国家战略，第三方检验机构如雨后春笋般涌现，总局是第一批政府购买服务的三家试点单位之一。面对检验检测行业多元化、市场化发展的大势，全系统要加强研究，找准发展方向，准确发展定位，牢牢把握行业话语权，保持优势地位，不断引领行业发展。

加强食品药品监管，保障公众饮食用药安全是推进“四个全面”战略布局的总体要求，是构建社会主义和谐社会的重要任务，是实现中国梦的重要保证。我们必须科学判断和准确把握当前食品药品检验检测工作面临的形势，坚决果断地解决工作中存在的突出问题，抓住关键环节和主要矛盾各个攻克，使食品药品安全保障水平、安全监管支撑能力、产业发展服务水平和人民群众满意度都得到明显提升。

三、认真做好 2017 年食品药品检验检测工作

“民以食为天，加强食品安全工作，关系我国 13 亿多人的身体健康和生命安全，必须抓得紧而又紧。”全系统要深入学习贯彻习近平总书记关于食品药品监管工作的一系列重要讲话精神和指示批示要求，贯彻落实全国食品药品监管工作会议的整体要求，全面加强食品药品检验检测工作，以更高的站位把食品药品检验工作抓得紧而又紧。关于 2017 年的主要工作，李波同志的报告作具体部署，这些我都同意。下面，我提几点具体要求。

（一）以抽样检验为抓手，保障食品药品安全

1 月 3 日，总局印发了《2017 年食品安全抽检计划及要求》。2017 年食品安全抽检计划涵盖 33 大类食品、132 个食品品种、203 个食品细类，共抽检 127.59 万批次。药品和医疗器械抽验计划要求也将很快印发。全系统要迅速行动起来，以抽样检验为抓手，以发现问题为导向，及时发现苗头性、系统性、区域性食品药品安全风险和问题，全力保障好 2017 年食品药品安全。

一要明确抽验工作靶向重点。以“三重一大”（重点区域、重点品种、重点项目和大型企业）为核心目标，总局、省级局、市县级对各级靶向重点各有侧重。特别是要加大对农兽药残留、重金属及环境污染等因素引起的食品安全问题和与人民群众紧密相关的餐饮食品的抽检力度和频次，力求全面反映食品安全水平。检验合格率不是我们追求的目标，要突出发现风险能力，全面排查风险隐患，尽最大可能把不合格产品驱逐出市场。

二要完备检验能力。各级检验机构要加强能力储备，对比抽检监测项目提高检验能力覆盖率。食品快检工作要在前期投入的基础上，科学制订计划，明确快检工作任务，强化专业培训，不断规范快检工作程序。10 个快检方法评价机构，要加快快检方法的研究和规范，以保证在相关快检方法管理和日常使用两个层面得到重视和加强，发挥其在日常监管中的作用。

三要及时做好信息发布。近日，总局发布了《食品药品安全监管信息公开管理办法（征求意见稿）》，将食品药品安全监管信息公开纳入考核，抽验信息公开也在其中。近十年来，党和政府对食品药品安全高度重视，抓得最紧，投入最多。虽然目前还存在一些问题，但总体形势向好是有目共睹的。然而由于大量不准确信息甚至谣言的广泛传播，使公众未能真正感受到我国食品药品安全环境的持续改观，未能真正提升对食品药品安全的信任感、安全感。我们必须主动出击，及时发布准确、科学、权威的信息，主动为公众释疑解惑，让公众了解我国食品药品安全的真实状况，并接受社会监督。

（二）以一致性评价为重点，促进医药产业供给侧改革

开展仿制药质量与疗效一致性评价，对于提升药品有效性、降低百姓用药支出、提升医药行业发展质量和推进供给侧结构性改革都有着十分重要的意义。这项工作已经转入全面监督评价阶段。接下来，中检院要加强仿制药质量研究中心组织机构建设，根据业务发展需要，通过招聘、借调等途径增加技术人员及业务管理人员。协调好新进工作人员的办公场所、办公设备、办公经费等后勤保障工作。要牵头完善仿制药一致性评价工作机制，建立在总局一致性评价办公室框架下的业务协调机制，制定业务管理工作制度，规范业务管理流程。同时建立仿制药中心的内部工作制度。要加强仿制药一致性评价审评队伍建设。根据业务发展需求，通过派员学习等方式努

力打造一支专业领域齐全、具有国际视野、掌握仿制药最新发展技术及趋势的仿制药一致性评价专业审评队伍。在2016年工作基础上，继续推进参比制剂备案、技术指导原则的完善、申报资料的规范、复核检验模板的制定等业务工作。组织专家审核确定参比制剂，逐步建立我国仿制药参比制剂目录。根据仿制药一致性评价业务进展，及时在系统内开展政策及技术的相关培训。目前，289品种复检工作和复核指南都分配到31个省的检验机构，每个品种都有专属技术标准和复检机构。各承担检验机构对生产企业报送的一致性评价资料进行复核，根据复核结果，逐步建立我国的口服固体制剂溶出曲线数据库。仿制药一致性评价中有许多从未遇到的困难，工作中要紧跟国际主流趋势，并结合我国实际情况，继续完善我国仿制药质量和疗效一致性评价的相关技术指导原则。围绕建立我国橙皮书制度和仿制药一致性评价过程中的出现的共性问题，组织专家加强技术攻关，建立、健全关键环节、关键问题的质量评价方法和评价标准，逐步完善仿制药质量评价技术标准体系。

（三）以技术创新为基础，强化能力提升

科学技术是检验检测工作的立足之本、发展之基。“十二五”时期我们加大了科研投入，但在科研的人才和机制方面还存在相当大的差距，需要下更大力气解决。要把科学研究作为一项日常工作与完成检验任务紧密结合起来，把科学研究与人才培养紧密结合起来，把科学研究与考核评价紧密结合起来，激励和保护广大干部职工钻研技术、专心科研的积极性。要结合重点实验室建设，多争取并利用好各种科研平台，继续加大国家重大专项和地方专项的争取力度，保证检验检测工作亟待破解的技术难题优先列入。要坚持联合攻关。一方面，系统内加强科研协作，把优势资源集中起来，针对评价性抽验、监督抽验、专项整治中的突出性技术难题开展研究。另一方面，要特别重视整合高等院校、科研单位等社会优势资源，特别是在食品检验检测等新领域，更需要取长补短，尽快取得一批科研成果。要逐步理顺管理机制，发挥机制的激励作用，加快成果转化、理顺评奖机制，更好地调动广大职工的积极性，利用有限的资源，提高科研效率。

（四）以系统指导为纽带，强化体系建设

通过地市级药检所模块化培训、高级进修班和各级各类专项培训，促进全系统的业务能力有了较大提高，但培训的针对性和有效性还需要进一步加强。

一是服务监管、注重能力。紧紧围绕食品药品检验检测职能和监管工作大局，不断加强各级检验检测队伍能力建设，将食品药品监管人员的能力提升放在首位。

二是问题导向、按需施教。着眼解决检验检测工作中的实际问题，以组织需求、岗位需求和个人成长需求为出发点，真正做到干什么学什么、缺什么补什么、需什么教什么，把教育培训的成果转化为工作的成果，运用于工作实践，促进检验检测能力的全面提升。

三是分类分级、全员培训。摸索建设专业化、信息化、个性化的培训平台，强化组织调训，把培训的普遍性要求与不同类别、不同层次、不同岗位的差异化情况相结合、把课堂教学与现场实训相结合，有针对性地制订教学计划、设置培训课程、创新培训方式方法、加强培训考核，确保培训的全覆盖。

中检院要利用好新址的优良条件和新三定方案明确的培训中心（研究生院）的职能，强化培训研究调查，探索建立培训考核评价体系，加强对各级检验检测机构培训工作的指导。省所要统一辖区检验检测发展方向，形成地方特色检验技术优势，指导特色实验室建设，选择3~5家市级检验机构、1~2家县级检验机构进行重点指导和帮助，主动加强地方特色产品的质量监控。开展技术专题活动，做好全省食药检技术比武和能力验证工作。以讲坛或论坛的形式，分区域、分专业开展2～3期综合性技术培训。各地要采取地域性人才交流的模式，形成地域联盟，优势互补，共同提高检验水平。

（五）以规范管理为手段，强化高效运行

1月4日，总局颁布了《食品安全检验规范》，为食品检验工作抽（采）样和样品的管理、检验、结果报告、质量管理、监督管理提供了新的规范依据，并随文发布了《食品检验计算机信息系统要求》。全系统检验机构及其检验人员要以此为契机，强化以质量保证体系为核心的实验室规范管理。一是把质量放在首位。实验室管理质量决定着检验工作质量，要通过严格的质量管理，使质量第一的观念深入人心，严格执行质量管理的各项规定，确保质量安全。二是大幅提高信息化水平。依托信息化平台升级改造，将质量控制和业务调度覆盖检验检测全环节、全过程，保质保量按时完成检验任务。三是要按照实验室管理的基本原则，理顺职能架构和岗位责任，建立合理的流程，制定规范的制度，建立可操作、可评价、可激励、可约束的管理机制，提高检验的质量和效率，确保检验检测的安全。这也是重点实验室的基本要求。管理产生效率，管理的目标将集中体现在食品药品检验机构的标准检验、监督检验、快筛快检、应急检验、引领发展的能力和水平上。检验过程中严格执行质量管理体系文件各项规定，强化对检验工作全过程的控制，确保检验数据的客观、公正、准确、有效，及时做好报告上网公告、发送和检验结果的总结分析，为各级食品药品监管部门提供及时、客观、准确的产品质量信息。

（六）以党风廉政建设为引领，强化干部队伍建设

一是认真学习贯彻党的十八届六中全会、中央纪委第七次全体会议和总局党风廉政建设会议精神，进一步增强“四个意识”，在思想上政治上行动上同以习近平同志为核心的党中央保持高度一致。把落实党中央、国务院食品药品安全决策部署作为政治责任，把思想认识统一到中央决策部署上来，以改革创新的精神状态和求真务实的作风不断开拓进取，全力做好新形势下的检验检测工作。

二是坚定不移推进全面从严治党，认真落实思想从严、管党从严、执纪从严、治吏从严、作风从严、反腐从严“六个从严”要求，坚持严字当头、重点发力、问题导向、以上率下，把全面从严治党决策部署落实到管党治党的全过程和检验检测的各环节。加强党风廉政建设，贯彻落实《党章》和其他党内法规，开展严肃认真的党内政治生活，落实党内监督责任，加强巡视整改，把纪律和规矩挺在前面，严肃问责，强化对各级领导干部的教育、管理和监督。

三是把党风廉政建设和反腐败工作放在突出位置来抓，真正把党风廉政建设主体责任落到实处，建立反腐败长效机制，推进纪检监察工作的“三转”。在职责定位上，实现向“监督主体”的转变；在工作方式上，实现向“挺纪在前”的转变；在履职担当上，实现向“过硬作风”的转变，抓好监督执纪问责工作，全力推进党风廉政建设和反腐败工作。

四是建设能够干事创业的干部队伍，持续加强党性教育、宗旨教育和理想信念教育，不断提高党员干部思想政治素质，增强党性修养，从思想深处拧紧螺丝，要把想干事、能干事、干成事、勇于担当、敢于负责的同志选拔到领导岗位，坚定地履行好保障公众饮食用药安全的重要使命。

最后，要抓好“十三五”国家食品和药品安全两个规划的贯彻落实。按照国务院关于“十三五”规划工作的总体部署，我们会同卫计委、质检、工商等部门，编制了“十三五”国家食品、药品安全的规划。这是食品药品监管领域的综合性、基础性和战略性规划。目前规划已经进入最后阶段，争取近期发布实施。我们要做好预案，加大宣传力度，对其中检验检验相关板块要明确任务分工，强化跟踪考核，建立高效实施机制，

把贯彻落实好规划作为今年的一项重要任务。

食品药品安全工作“必须抓得紧而又紧”，是一种工作标准和要求，是一种精神状态和责任担当。一元复始，万象更新。2017 年是党的十九大胜利召开之年，是供给侧结构性改革的深化之年，也是建设全面小康社会的攻坚之年。全系统各级检验检测机构的同志们，要以更强烈的使命感和责任心，只争朝夕，奋发有为，干事创业，要让党放心，让人民满意，用优异成绩迎接党的十九大胜利召开！

中国食品药品检定研究院党委书记、院长李波在 2017 年全国食品药品医疗器械检验工作电视电话会议上的讲话（节选）

一、2016 年主要工作回顾

2016 年是“十三五”的开局之年，也是全系统落实药品医疗器械审评审批制度改革的关键之年。全系统各级检验机构，在各级监管部门的坚强领导下，围绕保障公众饮食用药安全这一中心任务，以问题为导向，以发现“四品一械”系统性风险为重点，兢兢业业，奋发有为，着力发挥技术机构对行政监管的支撑作用，各项工作均做出了显著的成绩。

（一）加强监督抽验工作，及时发现产品质量风险

一年来，全国共完成食品抽验 129.3 万批次，涵盖 13.3 万家生产企业、431 项安全指标。发现不合格食品 8200 余批次、问题食品 490 批次；不合格食用农产品 3231 批次。全国副省级以上政府部门设置的检验机构完成药品医疗器械等各类产品检验任务 87.4 万批次，其中监督检验 53.6 万批次。完成进口药品检验 4.113 万批次，生物制品批签发检验 8810 批次。国家抽验发现假劣药品 741 批次，发现存在质量风险的产品 680 批次；发现不合格保健食品 83 批次、问题保健食品 19 批次；发现不合格医疗器械 352 批次；发现不合格化妆品 164 批次、问题化妆品 2335 批次。梳理质量问题线索 158 个，向 471 家药品生产企业发出质量风险提示函，对 116 个品种的 319 个现行药品标准提出了修订建议。

总局以抽验结果为依据，全年公布食品抽验结果 56 期共 2.4 万批次，发布国家医疗器械质量公告 10 期，发布化妆品质量通告 5 期，曝光不合格化妆品 322 批次。通过重大药品质量风险信息报送平台，23 个承检机构报送了 65 份药品质量重大风险信息，总局以此为依据，查实了 17 家生产企业在生产过程中存在的违法违规行为，并迅速采取了一系列的风险防控措施：吊销了 11 家生产企业 3 个品种的 GMP 证书，相关省局对 57 家涉事生产企业的药品采取了依法查封扣押、暂停生产或召回产品等一系列措施。

（二）加强应急和专项检验，支撑应急事件的科学处置

2016 年，全系统各级检验检测机构在各类重大应急事件处置中继续发挥至关重要的技术支撑作用。在氟哌噻吨美利曲辛片及其原料药、疑似脊灰疫苗病例、寨卡病毒核酸检测试剂盒等应急检验中，特别是在处理济南非法经营疫苗案，吉林安宫牛黄丸、大活络丸假药案，上海假乳粉案等重大食品药品安全事件中，承担检验任务的检验机构及时响应，第一时间调动骨干技术力量，运用技术储备，加班加点，攻坚克难，用科学权威的检验数据，为评估涉案产品风险和国家有关部门依法处置相关案件，保障公众安全提供了坚实的技术支持。

按照国家总局统一部署，全系统积极行动，还圆满完成了羊肝、蜂蜜、复原乳、婴幼儿配方乳粉、枸杞等专项监测工作以及阿胶、网络销售化妆品、药用玻璃材料等专项抽验工作，为及时处置突发事件，打击假冒伪劣发挥积极作用。

（三）突出总局党组重大任务，积极推进仿制药一致性评价

仿制药质量和疗效一致性评价是药品审评审

批制度改革的一项重要任务，是深化我国医药产业供给侧改革的重要举措。2016 年，仿制药一致性评价工作成绩显著。

一是组织架构逐步完善，机构保障逐步到位。在总局药品医疗器械审评审批制度改革领导小组框架下，成立了仿制药质量一致性评价办公室，组织开展一致性评价工作。为积极配合评价办工作，中检院筹建仿制药质量研究中心，抽调多名技术骨干作为首批专职人员，承担评价办布置的工作；各省、区、市政府高度重视，先后出台了工作文件，指导本省一致性评价工作的开展；各省局陆续成立了一致性评价工作机构，细化、落实文件要求，组织、协调辖区内一致性评价各项工作的具体实施；各省药检机构在省局的领导下，对药品生产企业进行技术培训、工作指导，积极开展承担品种复核检验的研究工作；部分省、市还派遣药监药检系统人员到总局一致性评价办，协助推动工作的开展。

二是工作程序密集出台，各项工作逐步规范。协助总局制定了总局关于落实《国务院办公厅关于开展仿制药质量和疗效一致性评价的意见》有关事项的公告（2016 年第 106 号）等 12 个工作文件。其中，《仿制药质量和疗效一致性评价品种分类的指导意见》和《关于进一步规范仿制药质量和疗效一致性评价参比制剂选择等相关事宜的指导意见》等 2 个文件，正在根据公示期间收集的反馈信息进行修改完善，其余 10 个工作文件均已正式发布。

三是技术指南陆续发布，不断回应行业需求。协助总局起草了《普通口服固体制剂参比制剂选择和确定指导原则》（2016 年第 61 号）等 13 个技术指导原则。其中，“临床有效性试验一般考虑”和“三改品种一般考虑”技术指南已完成公示，目前正根据反馈信息修改完善；两查两核技术指导原则还在公示期内，其余指导原则均已正式发布。

四是品种目录陆续梳理，工作脉络逐步理清。对化学药品基本药物口服固体制剂 289 个品种目录进行了核对和梳理，经公开征求意见后，于 2016 年 5 月 26 日正式对外发布。

五是专家委员会成立，决策支持更趋完善。为进一步完善决策机制，对总局药典委、药品审评中心和中国药学会等单位的专家库进行了整合，成立了由 66 位国内权威专家组成的一致性评价专家委员会，专业范围覆盖药学、临床医学、药物经济学、统计学、法学等领域。

六是信息公开透明，良性引导工作开展。搭建信息化工作平台。在总局和中检院外网开通“仿制药一致性评价”信息专栏，发布有关政策法规、参比制剂、品种评价和业务指导等信息近 100 余条，推荐首批参比制剂共 12 个品种 18 个规格；发布政策解读和工作问答，消除对文件理解的偏差，引导和规范企业开展一致性评价工作。

七是梳理参比制剂备案信息。通过参比制剂备案信息平台，受理 4163 个备案，涉及 464 个品种，首批评价的 289 个品种，备案数为 2272 件，涉及 230 个品种；相关信息分期分批进行了公开。

八是翻译国外专业资料，提供业界参考。组织完成了美国和日本橙皮书、美国 FDA《特定药物的生物等效性指导原则》数据库 185 个品种的翻译工作，后续翻译也将在仿制药质量一致性评价专栏中陆续发布。

九是组织对企业调研与培训，寓监管于服务。总局领导高度重视一致性评价工作，孙局长带队先后 7 次赴浙江、广西、黑龙江和四川等地开展专题调研，指导一致性评价工作。2016 年 7 月以来，评价办组织由药化注册司、中检院、药审中心、审核查验中心和药典会等成员单位多名专家组成的讲师团，前往浙江、山东、四川等 10 个省、直辖市进行了仿制药一致性评价培训，覆盖 31 个省和香港、台湾地区的 2400 余家企业，培训人员近 1 万人。

（四）深入开展医疗器械标准分类命名编码工作

一是医疗器械分类目录修订工作圆满完成。在北京、天津、上海、江苏等11个医疗器械检验中心（所）的大力支持下，各单位克服人手少、工作任务重、工作量大等困难，选派技术骨干牵头编写分类目录，并派专人参加分类目录集中工作组。汇聚系统内外1000余名专家智慧，历时8个月，经8次修改，整理汇总3500余条反馈信息，圆满完成了程序复杂、难度大、任务重的《医疗器械分类目录》修订任务。送审稿已报送总局待发布。二是命名编码技术研究取得成效。结合新修订的分类目录，起草了无源手术器械等6个领域的命名指南，完成了《医疗器械标识编码（草案）》标准的编写。三是医疗器械标准体系基本形成。按照国务院关于标准化改革的通知要求，确保完成医疗器械强制性标准整合精简和推荐性标准集中复审任务，用短短5个月时间，整合精简强制性标准579项，集中复审1263项推荐性标准。完成119项标准审核上报工作，征集2017年行业标准预立项草案138项。截至2016年11月，我国共发布医疗器械标准1515项，其中国家标准222项（强制93项，推荐127项，指导性文件2项），行业标准1293项（强制390，推荐903项），基本覆盖了产品医疗器械各技术领域，对口的国际标准转化达到622项，转化率为91%。

（五）加强科研能力建设工作，全面提升系统技术支撑水平

科研能力持续提高。2016年全国副省级以上政府设置的检验机构承担课题数量855项；发表论文1639篇，SCI论文110篇；科研成果获国家级奖励2项，省部级奖励17项，其他22项；获得专利144项。

打击假冒伪劣技术研究持续推进。全系统坚持问题导向，针对抽验中发现的潜在风险，对国内尚未形成标准、抽验范围以外、带有“潜规则”性质的项目，加大了研究力度，全年申报药品补充检验方法27个，目前6个方法已获批准，15个方法正在进行复核，6个方法正在按照专家审核意见进行修改。为进一步加强补充检验方法管理，规范补充检验方法相关申报程序，去年12月总局正式颁布了《药品补充检验方法管理工作规程》和《食品补充检验方法工作规定》，为配合两个文件的落实，目前药品补充检验方法管理系统已经上线试运行。中检院首次设立了食品药品补充检验方法研究基金，鼓励检验人员开展打击假冒伪劣的补充检验方法研究。同时，建立奖励机制，对打击假冒伪劣技术成果进行奖励。去年年底进行了第一届评选，银杏叶制剂打假补充检验方法获得特别奖励。以后将探索建立全系统评选奖励机制。

能力验证工作持续推动。协助总局出台首个能力验证工作文件，明确了能力验证工作组织实施程序，规划了全国能力验证的工作布局，规范了能力验证工作的技术要求。全系统越来越清楚地认识到能力验证工作的重要作用，踊跃参与，全年能力验证累计达到1600次，涉及350家系统内检验机构、250家系统外检验机构以及企业的检验机构。运行近两年的能力验证服务平台积累了大量数据，为下一步全面推开系统能力验证工作、提升检验机构能力水平奠定了坚实基础。

业务培训持续深入。全国地市药检系统模块化培训班立足工作实际，瞄准工作急需，新增应急检验和补充检验方法模块，全年举办3期，培训学员420余名。各地还发挥业务指导职能，培训企业质量技术检验人员，实现了监管关口前移，为促进医药产业健康发展，提高药品生产企业质量检验人员业务水平，进一步从源头上把住药品质量关起到了积极作用。

口岸所评估工作逐步展开。为推进口岸药品检验机构的建设，规范进口药品通关备案和口岸检验工作，根据总局印发的《增设允许药品进口口岸工作评估考核实施方案》，以苏州所作为试

点的预评估工作有序进行，8 月总局发文同意增设苏州食品药品检验所为口岸药品检验所，为该项工作的全面开展起到了良好的示范作用。

基础设施建设力度持续加大。全年获得中央投资 21.5 亿元，支持 240 个省（市、县）食品检测机构实验室改造和食品设备配备，开展第二批县级食品安全检验检测机构整合试点工作，地方各级政府也加大了对食品药品监管工作的投入。

同志们，过去的一年，全系统奋发有为、开拓进取，扎实推进了检验检测工作，推动了食品药品监管事业的不断进步。这些成绩，与总局和各级监管部门的领导关心和大力支持密不可分、与全系统干部职工的勤劳奉献密不可分。在此，我代表中检院向全系统的干部职工表示衷心的感谢！

二、充分认识当前食品药品检验检测工作形势

（一）党中央高度重视食品药品安全，落实“四个最严”，检验检测工作责任重大

党的十八大以来，党中央、国务院对食品药品监管工作作出一系列重大决策部署。习近平总书记、李克强总理等中央领导同志与时俱进地提出了关于食品药品安全工作的新理念、新论断和新要求，集中反映了新一届中央领导集体关于食品药品安全工作的战略思想。习近平总书记指示，能不能在食品安全问题上给老百姓一个满意的交代，是对我们执政能力的重大考验；食品安全是民生，民生与安全联系在一起就是最大的政治。李克强总理多次强调要把保障食品安全摆在更加突出位置；张高丽副总理指出，食品安全监管不是简单的市场监管问题，也不是一般意义的经济问题，而是公共安全问题、政治安全问题。老百姓对食品安全满意不满意，本质上是对党和政府的信任问题，是人心向背的问题。中央领导一系列重要指示，要求我们牢记政治责任，从讲政治的高度，做好食品药品安全工作。

（二）全面建成小康社会，打击假冒伪劣破除“潜规则”，检验检测工作责任重大

广大群众普遍关心的食品药品安全形势依然不容乐观，影响食品药品安全的深层次问题还没有完全解决。食品农药兽药残留超标、环境污染导致的重金属超标、有机物污染等源头性问题依然突出。药品医疗器械研发数据造假，生产经营中掺杂使假、制假售假、擅自改变工艺等过程性风险仍然很大，有些已经成为行业的“潜规则”。新技术、新原料、新品种层出不穷，未知的风险不断增多。食品药品监管工作对技术支撑的需求更为迫切，把好安全标准关，不断提高技术储备，提升风险发现、风险评估能力，是检验检测机构职责所在。

（三）推进供给侧改革，加快食品药品产业结构调整，检验检测工作也要担当

目前，我国医药产业集中度低、产能过剩、同质化竞争激烈。刚刚召开的中央经济工作会议提出，2017 年要继续深化供给侧结构性改革，深入推进“三去一降一补”。自上而下的政策环境势必会倒逼医药行业调整产业结构，提高创新能力和国际竞争力，淘汰一批落后产能。如何协助政策落地，提升生物医药产业结构，检验检测机构也绝对不是旁观者，也要贡献我们的力量。

（四）完善食品药品监管体制，整合各级资源，加强自身建设，检验检测工作责任重大

目前全系统机构、队伍、能力建设与监管需求之间仍存在较大差距，检验检测队伍专业化水平，仍满足不了监管任务的需要。系统内食品检验资源不足，医疗器械检验体系建设不能适应医疗器械产业的快速发展，个别地区药品检验资源在改革中被稀释，部分检验机构受薪酬体制影响工作积极性不高，工作难推进，措施难到位。检验检测机构的资源整合、能力建设任重道远。

同志们，“新故相推，日生不滞”，新的一年，全系统要以高度的政治责任感和历史荣誉感，从监管大局着眼，努力提升检验检测能力水

平，切实做好行政监管的技术支撑，在监管工作中发挥越来越重要的作用。

三、踏实履职，切实做好2017年重点工作

2017年是“十三五”规划实施的第二年，是食品药品检验检测工作承上启下，开拓创新的关键一年。全系统要深入贯彻学习党的十八届六中全会精神，忠实履职，严格落实总书记提出的“四个最严”要求，落实总局“四有两责”，以保障食品药品安全这个中心任务为核心，以各项重点工作为抓手，切实做好全年工作。

（一）全力推进仿制药一致性评价工作

2017年，一致性评价工作将由启动、筹备阶段转入品种申报、检查、检验和审评的全面实施阶段。各省、市药检机构要一如既往地高度重视此项工作，加强组织领导，强化责任落实，积极推进一致性评价有关的各项工作。一是加强领导，严格纪律。选派政治素质高、业务能力强的人员，建立专门团队，专职开展一致性评价工作，要建立长效工作机制，做好打持久战的准备。二是对总局已经分配和即将分配的复核任务，加强品种有关信息的调研，如原产厂家信息、标准信息等。各单位要加紧着手制定品种复核的工作程序，提早谋划，制定科学的复核方案。三是各药检机构要在各省局的领导下，做好省内企业的培训、服务和技术指导工作。

（二）切实推进医疗器械标准管理工作

标准管理方面，一是全国医疗器械标准化专业技术委员会秘书处挂靠单位要从国家战略高度统筹规划，在明确本领域标准体系建设目标的基础上，注重顶层设计。进一步提高基础标准比例，标准立项要紧贴行业需求和监管要求，要以监管急需的管理标准和安全标准为立项的重点。各技委会要加强对行业前沿技术和国际标准发布动态及时跟踪，每年形成年度报告并上报，并将纳入对各技委会工作的考核。二是参与国际标准制修订工作，并及时翻译，继续加快国际标准转化力度，进一步提高国际标准的转化率。三是要加强对战略性新兴产业医疗器械标准研究，强化标准立项前期研究和评估。四是加强对创新医疗器械标准研究和宣贯，加强标准实施后的跟踪反馈，充分发挥标准服务监管和服务行业发展的作用。

分类命名编码方面，按照总局要求，继续集中力量开展分类目录后续的实施推进工作，落实医疗器械分类目录实施过程中的培训教材编写和培训，各单位要继续给予支持。2017年，按照新版分类目录，加快推进并完成医疗器械通用名称的制定和命名指南的编写，继续开展医疗器械标识编码的标准体系建设研究工作。

（三）严谨高效做好各级抽验工作

要进一步突出问题导向。总局2017年食品安全抽验计划已经印发，计划涵盖33大类食品、132个食品品种、203个食品，共抽检127.59万批次。药品、医疗器械抽验计划也即将印发。各承检单位要充分认识食品药品监管本质上是风险管理这一理念，突出问题导向，聚焦群众关注热点，坚持靶向性原则，重在发现潜在风险。各级检验检测机构要各有侧重、分工合作、统筹联动。通过抽验及时发现标准管理、审评审批、生产经营等方面的问题，让抽验为监管提供可靠的线索源和切入点。对于目前通过国家标准难以发现的行业“潜规则”，要充分利用探索性研究，采用国际标准或者研发科学有效的补充检验方法进行检验，严厉打击生产销售中的违法违规行为。全系统要加大补充检验方法的研究，让风险防控技术研究跑在风险的前面。

要进一步挖掘抽验数据。要进一步整合国家和省级抽验信息，加强抽验数据的深度挖掘和综合利用，为监管提供有价值的信息。根据总局的省抽数据报送要求，各单位要认真整理历年来药品、医疗器械地方抽验数据，按要求准确及时报送信息，将省抽平台与国家药品抽验信息系统和医疗器械监督抽验信息系统对接。要能够通过数据挖掘发现具有区域性、系统性的重大问题并及

时报送给主管部门，切实提高抽验工作效能。对于发现并确认了重大问题的检验机构，将给予通报表扬。

要进一步加强信息公开。毕井泉局长在2017年全国食品药品监督管理暨党风廉政建设工作会议上提出明确要求，总局将在每周公布食品抽检信息的基础上，进一步提高药品、医疗器械、化妆品抽检信息的公开频率。各检验机构要进一步提高抽验工作效率，确保按时完成上级监管部门提出的信息公开要求。

要进一步从严监督考核。检验数据客观准确是检验机构安身立命之本。各检验机构要秉持科学的检验精神和高尚的职业道德，确保样品接收、保存和检验过程严谨，坚持原则、不徇私情、不受利益诱惑，要让检验机构提供的数据经得起科学和时间的检验。2017年要进一步加强对承检机构的监督和考核评价，对于质控不严、审核不够、判定不准、填报不细，要在系统内通报批评并取消今后一段时间的国抽承检资格，对于检查发现的问题个人，要通报主管机关并按有关规定严肃处理。

（四）扎实有效做好药品注册检验工作

加强注册检验时限的督查督办，是药品审评审批制度改革解决积压的重要措施之一。目前，各口岸所都存在一定程度的注册检验超时问题，各单位要高度重视，定期对承担的任务进行梳理，严格按照《药品注册管理办法》和总局关于注册检验事宜的公告要求，在规定的时限内完成检验工作。中检院将统一制定可执行的注册检验管理工作规程，明确注册检验受理、样品及资料发补，退撤检等要求。

注册标准复核工作应严格按照申请人申报的标准进行，标准复核中的问题应以复核意见的形式提出。对已超过送样及补充资料时限的，应及时办理终止检验。注册检验期间不得受申请人的委托进行标准的研究工作。

（五）踏实做好党风廉政建设工作

党风廉政建设关系工作全局，事关事业兴衰成败，必须高度重视。全系统各级党组织和全体干部要深入学习党的十八届六中全会和中央纪委七次全会精神，特别是习近平总书记系列重要讲话，要增强“四个意识”，严格政治纪律、政治规矩，切实把“四个最严”贯彻到检验检测工作各方面，加强指导、完善措施。不折不扣落实党中央决策部署，确实政令畅通。要坚持挺纪在前，加强监督执纪问责，认真践行监督执纪“四种形态”，以抓铁有痕、踏石留印的精神，狠抓中央八项规定落实，坚决反对“四风”。要严格执行党风廉政建设主体责任，切实把党风廉政建设与业务工作一起谋划、一起部署、一起落实、一起考核。领导干部要以身作则，带头严于律己，带头执行党风廉政各项规定，带头接受组织和群众的监督。要层层传导压力，形成工作合力，推动党风廉政建设取得扎实成效，用优异成绩，迎接党的十九大的胜利召开。

国家食品药品监督管理总局副局长、党组成员、药品安全总监孙咸泽在2017年全国食品药品医疗器械检验检测工作座谈会上的讲话（节选）

一、上半年工作取得的成效显著

上半年，全国各级检验检测机构，履职尽责，扎实工作，主动适应新形势需要，紧紧围绕食品药品监管工作大局，较好地发挥了检验检测工作服务监管大局、服务社会公众、促进产业发展的重要作用，为下一阶段工作奠定了良好基础。

（一）充分发挥质量安全大抽验作用，为监管决策提供专业依据

上半年，全国完成抽检药品5.9万批次，药品合格率97.2%，同比提高3.1个百分点；医疗器械全国抽样8256批次；食品安全监督抽检64.8万批次，样品合格率97.6%，同比提高0.8个百分点。发布药品质量公告25期；国家医疗器械质量公告14期；公布食品安全抽检信息26

期，完成《2016 年度国家食品安全抽检监测总结报告》，制定全国 2017 年第一季度食品安全监督抽检情况分析通告，截至 6 月 13 日，共计完成月度分析 5 次，涉及样品近 50 万批次；通报 122 批次网络销售化妆品的非法添加信息。

其中，国家药品抽验阶段性工作已完成，全国共抽到 144 个品种 2.58 万批次样品，完成检验 1.65 万批次，304 批次不符合规定，10 批次检出非法成分。各省已将相关报告书送达相关生产、经营或使用单位。中检院和 18 个口岸药检所完成申请进口药品检验 2.3 万批次，44 批次不合格，占比 0.2%。国家医疗器械抽验情况，计划全国抽样 5172 批次，目前共抽到有效样品 3717 批次，到样率 72%，检验工作正在有序开展。已有部分检验报告出具并送达相关省局和企业。探索性地开展互联网销售医疗器械质量监测工作，在淘宝/天猫、京东商城等平台抽到有效样品 246 批次，检验工作正在进行中。食品抽验情况，总局本级计划抽验 810 批次，共有 284 批次完成检验，初检不合格样品 6 批次，问题样品 2 批次。中央转移地方计划抽检 1968 批次，只有 245 批次完成检验，初检不合格样品 10 批次。对发现的问题均要求有关地方依法予以处理。

（二）认真执行“四个最严”的要求，为科学监管提供技术支持

针对制假售假“潜规则”，积极研究补充检验方法。印发了《食品补充检验方法工作规定》，组织开展 2 批 21 项食品补充检验方法研制工作，发布《食品中那非类物质的检测》等 10 项食品补充检验方法；建立药品补充检验方法管理系统，简化方法审批流程，发布《红参药材及饮片中总还原糖检查项补充检验方法》和《胃康灵胶囊中金胺 O 检查项补充检验方法》，截至 2017 年 8 月底，总局共批准药品补充检验方法 232 个，涉及中药、化学药品和生物制品，主要用于鉴别中成药非法添加西药或者违禁化学成分、中药材/饮片染色、增重和以次充好、非法添加辅料或变更辅料来源等药品质量问题。探索开展医疗器械补充检验方法研究，加快组织制定输液器中荧光增白物质检测等 3 项检验方法。这些工作在打击制假售假监管工作中具有重要作用，例如在银杏叶类药品擅自改变工艺和投料专项治理工作中，药品补充检验方法发挥了“尖刀作用”，获得了中检院 2016 年“打假”工作科技成果奖特别奖，得到了毕井泉局长的充分肯定。补充检验方法批准后即时在食品药品总局官方网站公布，供各界下载使用，同时对违法违规行为也起到了震慑作用。在快检方法研究方面，印发《关于规范食品快速检测方法使用管理的意见》《食品快速检测方法评价技术规范》，制定《水产品中孔雀石绿的快速检测》等 6 项食品快检方法。目前，已建立药品快检模型 7224 个（固体制剂近红外模型 5889 个，液体制剂拉曼模型 1335 个），已建立食品快检方法 9 项。在标准制修订方面，建立食品安全标准问题收集反馈机制，及时解决白糖及其制品中添加剂使用问题，明确食品中重金属等污染物限量、标签表示等标准使用问题；针对婴幼儿配方食品、预包装食品标签等重要基础性标准提出修订意见和建议 300 余项；组织制定监管急需的调味面制品、散装即食食品致病菌限量等重要食品安全国家标准。截至目前，总局已会同国家卫生计生委、农业部发布食品安全国家标准 1224 项，新增农药残留限量指标 490 项，农药残留检测方法国家标准 106 项；组织开展国内外农兽药残留限量比对分析研究，编制《微生物检验方法标准实操指南》及可视化教程等系列宣贯材料，组织开展食品安全标准技能竞赛。在科技立项和成果转化方面，将本系统科技需求纳入“食品安全关键技术研究”等科技部重点专项指南中，组织有关单位完成重大新药创制和重大传染病防治科技重大专项等课题申报、立项工作，“药物一致性评价关键技术与标准研究”等 4 个课题获得立项，向重大专项实施管理办公室

报送15项2018年度课题立项建议。首次组织全系统开展科技成果登记及备案工作，共登记成果500多项、备案200多项。

（三）大力发展检验检测系统能力建设，强化政府机构职能

上半年，重点开展了对食品、医疗器械检验机构的监督检查。针对食品检验机构，重点检查检验机构质量管理体系是否健全、检验过程是否规范、检验数据是否真实可靠；会同国家认监委派出检查组对200家食品检验机构进行专项检查，重点对资质认定的合法性和检验工作的规范性进行检查，对检查中发现的伪造数据、不检测出报告等人为造假行为将从严查处。针对医疗器械检验机构，派出检查组对8家医疗器械检验机构进行抽查，重点对注册检验、监督抽验以及检验数据完整性进行检查。首次以总局名义开展药品检验能力验证工作，发布“食品明胶中铬”“乳粉中沙门菌”等7个能力验证项目，组织系统内外504家检验机构参加能力验证，累计1337项次。此外，中检院开发的“中国药检能力验证服务平台2.0”已上线运行，平台注册用户突破1000家，基本覆盖了“三品一械”检验检测系统实验室，实现了在线报名、样品确认、能力评定等功能。

（四）扎实推进药品医疗器械审评审批体系大重建

2015年，在供给侧结构性改革的大背景下，党中央国务院实施食品安全战略和药品医疗器械审评审批制度改革，核心是提高药品质量和鼓励创新，促进我国食品和医药行业转型升级。这两年多，食品药品监管系统众志成城，下大力气集中解决长期以来形成的药品注册积压、新药上市慢、制药行业低水平重复、创新能力不足等突出问题，改革成效明显。

目前，我们完成了阶段性目标。一是基本消除了药品注册申请积压。截至7月17日，完成审评注册申请6582件，等待审评的药品注册申请已由2015年9月高峰时的近22000件降至4800件。化学药、生物制品的临床试验申请、补充申请和进口再注册申请，中药民族药各类注册申请已基本实现按时限审批。二是鼓励创新政策初显成效。通过建立优先审评制度，一批“全球新药物”获准进入临床，一批创新药物和临床急需药物获准上市，29个医疗器械创新产品获批上市。三是仿制药质量和疗效一致性评价工作全面展开。已发布仿制药质量和疗效一致性评价配套文件21个，收到备案参比制剂5800个，分8批公告了610个品规的参比制剂，其中属于289目录的有224个品规，289目录之外的有386个品规；BE试验备案151个；全国已开展评价的289目录内品种数达到274个；明确了一致性评价工作程序；开展了10次专题培训；全国28个省（市、区）局成立一致性评价领导小组和办公室；26个省（市、区）政府配套出台了政策文件，提供资金、技术支持以及招标采购、医保支付等政策支持。此外，药物临床研究质量、审评审批透明度得到提高，药品上市许可持有人制度十省市试点进展顺利。

上半年，我们检验检测系统全体干部职工，充分发扬了攻坚克难、勇于担当、甘于奉献的工作精神，积极配合监管部门开展各项工作，在质量安全大抽检、仿制药质量和疗效一致性评价、注册检验以及医疗器械分类改革等工作中，全面落实国务院有关要求，认真执行总局各项工作安排，充分发挥了食品药品技术支撑作用，守住了不发生重特大食品药品安全事故的底线。在此我代表食品药品监管总局向检验战线的全体同志表示感谢！

二、清醒认识检验检测机构面临的发展形势

十八大以来，党中央国务院对加强食品药品监管工作提出了一系列新理念、新决策和新论断，对加快提升食品药品安全保障水平提出了新任务。今年年初，国务院常务会审议通过了《“十三五”国家食品安全规划》和《“十三五”

国家药品安全规划》（以下简称“十三五”国家食品药品安全规划），明确了我国“十三五”时期食品药品安全工作的指导思想、基本原则、发展目标和主要任务。

（一）食品药品监管制度改革给我们提出了新任务

改革开放以来，随着医药产业快速发展，药品可及性问题基本解决，但是我们是以仿制药为主的产业结构，创新能力不足，仿制药质量疗效上与原研药还存在差距，药品研发过程中数据不真实、不完整，药品生产过程中擅自更改工艺、掺杂使假、偷工减料，经销过程中夸大宣传、无科学依据地乱吹牛的现象，屡见不鲜，屡禁不止。如近几年查处的银杏叶掺假、镉超标胶囊、临床试验数据造假等，都令人触目惊心。再加上审评和监管力量薄弱，与制药产业的迅猛发展相比，我们的监管队伍人员严重缺乏，能力不足，难以实施有效监管，很多问题心有余力不足。这就造成了药品注册申请积压，效率低下。

为了解决这些问题，党中央、国务院已经作了一系列重大决策，2015 年以来发布了多个重要文件，明确了改革的方向、目标和任务。经国务院批准，我们已经加入了国际人用药品注册技术协调会（ICH），下一步还要争取加入国际药品认证合作组织（PIC/S），总的目标就是与国际接轨。

2015 年以来，总局认真贯彻落实党中央、国务院决策部署，会同相关部门，全面推进药品审评审批制度改革。改革已不限于审评审批，已经逐步拓展为药品监管制度的变革。

毕井泉局长在第十一届药典委员会成立大会上专门谈到了下一步的改革问题，强调药品上市的基本标准就是新药要全球新，仿制药要与原研药质量疗效一致。药品监管要实现药品全生命周期管理，药品研发、加工、经销、使用全链条的监管。药品批准文件持有人要承担研发、加工、经销、不良反应监测、完善药品质量等全生命周期的法律责任。我们要研究建立药品数据保护制度、专利补偿制度、药品审评与专利链接制度，把专利纠纷解决在药品上市之前，既鼓励药品创新，使创新者受到激励；也鼓励仿制，降低企业仿制成本。我们要建立临床主导的团队审评制度、与申请人会议沟通制度、项目管理员与申请人联系制度、召开专家咨询委员会公开论证重大争议制度、审评结论和依据公开制度，保证审评的公平公正公开。我们要严格临床研究、加工制造过程的监管。临床试验数据、生产过程数据不真实的、不完整的、不可溯源的申请，一律予以退回。对造假等严重违法者，要依法追究刑事责任。我们要建立审评员、检查人员、检验人员、执法人员保守商业秘密制度，建立禁止工作人员泄漏品种审评信息制度。禁止工作人员以审评谋私、以检查谋私、以企业商业秘密谋私。通过保密责任的落实取信于民，保证监管权威。

改革既包括今后上市药品如何审评审批，也包括对以前批准上市药品的评价和清理。长期不生产的、自行改变工艺的、没有履行上市后研究和监测责任的、安全性有效性质量稳定性存在问题的，都要清理、重新评价，通不过的要退市。

（二）检验机构市场化改革给我们提出了新挑战

我们检验检测机构作为国家食品药品监管的技术支撑部门，也要不断适应新形势。经过多年的体制机制改革，在各级政府和监管部门的积极努力下，各项政策支持和经费投入不断加大，检验机构不断适应监管需要，已经成长发展为监管工作的重要基础。

但是，我们也必须清醒地看到，食品药品检验检测体系建设和能力建设与公众期盼的目标还有较大差距。主要体现在：食品药品监管体制屡次调整，部分地方食品检验机构没有及时划转，导致资源不足及医疗器械检验体系建设滞后；部分检验检测机构基础设施仍然薄弱，检验能力不足，尤其是开展以问题为导向、发现潜在风险、深入发掘检验数据，开展“靶向性”检验的能力不强；检验检测技术研究能力不足，实验室质量管理体系有待加强，信息化建设仍不能满足检验检测系统发展需求。此外，国家逐步开放第三方检验机构的市场准入，对于我们检验检测机构也是一个挑战。我们都知道虽然在药品方面，第三方市场还不成气候，但在食品检验方面，我国一些地方第三方检测机构较发达，已经形成和政府检测机构争夺市场的能力。与此同时，事业单位分类改革、绩效改革也对部分检验机构的机构建设、人才培养和队伍的稳定都产生了影响。今年开始停收检验费后，由于配套措施尚不明确，实施起来给各级检验机构带来了难题。企业多头、重复申报和器械跨省检验、进口药品检验事权与支出责任不匹配等问题凸显，占用了大量的检验资源；经费保障与检验任务量和检验成本不相契合，影响检验人员工作的积极性。这些都给我们检验检测系统的发展带来了挑战。

纵观当前形势，作为监管工作的重要支撑，检验检测机构的发展已进入了一个更加重要的时期，未来的检验检测机构将作为提供服务的一方融入高技术服务市场的行列当中。因此，我们对自身定位要有清晰的认识，即不管怎么变，我们检验检测系统是为食品药品医疗器械监管服务、为产业发展服务、为人民群众饮食用药安全服务的定位是不会变的，检验检测队伍是食品药品监管工作不可或缺的重要技术支撑力量的作用是不会变的。在当前和今后一个时期，我们要着重加强检验检测能力水平，提升食品药品安全监管支撑能力：一要充分认识形势需要，主动适应变革，紧跟食品药品监管体制机制改革步伐；二要在各级监管部门的领导下调整好功能定位，加快推进食品药品检验检测体系建设；三要以满足监管和产业需求为着力点，在优化整合现有检验检测资源的基础上，全面提升食品药品检验检测能力；四要适应事业单位分类改革、绩效考核、国家加大政府购买服务等改革新举措，进一步强化主体功能意识，提升综合服务能力和核心竞争力。将食品药品检验检测体系做大、做强、做精、做优，最终打造一个以国家级检验检测机构为龙头，区域重点实验室为纽带，省级检验检测机构为骨干，地（市）级检验检测机构为支撑，县级检验检测所及装备快检设备的检验站为补充，纵横贯通覆盖全国的食品药品检验检测体系。努力推动检验检测事业在新时期取得更大发展。

三、对下半年工作的要求

下半年党的十九大即将召开，接着就要进行两会换届，这是我们党和国家政治生活中的一件大事，维护安定祥和的社会环境和舆论环境是首要的政治任务，保障食品药品安全具有重要的现实意义。在这个关键时期，大家必须要以高度的政治责任感和担当意识，切实履行好技术支撑作用。按照总书记“四个最严”的要求，落实党中央国务院对加强食品药品监管工作的各项部署，全面实施“十三五”国家食品药品安全规划和《“健康中国”2030规划纲要》，围绕“放管服”改革推进审评审批体系大重建，扎实做好全国局长会上提出的9大重点任务以及毕局长在全国食品药品监督管理工作座谈会上强调的重点工作。

（一）以问题为导向抓好抽验工作

下半年，全系统要聚焦突出问题，力求使食品药品抽验更好地为食品药品监管工作服务，成为发现问题，控制风险，提高标准，有因检验的重要手段。一方面，食品抽检要有针对性地对农兽药残留、食品添加剂滥用和非法添加、致病菌、重金属等安全性指标进行实验室检验。市、县两级必须把农药残留和兽药残留作为检验重点。另一方面，要坚持以问题为导向，强化食品药品监督抽验数据利用，充分发挥食品药品监督抽验在打击制假售假、食品药品质量风险预警、药企审核查验、药品标准完善、药品质量再评价、药品监督管理、生产企业自主提高药品质量等方面的综合作用。与此同时，要充分发挥药品质量管理年会的平台作用，增强企业的主体责任意识。加强对企业质检人员的培训和指导，真正把监管关口前移，加强药品质量安全的源头把控能力。

（二）全面抓好科技研究工作

下半年，全系统要紧密结合食品药品安全监管现状和发展需求，按照“四个最严”要求，强化食品药品检验技术储备和科技支撑监管能力。一方面，通过标准提高计划，特别是中药、民族药的质量标准，使在产药品质量可控、方法科学，逐步提高药品质量；进一步推进食品安全国家标准修订，促进标准制定与监管有效衔接；加强国内外标准比对分析研究，提高与国际标准接轨程度；加强医疗器械标准管理规范，促进标准体系不断完善。另一方面，在食品检验技术、食品药品医疗器械风险评估、监测预警、应急检验、补充检验方法、打击假冒伪劣产品检验中的新技术新方法研究等重点领域，开展基础性、关键性、前瞻性和挑战性技术研发和成果应用，提升食品安全技术保障水平；特别是要积极推动重点实验室的建设，要把重点实验室建设成为开展高水平的基础研究和应用研究，聚集和培养优秀人才、进行高层次学术交流以及促进科技创新成果转化的重要基地，为解决食品药品监管中的技术问题，提升我国食品药品监管能力提供重要的技术支撑。与此同时，针对高科技造假、行业潜规则等监管难点问题，要组织检验检测机构加大对补充检验方法研究。

（三）加强检验检测系统能力建设

食品和药品“十三五”规划强调了能力建设和经费保障，提出检验检测和执法能力得到增强，药品医疗器械检验检测机构要达到国家相应建设标准。总局现已组织推进“十三五”规划重大项目实施，包括直属单位基础设施建设、重点实验室建设、食品药品安全监管信息化建设、督促地方加快推进食品安全检（监）测能力建设，对中西部地区新成立的药检所和东部地区药检所进行实验室改造、启动 23 个省级医疗器械检验检测机构基础设施建设和检验检测设备配备、启动“十三五”县级食品安全检验检测资源整合项目和基层执法装备配备项目等。全系统要充分认识大力推进食品药品检验能力建设工作的重要性和必要性，按照党中央国务院要求，完善食品药品监管体制，增强食品药品监管的统一性、权威性和专业性，确保食品药品监管能力在监管资源整合中得到加强。

一是要加强全系统能力验证。要结合各级食品药品监管部门组织开展的食品安全抽检监测检验工作，组织开展好本机构的质量控制工作，尽可能多申请参加国内外相关机构组织的能力验证、实验室比对等质量活动，积极参加总局组织的与抽检监测相关的质量控制活动，不断提升检验质量，确保检验报告书不出差错，提升食品安全技术保障水平。中检院作为国内首个取得 CNAS 能力验证提供者资质（PTP）的单位，要进一步提高在样品制备、均匀性稳定性检验，特别是在数据统计方面、能力验证团队、专家技术队伍、PT 结果应用上的能力，并通过能力验证工作服务平台，形成中检院能力验证参加者的数据库，以便对实验室能力进行评价分析。

二是加强全系统人才队伍建设。全面提升食品检验能力离不开人才队伍建设。人才队伍建设，除了引进来，扩大增量外，还要结合食品检验机构整合和机构内部调整工作，重点加强对整合调整后的食品检验队伍的培训工作。中检院要充分发挥 WHO 三个合作中心和培训中心的作用，加强与国际组织的合作与交流，加强对全国食品药品检验技术人员的培训。各级检验检测机构要继续做好由上到下的业务指导，特别是在仿制药一致性评价、检验方法研究、医疗器械分类目录实施等重点工作中，开展政策及技术的相关培训，打造一支具备“统一的规范要求、科学的检验理念、高水平的检验素质、高质量的检验操作”的，能打硬仗的食品药品检验队伍。同时要看到，光有培训是不够的，培训是手段，提升才是目的。为此，大家要在加大培训的同时，摸索建立一套科学、合理、可操作性强的培训考核评价体系，促进基层落实，确保培训效果。

（四）积极应对检验收费改革和第三方检验检测机构发展带来的挑战

十八大以来，中央制定了多项政策推进改革，其中包括开展事业单位分类改革和停征中央涉企行政事业性收费等措施，延伸到我们食品药品检验系统，主要体现在第三方检验机构的发展，以及停收检验费上。中央的目的是为了简政放权、减轻企业负担、改善民生。针对停征我系统4项行政事业性收费问题，总局领导高度重视，毕局长多次作出批示、指示，要求确保收费项目停征后各项工作有序开展。我们应该统一认识、坚决执行。在执行停征检验收费后，要从大局出发，不拒收检验申请，继续做好检验工作，努力保证受理、检验工作正常进行；同时要保证服务质量，保证检验时限。

第三方食品药品检测机构的发展也让我们充分认识到，要想在检验检测市场中谋得一席之地，保持机构可持续长远发展，除了要转变职能定位，提高服务意识，更需要提升自身的能力，增强核心竞争力。各地都在探索检验机构的改革，中检院也在酝酿改革方案。各级检验机构在这方面应多思考、多沟通、多交流经验和做法，积极进行各方面的有益探索，争取政策支持，争取机制创新，为机构建设和人才培养创造可持续发展的有利条件。

（五）进一步抓好党风廉政工作

一是各单位领导班子要带头执行党章党规党纪，加强党委主体责任和纪委监督责任，强化责任追究。各单位一把手要以身作则，严格要求，善于把方向，抓大事，谋全局，充分调动领导班子成员的积极性、主动性和创造性，全力配合监管部门，让“监管跑在风险前面”。二是要针对巡视中发现的问题，进一步完善党风廉政工作制度，从严规范管理，对问题严肃处理，实践监督执纪“四种形态”，在强化日常监督执纪上下功夫，抓早抓小；要深入开展“回头看”，持续保持遏制腐败高压态势，维护好党内政治生态。三是要把从严管理干部贯彻落实到干部队伍建设的全过程，加强干部管理监督；要加强教育学习，严格组织生活，提升党员领导干部的履职能力和服务意识；要学习先进，争当先进。特别是在“两学一做”学习教育中向时代楷模廖俊波、黄大年学习，学习他们的爱国情怀、敬业精神和甘于奉献的高尚情操。四是要认真学习国务院第五次廉政工作会议精神，始终在思想上政治上行动上同以习近平同志为核心的党中央保持一致；严格落实《准则》和《条例》，坚定不移转变作风、反对腐败；坚决落实中央八项规定，将反“四风”贯穿始终；牢记为人民服务的宗旨，严把食品药品质量关，切实履行食品药品安全监管的责任。

中国食品药品检定研究院党委书记、院长李波在2017年全国食品药品医疗器械检验检测工作座谈会上的讲话（节选）

这次的中期工作会，咸泽同志作了很重要的讲话，也提出了非常明确的要求。总局各司局、中检院各所和部分兄弟院所的同志作了经验介绍。我相信大家收获肯定很多。今天下午利用两个多小时的时间，又对大家非常关注的一些问题作了讨论。大家谈得较多的两个问题就是改革和停征注册收费带来的影响。

关于改革，咸泽同志也给大家介绍了一些与总局特设机构改革相关的信息。我院已经拿出了一个初稿，就像咸泽同志在讲话时提到的一样，基本的思路还是和大家想的基本一致。我们关注公益性的同时，也做集团化经营性成分的一些探索，但是我相信这是一条很长的路。因为没有经验，体制内检验检测机构的改革，包括走在前面的国家质监总局系统中检集团和特检集团也在探索。但是两个基本的判断应该是成立的，第一个判断就是第三方检验机构的出现是不可阻挡的。尽管药品检验系统还没有完全开放，我想大家也关注到了一致性评价的100号文里已经出现了第三方的检验内容。我相信在不久的将来出台的注册管理办法里面也会讲到，只是一个时间问题。第二个判断，就是政府短时间内对于公益一类的，也就是公益性的国家实验室全部承担费用，可能会有些困难。所以带有公益性和经营性的公益二类检验机构将在很长一段时间内存在。这两个判断应该是对的，基于这两个判断，再来探索怎么把检验机构更好地改革下去，为政府监管发挥作用，并有所发展。

检验收费问题大家讨论得很热烈，对检验机构影响也很大。因为从4月接到通知到现在，后续的措施还没有完全明朗。总局也非常关注这个问题，总局领导多次指示规财司要下去调研，要向上反映。接下来中检院也会持续关注，收集各个检验机构的信息，向总局汇报，使问题尽快解决。

接下来，我想谈一谈对部分问题的认识，供大家参考。

一、充分认识检验检测机构真正的危机

大家都能感受到停征收费、机构改革的压力，但是我们要静下来思考一下，对我们来说，真正的危机是什么？大家可能说停止注册收费，检验运行经费不足，运行难以为继；或者说是第三方检验机构的崛起，对我们现有体制机制的冲击；或者机构改革、事业单位改革给我们带来的压力，这些都是危机。

我个人认为，这些只是时间问题，早晚会过去的。但是真正的危机恰恰来源于我们自身。检验检测机构在监管工作中起到什么作用，决定了我们在整个监管链条里所能拥有的地位。这种作用和地位，又取决于我们的能力，所以归根结底还是我们的能力决定了整个检验检测系统和整个检验检测机构的走向。每当食品药品安全事件发生时，总局总是特别需要检验机构的支持，需要科学数据支撑，因为检验机构的作用无可替代，因为检验报告不出来，就没有科学依据进行下一步的处理，没法进行违法归责。去年济南疫苗案发生的时候，正是依据我们出具的具有证据效力的检测报告，才让事件在后期能迅速地得到处理。遇到大事的时候，没人能够替代我们。这个时候检验机构的作用就凸显出来了。如果检验机构没有这个能力，报告不能及时出来，不能胜任应急检验任务，也就不可能在食品药品监管中有一席之地。

既然我们最大的危机是我们自身能力水平，我们就要思考，接下来要怎么做？答案就是：适应改革，融入改革。有为才能有位，我们要转变工作方式，变被动为主动，寻找新的切入点。譬如一致性评价、注射剂的一致性评价。注射剂怎么评价，中药注射剂怎么评价？这个问题没有人比检验检测队伍更有发言权。如果我们能拿出成型的、科学的方案来，一方面既能主动承担总局的中心工作，另一方面又能体现我们的能力水平。当然，挑战无处不在，这项工作从来没人做过，交织了经济、政治、科学等诸多因素，处理这些问题就得有担当，有勇气。这是一个契机，能凸显检验机构的作用，也是一个新的切入点。

其次，还有总局工艺核查工作。工艺核查备案看上去和检验无关，但其实息息相关。同一个品种可能有几种处方、几种工艺。哪些工艺是好的，哪些工艺是落后的，需要淘汰的，别的技术部门可能拿不出数据来。但是检验机构的实验室数据，也许能够说明这些问题。如果能把整个系统的力量调动起来，形成工艺处方，评价同个品种不同工艺、不同处方、不同材料，哪个好，哪个坏，有些是不是很陈旧了，是否存在有效性和安全性的风险，如果我们有能力开展评价，就是对总局深化改革的最大支撑。还有技术指南的制定。检验是一对一的，但同一类品种也有一定的共性，我们对同一类的品种出台共性的技术指南，甚至对个别品种出台个性技术指南，既深入了研究，又加强了指导，提高了工作效率。

第三，做好风险评估工作。以往对具体品种出具报告后，工作就完成了。仅仅报告说不合格，其实只完成了一半，另一半是什么呢？就是风险评估。一个产品如果不合格，我们要知道是哪项不合格，超出或低于标准多少，对患者或者公众，会存在多大的风险？后续处置措施是什么？这些都需要我们提供技术支持。前段时间出现的食品领域的应急事件，让中检院来评估风险，我明显感觉到这个领域人才储备和知识储备的不足。

第四，要增强技术能力，加强监管科学的研究。2004 年美国 FDA 出台了《关键路径》的白皮书，里面涉及了监管科学的 76 个问题。相比之下，我国的监管科学体系还不健全，虽然已有不小的成绩，但是对比美国 FDA，我们的指南数量明显不足。目前的食品监管，我们更注重安全性标准，仅做了一半的工作，还有营养性标准没跟上来。去年中国工程院起草了一个报告，提到了一些很现实的建议：一是建立健全的监管科技支撑体系；二是建立国家专项，支持技术创新产品转化研究；三是培养监管科技人才。这又是一个契机。如果这个报告能够获得上级批准的话，对我们来说是重大利好。今年 8 月，科技部、财政部和发改委联合发布了国家科技创新基地优化整合方案，重新布局科技创新。方案把创新基地分为三类，第一类是科学与工程研究国家科技创新技术基地，包括国家重点实验室。第二类是技术创新与成果转化类国家科技创新基地，包括国家技术研究中心、临床医学研究中心，临床研究中心在前几个月批了 6 家。第三类就是基础支撑条件保障类国家技术创新基地。这个变化非常重要，大家一定要关注。

二、充分认识标准工作的重要性，切实履行监管的政治责任

习总书记对食品药品高度重视，他指出：保障食品药品安全是重要的政治任务，是最大的民生。他要求按照“四个最严”切实加强食品药品监管。总书记把“最严谨的标准”放在首位，充分展示了标准对于监管工作的重要性。习总书记还强调过，“谁掌握了标准，谁就拥有了发言权。谁掌握标准，谁就占据了最高点”。充分阐述了标准对产品质量的重要作用。

检验检测系统的工作可以分为两类。一类是制定标准，一类检验产品。标准如此重要，但在实践中，哪个院把它放在了最重要的位置上呢？国抽、省抽，从上到下都很重视，都能在时限内完成。但标准呢，投入的精力反而有限。标准做好了，既对企业是一种震慑，又能事半功倍，管好一类产品。以医疗器械标准为例，一年立 100 项标准，分到 10 个所，1 个所也仅有 10 项。医疗器械标准还有其特殊性，同一类产品既有通用的标准，还有个性化的工艺，因此标准制修订方面还需要仔细考虑。食品安全标准缺口就更大了。诚然，食品的标准的职能在卫计委，但食品安全监管的职能在食药监系统，我们多做一些标准，安全监管也能更向前推进一步。

除标准外，补充检验方法也是非常重要的技术手段。在打伪治劣工作中，补充检验方法是必不可少的手段，随着造假手段的更新升级，补充检验方法也要不断地跟上，“魔高一尺，道高一丈”，才能把食品药品安全监管落到实处。

还有一个需要大家重点关注的问题，取消注册检验以后，检验机构如何参与新产品的标准制修订？以往检验机构参与新产品标准制修订都是通过注册检验来实现的，若注册检验取消，用什么样的途径来接触新产品，是我们需要面临的新问题。长期脱离新产品标准与方法的研究，对监管是不利的。新产品首先是由生产企业研发，然后才有监管，监管已经天然地滞后了一步，如果连第一时间接触新产品的机会也没有了，又怎么

介入技术监管呢？和研发部门的合作是一个途径。但怎么合作？怎么规避利益冲突，也要充分考虑。

三、加大补充检验方法和探索性检验研究的力度

补充检验方法是食药械监管技术防线的重要组成部分，是打击食药械掺伪造假、肃清行业“潜规则”的重要手段，也是检验各级检验检测机构技术能力的“试金石”。

毕局长多次指示要加大补充检验方法的研究力度，各司局也高度重视。去年年底，总局印发了《食品补充检验方法工作规定》。今年上半年，组织开展 2 批 21 项食品补充检验方法研制工作，发布了 9 项食品补充检验方法。为简化审批流程，提高审批效率，国家药品补充检验方法和检验项目管理系统已正式上线。今年 4 月中检院召开了宣贯会，对《药品补充检验方法管理工作规程》进行解读宣贯，对药品补充检验方法管理系统的使用进行培训。

为引导和鼓励补充检验方法的研究，今年上半年我们建立了补充检验方法研究基金，专门设立奖项予以表彰，引导围绕检验开展科研。在打假治劣工作中，补充检验方法发挥了“尖刀作用”，全系统要加大对这方面的投入，加大研究力度，筑牢技术防线。要营造鼓励技术人员围绕监管难点开展科学研究的氛围，建立补充检验方法，筑牢打击假冒伪劣的藩篱。

四、提高现有数据的利用率

当前的数据利用主要集中于品种、地域、检验项目等维度的基本统计分析，还有待使用预警模型、处置分析等办法综合尝试挖掘，增强发现系统性、区域性风险的能力。要进一步强化检验结果的横向对比与纵向分析，对抽检中发现的可能影响产品质量安全性、可靠性、有效性的风险因素，进行总结归纳和科学研判，及时掌握产品质量安全趋势。在数据利用方面，台州市药检所做了一个很好的尝试，工作做得非常好，类似的创新，都要考虑。

提高现有数据的利用率和增强抽检的科学性是互为因果、互相作用的关系，抽检数据是有生命的，只有把它们高效地分析利用，才能进一步提高抽检的科学性。

数据公开是数据的又一次再利用。自 2017 年开始，总局每周发布一期药品抽检公告，提示公众用药安全，同时规范各省（区、市）药品抽检信息发布工作，督促省局及时发布抽检信息，实现总局网站与省局网站抽检信息同步。各检验机构要及时准确地提供科学可靠的检验数据，这是数据及时公开的基石。“国家药品抽检信息查询数据库”也在不断完善更新，在涵盖 2016 年以来总局发布的药品国抽信息的基础上，加入省抽数据，方便社会各界查询和监督。总局网站将统一公布各地的不合格药品信息，解决信息共享不畅的问题，防止出现药品在一地检查不合格下架停用，在其他地区却仍在使用的情况。各地要及时关注总局网站相关信息，及时做好辖区内流通的不合格药品处置工作。

五、加强体系能力建设，进一步做好数据规范工作

数据可靠性是全球共同面对的问题，不是某个区域特有的，不是中国特有的，也不是药品生产企业特有的。大家可能没注意，8 月 25 号，总局网站上又公开了药品数据完整性的征求意见稿，这已经是第二次征求意见了，透露出来的信号就是：总局已经非常关注数据完整度及数据的准确性了。

上半年中检院在科标司的部署下开展了检验检测机构数据可靠性工作的初步调研，6 月份受科标司委托，派出 4 个检查组对 8 家医疗器械检验机构的注册检验、监督抽检以及检验数据完整性等方面进行检查。检查发现多数机构能够正确理解和执行法规要求，并注重数据完整性和抽检规范性，但部分检验机构在复检程序、数据可溯源等方面存在问题。7 月，总局会同国家认监委

派出检查组，对200家食品检验机构进行资质认定合法性和检验工作规范性检查，对检查中发现的伪造数据、不检测出报告等人为造假行为将从严查处。

打铁还需自身硬，检验机构更应该确保检验数据客观准确，对自己要从严要求，对承检机构要从严要求。总局已经明确要求，要加强对承检机构的监督和考核评价，对留样进行复核性检验，发现问题要追责到人。对检验机构质控不严、审核不够、判定不准、填报不细甚至伪造数据、出具假报告等问题，要严肃处理，并向社会公开处理结果。在这里要再次提醒各位院长、所长，加大各自质量体系的建设力度，切实保证数据的质量。

六、做好党建工作

党的建设渗透我们工作的方方面面，不能单纯地就党建谈党建，更不能抛开一切谈党建。要以学习教育活动为抓手，做好思想政治建设。深入推进党的群众路线教育实践活动、“三严三实”专题教育活动，推进“两学一做”学习教育常态化制度化，坚持全覆盖、常态化、重创新、求实效，坚持学做结合，依托党委（党组）理论学习中心组学习、党支部“三会一课”等基本制度，融入日常、抓在经常，防止形式主义，防止“两张皮”，不断加强思想政治建设。落实党建工作责任，打造理想坚定、业务精湛的党务干部队伍。严格党建工作考核评价，建立健全党建工作约谈机制。加强党务干部队伍建设。坚持德才兼备、以德为先原则，着力建设一支理想坚定、业务精湛的高素质党务干部队伍。抓好纪律建设，纪律教育是党建工作的重要组成部分，是加强党的执政能力建设的重要内容。对加强党员干部党性锻炼、增强为人民服务意识和本领、做好党风廉政建设和反腐败工作、防止党员干部犯错误都十分重要。严抓严管就是厚爱，及时发现小问题并加以处理就是对其将来政治前程的负责，让党员干部行为规范，少犯错误、不犯错误。

记 事

中丹食品药品监管合作中心启动仪式

2017年5月4日，国家食品药品监督管理总局与丹麦环境食品部、丹麦卫生部在我院举行中丹食品药品监管合作中心启动仪式。拉斯穆森首相与中国全国人大常委会副委员长艾力更·依明巴海出席并致辞，对中心成立寄予殷切期待和良好祝愿。国家食品药品监督管理总局局长毕井泉、副局长郭文奇与丹麦环境食品部部长拉尔森、卫生部代理部长克洛赫一道为中丹食品药品监管合作中心揭牌，并举行圆桌会谈。

启动仪式结束后，国家食品药品监督管理总局领导陪同丹麦贵宾参观考察了中检院化学药品检验所。中检院李波院长向拉斯穆森首相丹方代表团介绍了化药所物理化学检测领域的基本情况，以及正在进行检验的样品制备方法、仪器工作原理、定量方法等技术过程。丹麦首相拉斯穆森对化学药品检定所的先进仪器设备表示赞赏，并了解了仪器设备来源的相关情况。

在圆桌会谈中，李波院长表示中检院将按照总局统一安排，进一步落实中丹在食品、药品、医疗器械检验检测方面的合作，将建立具体的联络机制和专门的工作小组，通过召开相关沟通会和学术研讨会，选派专业技术骨干到丹方实验室进行培训等多种形式，促进中丹实验室间的技术交流和合作。

中丹食品药品监管合作中心依托中检院建立，是国家食品药品监督管理总局与其他国家建立的第一个双边合作中心，致力于通过联合研讨、人员培训、交流互访，开展更深更广领域的信息交流和审评、检查、检验等专业技术合作，加强食品药品安全风险分析和控制、实验室检测技术和方法研究、监管政策法规评估借鉴，为促进两国人民健康、增进两国人民福祉、推动食品药品产业发展、扩大两国贸易往来做出贡献。

国家食品药品监督管理总局相关司局负责同志，丹麦相关政府部门、业界代表和中检院相关合作项目代表共100余人出席了启动仪式。

“世界卫生组织传统医药合作中心”揭牌仪式

2017年4月7日，世界卫生组织（WHO）正式批准中检院中药民族药检定所设立“世界卫生组织传统医药合作中心”。2017年7月6日，世界卫生组织传统医药合作中心（WHO Collaborating Center for Traditional Medicine）揭牌仪式在中检院举行，WHO西太平洋区域主任申英秀（Shin Young Soo）博士、国家食品药品监督管理总局国际合作司司长袁林等为该中心揭牌。WHO区域主任执行官兼协调官安吉拉·普拉特、西太区技术官员 Yu lee Park、中检院副院长张志军、中药民族药检定所所长马双成等出席。国家食品药品监督管理总局国际合作司副司长秦晓岑主持典礼。

袁林司长首先致欢迎辞，代表国家总局对申英秀先生和WHO各位同行的到来表示感谢，同时也对中检院中药民族药检定所成为WHO传统医药合作中心表示祝贺。作为中国国家药品监管机构，国家食品药品监督管理总局长期以来积极参与WHO植物药监管合作。国家食品药品监督管理总局领导对中检院中药民族药检定所申请WHO传统医药合作中心十分重视，在会见WHO领导人时，也多次提出要在植物药传统药领域加强双方的合作，推动传统医药合作中心的建立。希望中药民族药检定所严格按照WHO项目任务书所拟订的方案和工作计划积极开展工作，国家食品药品监督管理总局也将在工作上给予大力支持，按照WHO传统医学战略要求，继续加强国家食品药品监督管理总局与WHO在植物药法规制定、质量控制与标准研究等方面的协作。

申英秀博士代表WHO向中检院表示热烈祝贺，并指出传统医药在中国有着悠久而丰富的历史，现在也仍然在国家卫生系统，尤其是基层发挥着重要的作用。WHO支持会员国将传统医学纳入国家卫生系统，同时又要确保其所有产品和服务的质量、安全及有效性。中检院中药民族药检定所成为WHO传统医药合作中心的一员，将有助于中国和其他会员国实现上述目标。中药民族药检定所在中药检测、标准化、新方法和新技术研究、标准物质等方面具有独特经验，将与西太区的其他WHO合作中心一起，确保中国和其他会员国传统药物的质量和安全。期待未来与大家更有紧密的合作。

张志军副院长代表中检院在揭牌仪式上致辞，张院长表示，WHO在中检院建立合作中心，是对中检院中药民族药检定所在传统药物研究和监管工作及社会贡献的充分肯定。我们将借合作中心成立的契机，继续加大力度弘扬中医药传统文化，认真贯彻落实中医药发展“十三五”规划要求，严格遵照WHO的管理章程，不断加强合作中心建设。

WHO传统医药合作中心在中检院成立，标志着中检院在传统药物领域将发挥更大的作用。该中心将通过组织和参与WHO的国际会议、专业培训，加强国际交流与合作，促进我国及本地区传统药物质量控制水平的提高，强化我国在传统药物领域的国际影响力和话语权，提升国家形象和国际地位。中检院与WHO高度合作的格局，对推动中国这个世界上最大发展中国家的药品质量安全和有效，引导我国医药产品转型升级、健康发展并走向世界具有重要意义。

第一部分　检验检测

2017 年检验检测工作

概　况

中国食品药品检定研究院（以下简称中检院）2017 年度受理 18944 批检验检测工作（以批/检样数计），较 2016 年增长 3060 批，增幅为 19.3%。2017 年度完成 15207 份报告，较 2016 年减少 321 份，降幅为 2.1%。

注：2017 年度统计时间 2016 年 12 月 1 日至 2017 年 11 月 30 日，其他类别包括毒种、菌种、细胞、人血清、动物血清、环境设施等。进口检验包括常规进口和进口生物制品批签发（生物制品批签发，以下简称批签发）。检品受理，指受理检验的样品批数（进口药品按检样数计），包括退撤检批次。报告书完成，指授权签字人签发报告书的检品批数（检样数），不包括函复结果或出具研究性报告的检品批数。

检品受理情况

2017 年度受理检品 18944 批，同比增长 19.3%。

按检品分类计，2017 年度受理化学药品 2130 批（11.2%），中药、天然药物 1180 批（6.2%），药用辅料 170 批（0.9%），生物制品 9105 批（48.1%），医疗器械 1406 批（7.4%），体外诊断试剂 1824 批（9.6%），药包材 215 批（1.1%），食品及食品接触材料（以下简称食品）313 批（1.7%），保健食品 203 批（1.1%），化妆品 889 批（4.7%），实验动物 305 批（1.6%），其他类别 1204 批（6.4%）（图 1－1）。

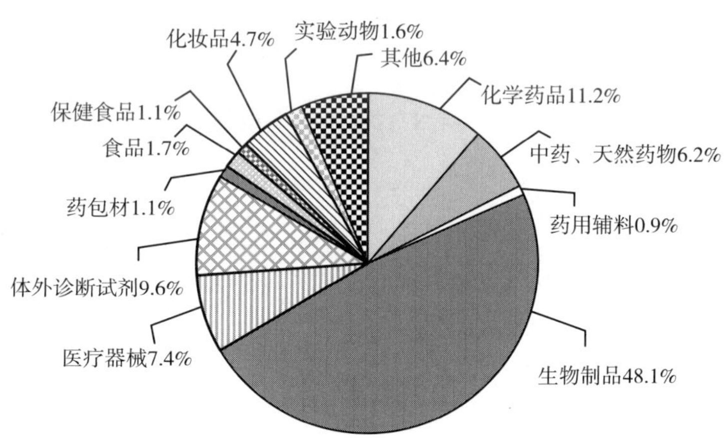

图 1－1　2017 年度各类检品受理情况

2017 年度检品受理同比变化情况：化学药品增长 24.1%，中药、天然药物下降 15.4%，药用辅料增长 71.7%，生物制品增长 8.5%，医疗器械增长 69.4%，体外诊断试剂增长 72.9%，药包材增长 10.3%，食品增长 133.6%，保健食品下降 44.2%，化妆品增长 38.9%，实验动物下降 24.9%，其他类别增长 82.1%（图 1－2）。

按检验类型计，2017 年度受理监督检验 2769 批（占总受理量的 14.6%，包括国家级计划抽验 2249 批，国家级监督抽验/监测 520 批），注册/许可检验 4216 批（22.3%），进口检验 700 批（3.7%，其中进口批签发 261 批），国产批签

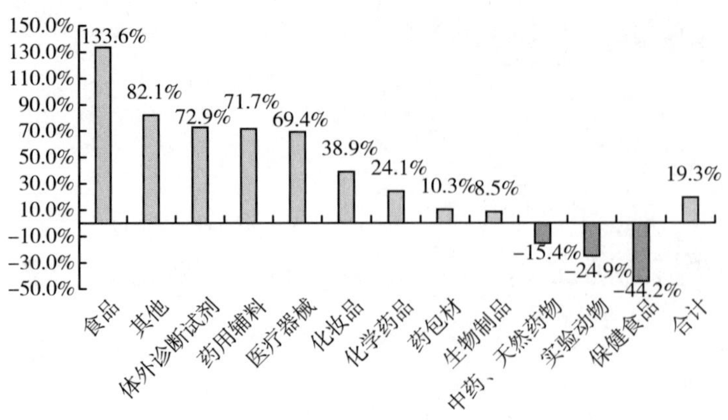

图 1－2　2017 年度各类检品受理同比变化情况

发 5319 批（28. 1%），委托检验 1685 批（8. 9%），合同检验 3740 批（19. 7%），复验/复检 183 批（1. 0%），认证认可及能力考核检验（以下简称认证认可检验）332 批（1. 8%）（图 1－3）。

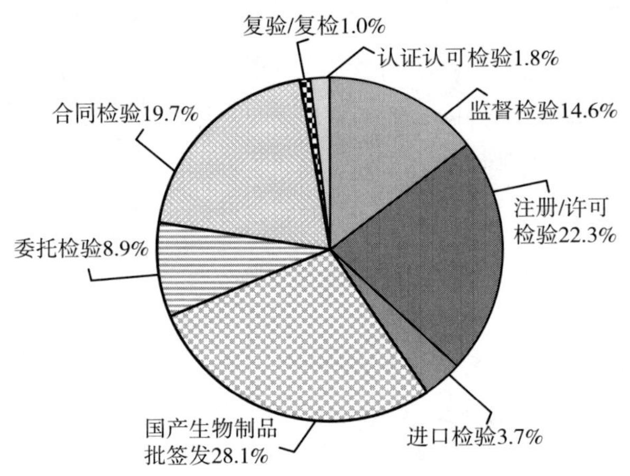

图 1－3　2017 年度各类检定业务检品受理情况

2017 年度检品受理同比变化情况：监督检验增长 24. 3%，注册/许可检验增长 31. 6%，进口检验下降 0. 3%，国产批签发增长 10. 7%，委托检验下降 0. 5%，合同检验增长 30. 8%，复验/复检下降 19. 7%，认证认可检验增长 98. 8%（图 1－4）。

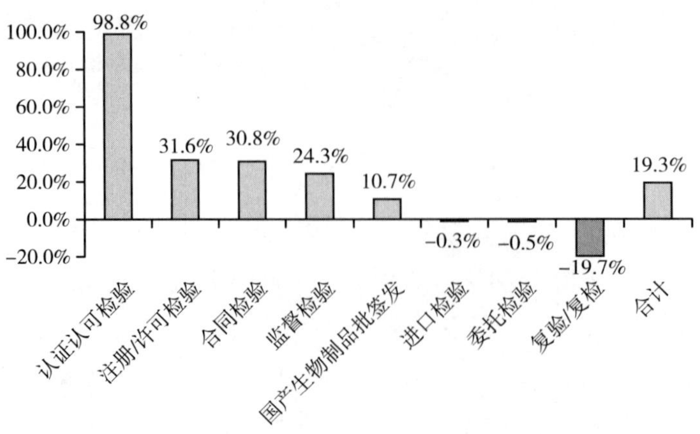

图 1－4　2017 年度各类检定业务检品受理同比变化情况

报告书完成情况

2017 年度完成 15207 份报告，同比下降 2.1%。

按检品分类计，2017 年度完成化学药品检验报告 2023 份（13.3%），中药、天然药物 1184 份（7.8%），药用辅料 120 份（0.8%），生物制品 8150 份（53.6%），医疗器械 560 份（3.7%），体外诊断试剂 1373 份（9.0%），药包材 81 份（0.5%），食品 6 份（0.04%），保健食品 173 份（1.1%），化妆品 317 份（2.1%），实验动物 293 份（1.9%），其他类别 927 份（6.1%）（图 1－5）。

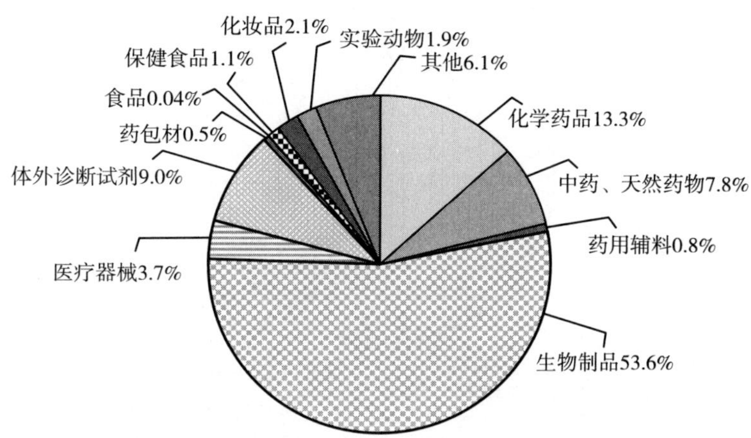

图 1－5　2017 年度各类检品报告书完成情况

2017 年度完成报告同比变化情况：化学药品增长 22.6%，中药、天然药物下降 16.6%，药用辅料下降 40.6%，生物制品增长 0.4%，医疗器械下降 1.4%，体外诊断试剂增长 20.4%，药包材下降 27.7%，食品下降 97.6%，保健食品下降 59.0%，化妆品下降 48.1%，实验动物下降 28.7%，其他类别增长 48.6%（图 1－6）。

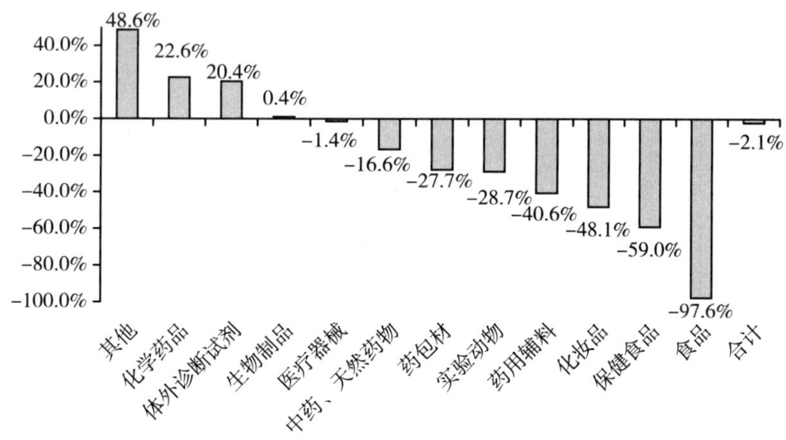

图 1－6　2017 年度各类检品报告书完成同比变化情况

按检验类型计，2017 年度完成监督检验报告 2690 份（占总签发量的 17.7%，包括国家级计划抽验 2268 份，国家级监督抽验/监测 422 份），注册/许可检验 3079 份（20.2%），进口检验 610 份（4.0%，其中进口批签发 236 批），国产批签发 5002 份（32.9%），委托检验 727

份（4.8%），合同检验 2725 份（17.9%），复验/复检 205 份（1.3%），认证认可检验 169 份（1.1%）（图 1-7）。

2017 年度完成报告同比变化情况：监督检验同比增长 14.5%，注册/许可检验下降 8.1%，进口检验下降 17.9%，国产批签发增长 4.0%，委托检验下降57.5%，合同检验增长16.5%，复验/复检增长 14.5%，认证认可检验增长 252.1%（图 1-8）。

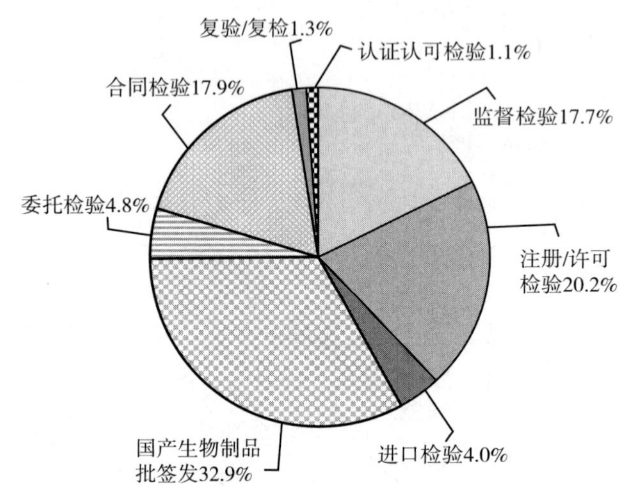

图 1-7　2017 年度各类检定业务报告书完成情况

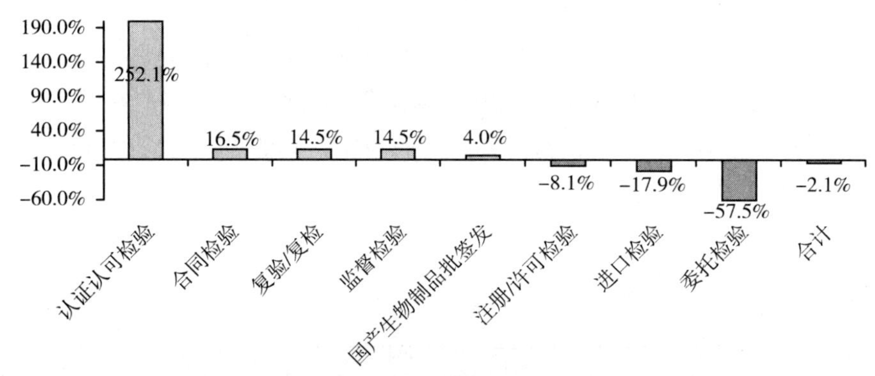

图 1-8　2017 年度各类检定业务报告书完成同比情况

生物制品批签发

批签发受理情况

2017 年度受理了 5580 批，同比增长 10.6%，包括国内制品 5319 批，增长 10.7%，进口制品 261 批，增长 7.9%；疫苗 4625 批，增长 14.5%，血液制品 7 批，下降 95.0%，诊断试剂 948 批，增长 9.5%（图 1-9）。

批签发报告完成情况

2017 年度完成了 5238 份报告（不合格制品 16 批），同比增长 4.0%。包括国内制品 5002 批（不合格制品 2 批），增长 4.0%，进口制品 236 批（不合格制品 14 批），增长 3.5%；疫苗 4286 批（不合格制品 16 批），增长 6.8%，血液制品 23 批，下降 85.4%，诊断试剂 929 批，增长 7.3%（图 1-10）。

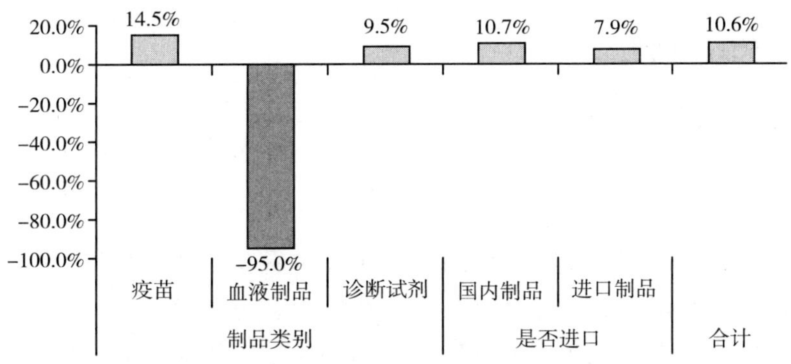

图 1-9 2017 年度批签收检品受理同比变化情况

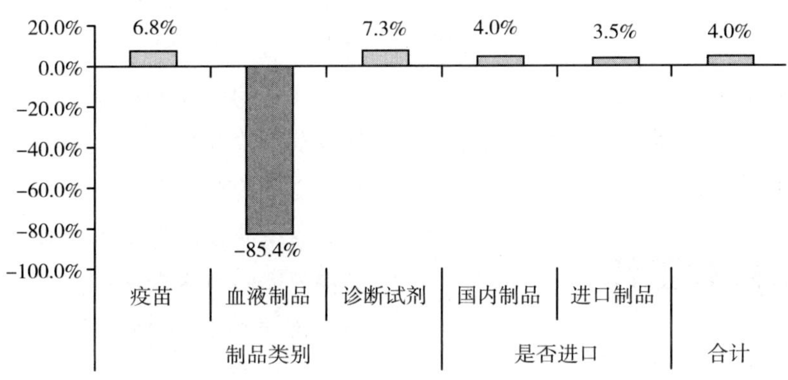

图 1-10 2017 年度批签发报告完成同比变化情况

专项工作

国家化妆品监督抽检工作

根据以往化妆品监督抽检以及主动专项风险监测发现的问题及线索，中检院起草《2017 年国家化妆品抽检监测工作方案》，编写《2017 年化妆品监督抽检工作手册》；组织召开 2017 年化妆品监督抽检工作部署会，共完成了 13982 批次样品的抽检。收集、汇总、分析 2017 年全国 31 省化妆品监督抽检数据，完成《2017 年国家化妆品监督抽检工作总结报告》。汇总、分析各省上报的不合格化妆品样品信息，共上报 10 期，共 1096 批不合格样品，并协助国家食品药品监督管理总局核实不合格化妆品样品信息及检验信息，配合国家食品药品监督管理总局信息发布工作。主要不合格原因为染发类、防晒类化妆品中染发剂、防晒剂检验结果与标签标识或批件配方不一致，面膜类化妆品中违法添加糖皮质激素，祛斑/美白类化妆品中汞超标以及违法添加糖皮质激素，婴幼儿化妆品中菌落总数超标，祛痘类化妆品中违法添加抗生素类。

化妆品主动监测专项抽检工作

2017 年，中检院组织完成网络销售化妆品专项风险监测工作，检测祛斑/美白类、祛痘/抗粉刺类、面膜类三类样品共 616 批，发现不合格样品 122 批，完成《网络销售化妆品专项风险监测工作总结报告》。组织开展化妆品专项风险工作，针对进口化妆品中微生物指标、纳米防晒剂的使用及虚假宣传等问题；国产非特殊用途化妆品、牙膏类产品以及网络销售化妆品安全性问题。针对优恪网“十款畅销洗发水仅两款为优”测评报告事件，向国家食品药品监督管理总局提交风险研判意见、开展监测工作、向国家食品药品监督管理总局提交研判报告。

中药材专项抽验

2017年，中检院组织全国部分药品检验检所开展胶类药材及含有胶类药材中成药的专项研究。

含马兜铃酸成分中成药专项监测针对市场上可能存在马兜铃酸类成分超标，或个别饮片有可能以含有马兜铃酸类成分的原料掺伪生产的风险，受总局药化监管司委托，中检院对木通、龙胆泻肝丸，参照现有的标准或研究建立的检验方法，开展马兜铃酸成分监测工作。对有掺杂、掺假嫌疑的依法报批补充检验方法和检验项目，同时依据国家食品药品监督管理总局批准发布的补充检验方法和检验项目进行检验，并及时出具检验报告。

应急检验工作

培植牛黄的应急研究

收到柳州市公安局鱼峰分局转来柳州市神农中药饮片厂生产的培植牛黄样品后，根据国家食品药品监督管理总局工作部署（食药监纪［2016］35号）后，中检院立即开展了标准检验及相应的探索性研究工作。

Sabin株脊灰灭活疫苗应急检验

在我国脊灰灭活疫苗严重短缺的情况下，国家食品药品监督管理总局4月份及时启动北京北生研公司的sIPV疫苗特殊审批程序，中检院积极参与相继完成各项脊灰应急检验任务。完成sIPV疫苗Ⅲ临床试验血清（2384份）的检测；构建脊灰野毒株假病毒中和抗体检测新方法，并完成对Ⅱ期（516份）Ⅲ期（206份）临床血清交叉中和检测；以及完成生产现场核查抽检6批成品和18批原液样品的检测，推动该企业Sabin－IPV获得批准。此外，按照国家总局的部署进行同步批签发工作，在两个月签发42批共415万份疫苗，其中对前6批进行全部项目的检定，总抽检率超过60%，有效缓解了疫苗供应紧张的问题。

埃博拉病毒病疫苗应急注册检验

2017年5月10日，中检院接到中国人民解放军总后勤部卫生部药品监督管理局对康希诺生物股份公司和军事医学科学院生物工程研究所联合研制生产的3批注册检验样品，按照国家食品药品监督管理总局对埃博拉病毒病疫苗应急检验的要求，我院启动应急注册检验程序。科室人员加班加点，准时、准确地完成了各项检验任务。在院领导的指导和协调下，于2017年7月19日及时发出检验报告。该项检验工作，为埃博拉病毒病疫苗的获准上市提供了技术支撑作用，加快了我国埃博拉病毒病疫苗获得国家审批，也成就了我国埃博拉病毒病疫苗成为世界上第二个获得生产许可的埃博拉病毒病疫苗。12月11日的《中国医药报》头版文章《中检院在世界坐标中标注中国新药科研实力》对此做了报道。

人血白蛋白应急检验

根据国家食品药品监督管理总局对某血液制品企业飞行检查结果及人血白蛋白产品质量监督的紧急工作部署，中检院迅速于3月3日召开讨论会确定国产及进口人血白蛋白产品铝离子含量工作内容，联合7个血液制品批签发授权药检机构，分析梳理了2014至2016年度共7000多批次人血白蛋白铝离子含量批签发与企业自检数据比对、检定方法、检品的留样与储存、稳定性考核、铝离子含量初始值影响因素、铝离子含量有效期内影响因素等多个重点内容。随后中检院对所有国产和进口人血白蛋白批准信息进行梳理统计，起草并发布《2017年人血白蛋白样品调取和铝离子含量考察应急检验方案》，协调组织各批签发授权药检机构开展留样调取及人血白蛋白铝离子含量测定工作。在院领导的协调支持下，科室相关人员加班加点地完成了计划发布、样品接收与检测、数据统计分析及资料撰写等工作，仅用时12个工作日就完成了国内外41家血液制品企业158个批准文号信息的整理、近200份人血白蛋白留样铝离子含量检测以及数量庞大的后期统计学分析工作。3月22日报告撰写完成，发文上报国家食药监总局。本次专项应急检验报告为国家食品药品监督管理总局的药品科学监管提供了准确详细、科学可靠的调查报告。

血液透析浓缩物应急检验

2017年，国家食品药品监督管理总局组织相关省局对部分企业的血液透析浓缩物进行了监督抽验。受国家食品药品监督管理总局委托，中检院依据YY 0598—2015《血液透析及相关治疗用浓缩物》和注册产品标准/产品技术要求，对山东威高药业股份有限公司、广州康盛生物科技有限公司和杭州元祺生物科技有限公司3家企业的6批次血液透析浓缩物进行应急监督抽验，检测产品的性状、pH、溶质浓度、微粒、微生物限度、无致热原6个检验项目，检验结果为6批次产品全部符合规定，已按相关程序将检验结果上报国家食品药品监督管理总局。

第二部分　标准物质与标准化研究

概　况

2017 年国家药品标准物质分装及包装

2017 年，中检院标准物质工作在运行成本比预算支出节省了 10% 的情况下，全年分装国家药品标准物质 265 万支，包装 243 万支，分别比 2016 年增加 11.2% 及 2.5%（表 2－1）；实现标准物质对外发放供应 210 万支，分发总额是 2014 年的近 2 倍，一级直供率为 21%，较 2016 年提高 6%；新版基本药物目录中所需的 1022 个品种的供应率为 100%；全院 3028 个必供品种的全年保障供应率大于 96.4%，基本满足监管需要。

表 2－1　2012—2017 年度国家药品标准物质分装及包装量

年度	分装		包装	
	品种数（个）	分装量（万支）	品种数（个）	包装量（万支）
2012	519	117.68	568	129.9
2013	680	195	655	208
2014	685	204	580	191
2015	677	205	563	168
2016	582	237	672	237
2017	445	265	470	243
同比	－23.0%	11.2%	－30%	2.5%

2017 年国家药品标准物质品种总数与分类

截至 2017 年底，中检院能够提供各类标准物质 3986 种，其中生物制品标准物质 202 种，化学对照品 2691 种，对照药材 798 种，医疗器械及体外诊断试剂标准物质 107 种，药用辅料对照品及药包材对照物质 188 种（表 2－2、图 2－1）。

表 2－2　2012—2017 年度国家药品标准物质分类品种数　　单位：个

年度	生物制品标准物质	化学对照品	对照药材	医疗器械及体外诊断试剂标准物质	药用辅料对照品及药包材对照物质	合计
2013	189	2181	740	52	55	3217
2014	196	2221	746	56	55	3274
2015	204	2520	762	64	130	3680
2016	197	2665	767	99	158	3886
2017	202	2691	798	107	188	3986
同比	2.5%	0.98%	4.0%	8.0%	19.0%	2.6%

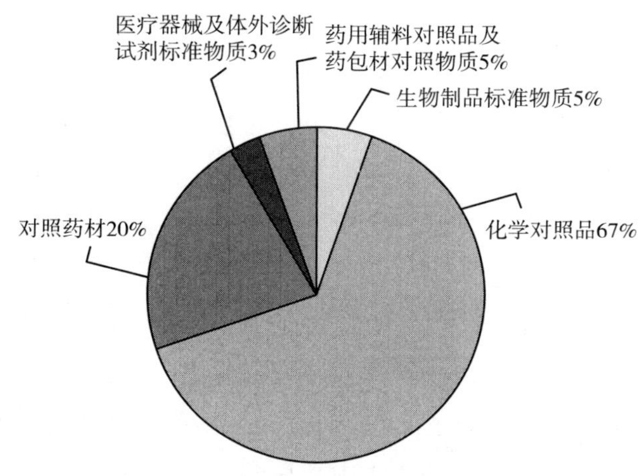

图 2－1　2017 年度国家药品标准物质品种分类情况

2017 年国家药品标准物质报告审核

2017 年，中检院共组织专家审评 470 份国家药品标准物质报告，其中，首批标准物质报告 97 份，换批标准物质报告 373 份，组织召开化学类标准物质专家评审会议 5 次，生检与 IVD 类标准物质专家评审会议 4 次（表 2－3、图 2－2）。

表 2－3　2013—2017 年度国家药品标准物质报告审核数

单位：份

年度	首批标准物质数	换批标准物质数	合计
2013	140	551	691
2014	112	311	423
2015	298	274	538
2016	263	444	707
2017	97	373	470
同比	－63.1%	－16.0%	－33.5%

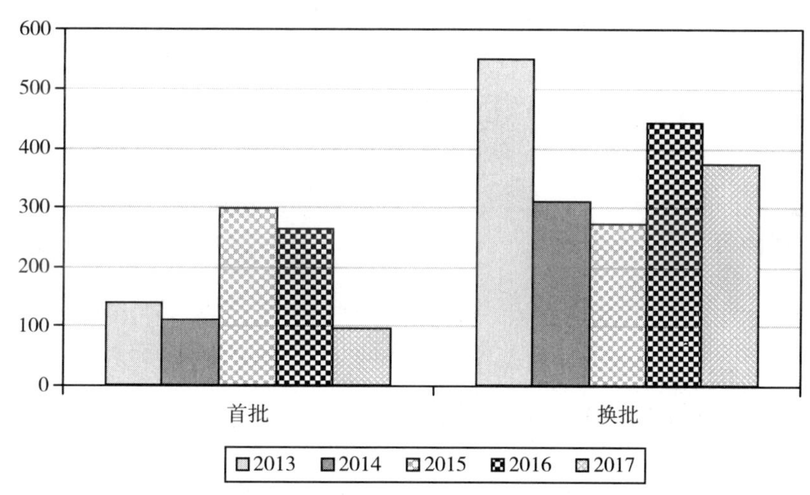

图 2－2　2013—2017 年度首批和换批国家药品标准物质报告受理情况

重点专项

规范原料管理

为规范中检院标准物质原料的采购和供应商管理流程，对标准物质原料供应商进行了登记和确认，发布了 2017 年中检院第一批标准物质原料供应商名录。另外，还制定了新的《国家药品标准物质原料采购管理办法》，规范采购流程，强化标准物质供应链的前端管理，提前采购原料。同时进一步统筹资源，公开需求，拓宽原料来源渠道，提高原料采购效率，解决原料获得慢、获得难等老问题。

探索标准物质发放新机制

在现有场地不足、人员短缺的情况下，进一

步梳理优化标准物质供应流程，通过科学优化周转库存、设计实现自动生成补库单以及订单自动处理、招标使用顺丰快递等，不断打通标准物质供应工作的各个环节，让用户订购更便捷、分发供应更有序，持续提高工作效率并减少差错。另外，还进一步规范客服人员对用户问题的处理流程，建立对用户专业技术问题的操作规范，并引入在线客服和呼叫中心，不断提高用户满意度，减少用户投诉。

另外，从2017年4月起，要求“生物制品、体外诊断试剂、医疗器械类科室自存的标准物质品种对外供应时，一律取消原来科室手填的‘收费通知单’，需使用内网标准物质管理系统进行相关品种数据的入库和出库操作，再由供应室统一出具出库单”，从而规范管理，堵住风险。目前，该要求已经达到预期效果，全院所有科室的标准物质供应均在信息系统中进行订单录入、出库操作和开具发票等工作，实现了全院标准物质供应工作的统一出口管理。

质量体系建设

随着国际标准化组织ISO 17034：2016“标准物质生产者能力一般要求”和中国合格评定国家认可委员会等同转化的CNAS－CL 04：2017“标准物质/标准样品生产者能力认可准则”的发布实施，中检院修订发布了《国家药品标准物质产品报告编制操作规范》和《国家药品标准物质产品报告审批操作规范》，并组织全院各相关部门人员开展了新版操作规范及其配套的内网报告填写模块的培训，本次质量文件的修订，充实了标准物质作为一个产品的内涵，使得我院标准物质从生产策划、原料筛选、分装生产、量值标定到包装入库的每个环节都全面记录和接受审评，强化了质量保障，为我院申请标准物质生产者能力认可奠定了基础。还组织专家召开了标准物质有效期管理工作专题会议，在现行国家药品标准物质使用说明书中增加了【有效期】项目，完善标准物质说明书内容。随后，建立了售罄批次品种有效使用期发布制度，明确其有效使用期限，建立了质量保证声明机制，定期在外网公布标准物质供应情况信息，包括即将上市的新品种、即将换批的品种、即将失效品种的情况和停用品种的情况。同时，还开展内部质量控制活动，开展了标准物质分装装量差异考察和标准物质残氧含量测定，结果表明中检院标准的装量差异标准偏差和生产过程中的残氧含量控制均符合规定要求。

质量监测

2017年国家药品标准物质质量监测共涉及包材所、化药所和中药所等有关科室411多个品种，全部完成质量监测报告。对于发现质量问题的品种，马上停止发放并在网上公布，最大限度地减少质量发生改变的标准物质在药品企业药物研发、生产以及药品检验和监督过程中的不利影响。同时，也为中检院药品标准物质长期稳定性积累重要数据。中检院从2013年起统一集中开展药品标准物质质量监测工作，历年质量监测涉及的品种数及停用情况见表2－4。经过全院标准物质研制部门及管理部门的共同努力，质量监测发现标准物质因质量变化需要停用的品种数整体呈现下降趋势（图2－3）。

表2－4　2013—2017年度药品标准物质质量监测情况

时间	2013年	2014年	2015年	2016年	2017年
品种数	217	1005	273	245	411
停用数	11	32	12	3	9

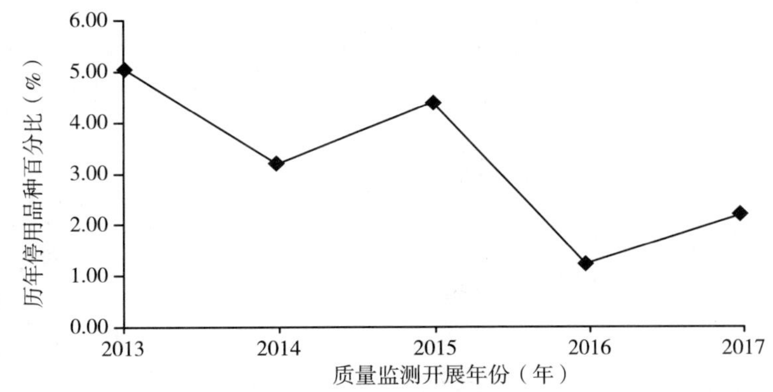

图 2－3　2013—2017 年度药品标准物质质量监测发现质量变化停用品种情况

体外诊断试剂国家标准物质管理

在中检院网站公布了《注册检验用体外诊断试剂国家标准品和参考品目录》第三期和第四期，《目录》品种数由第一期的 42 个，增加为四期的 113 个，该《目录》的不断丰富更新，明晰了体外诊断试剂生产、审评和监管共同执行的标准物质范围，缓解了社会压力，业界反响良好。

为了摸清社会需求，在中检院官网开辟了“体外诊断试剂国家标准物质需求调查窗口”，并于 2017 年 3 月 1 日至 3 月 31 日第一次向社会开放，会同诊断所专家遴选和拟定了 61 个社会需求较强烈的品种，作为首批联合研制的体外诊断试剂标准物质候选品种。

在积极寻找合适的联合研制合作者的过程中，以泰州医药城为试点，以期探索一个可复制和推广的工作模式，2017 年 11 月 3 日在泰州中国医药城举行了“体外诊断试剂标准物质联合研制江苏片区工作会议暨合作签约仪式”。签约仪式后，组织召开座谈会，与诊断所一起，同江苏省 11 家企业就 27 个品种的任务内容和技术要求进行了详细说明，并与参会企业代表围绕有关重点难点问题进行了深入研讨，就具体委托方式等做出部署安排，形成了泰州模式的基本框架和要求，标志着我院体外诊断试剂工作以大胆创新、开放包容的姿态向前迈出了坚实的一步。

加强国际合作，研制符合国际标准的药品标准物质

为了提高标准物质研制水平，中检院加强与国际标准物质研制组织的合作。2017 年，与英国政府化学家实验室（LGC）以及美国礼来公司合作研制 7 个标准物质：三氯生、塞来昔布、枸橼酸他莫昔芬、丁羟甲苯、盐酸莫西沙星、盐酸托莫西汀和盐酸度洛西汀等。为做好标准物质技术储备工作，中检院开展前瞻性和储备性标准物质研制工作，包括盐酸曲唑酮杂质 A、盐酸曲唑酮杂质 B、盐酸曲唑酮杂质 C、盐酸曲唑酮杂质 D、盐酸曲唑酮杂质 F、塞来昔布杂质 A、氯氮平杂质 A、氯氮平杂质 B 和氯氮平杂质 C 等 10 个《英国药典》《欧洲药典》和《美国药典》收载的化学杂质对照品的研制工作，填补国内该类对照品的空白，为这些品种对应进口药品的生产、研究和检验等提供标准物质。

标准物质信息化建设

在广泛征求意见的基础上，对原有的标准物质信息管理系统进行改版，按照工作程序设置模块，界面更加清晰，包括生产策划、原料征集、生产制备、研制标定、审评审批、仓储管理分发

供应、质量监测、数据查询、保供管理及小贴士等 11 个模块，实现了对标准物质工作全链条、全环节更加精细、自动的信息化管理。同时，持续创新标准物质保障供应综合数据平台，改造了专家审评系统，完善了生产策划平台，搭建了仿制药一致性评价的基药品种与对照品保供平台，这些信息化工作在标准物质管理过程中发挥了重要的作用。

举办第九届国家药品标准物质委员会成立大会暨标准物质学术研讨会

2017 年 10 月 16 日 ~17 日，由中检院主办，主题为“精益过程，创新发展”的第九届国家药品标准物质委员会成立大会暨标准物质学术研讨会在中检院新址隆重召开。本届委员会由部分中国工程院院士担任顾问，由中检院、国家药典委员会、部分检验机构，以及 USP、EDQM、LGC、Lilly 公司等国际知名机构的 171 位专家组成。成立大会会后召开了精彩的标准物质学术研讨会，会议期间，副院长路勇带领外籍、外单位委员代表参观了标物中心，实地了解了标准物质的生产流程和环节。参观者对中检院标准物质规范的管理、先进的设备、高效的产能留下了深刻的印象。

自动化生产设备通过安装调试并顺利投产

中检院标准物质生产设备室顺利完成搬迁新址及安装调试，并新采购了一批先进的设备，自动化程度大幅提高，安瓿封口效率提升 25%，破损率降低到千分之一以下；轧盖效率提高 1 倍。分装、包装工作运行平稳，有力地支撑了标准物质生产工作的顺利进展。

现代化仓储设施通过认证并全面投入使用

标准物质仓储库房配套设施完善，环境温度、湿度控制到位，标准物质存储质量得到有效保障，出入库管理更加有序高效。

第三部分　食品药品技术监督

制度建设

食品药品技术监督管理法律法规库

在2016年工作基础上，中检院对2017年更新的食品、药品、医疗器械、化妆品与保健品相关的法律法规进行汇总，完成监督中心业务用法律法规库建设，将共计120部法律法规文件整理制作成CHM格式电子书。

内部制度建设

2017年中检院编制并申报2017年技术监督中心重点工作及任务分解表，修订《工作月报发布程序》《合同管理工作程序》《政务信息报送工作程序》《合同管理工作程序》《奖金分配程序》等内部管理文件8件，废除《稽查通讯》和《公车管理工作程序》。

协助国家食品药品监督管理总局完成相关工作

2017年，受国家食品药品监督管理总局相关部门委托，中检院制定《国家药品抽检品种信息调整工作程序》《保健食品监管实务》，修订《国家药品抽样操作程序》。

药品技术监督

国家药品抽检

2017年国家药品抽检品种共138个，均为评价性抽检品种，按照项目资金来源分为两部分。一是中央补助地方经费项目（品种113个），包括化学药品66个、中成药37个、中药饮片4组、药包材2个、药用辅料4个，其中国家基本药物品种8个。二是中检院预算项目（品种25个），包括化学药品8个、中成药3个、中药饮片3组、药包材2个、药用辅料2个，生物制品7个，其中国家基本药物品种9个。2017年，国家药品抽检备选品种库建立，抽检针对历年抽检未涉及的基本药物剂型或非基本药物品种开展。持续关注抽样数量较少品种，及时将难以抽到的氨苄西林颗粒等9个中央补助地方经费项目品种（8个化学药、1个中成药）调整为呋喃唑酮片、硫酸卡那霉素注射液、硫酸卡那霉素滴眼液、四环素片、盐酸土霉素片、肌醇烟酸酯片、联磺甲氧苄啶片、五味子颗粒（糖浆）、萘普生片、肌苷片（胶囊）。

2017年国家药品抽检已完成检验25695批次。按国家药品质量标准检验，25148批次符合规定，547批次不符合规定；按食品药品监管总局药品补充检验方法和检验项目批件检验，10批次检出樟脑超标。

药包材药用辅料监督抽验

2017年，中检院完成药用辅料——大豆油（供注射用）（36批）和乙基纤维素专项（13批）、药包材——直立式聚丙烯输液袋（12批）和聚丙烯输液瓶（袋）密度测定专项（47批）全国评价性抽验工作，所有抽验样品均已经按照检验时限完成实验，发出检验报告。同时对大豆油（供注射用）品种开展了水分、色度、细菌内毒素、过氧化值、金属离子、反式脂肪酸、抗氧化剂、近红外光谱、茴香胺值等非标项目的检验。对乙基纤维素品种进行了甲苯、乙醛两个项目的探索性研究，建立了甲苯、醛类物质、四聚乙醛等安全性检测方法；对直立式聚丙烯输液袋品种进行检验后，发现不同企业的产品在密度设定限度、透光率、排空时间等方面均存在差异的问题；在聚丙烯输液瓶（袋）品种密度测定专项中发现样品密度测定值偏限度低限，经分析与所用粒料类型有很大关系。

《2016 年国家药品计划抽验质量状况报告》（白皮书）

2017 年，中检院根据 2016 年国家药品计划抽验结果，组织院内各业务所在分析研究 142 个抽验品种（中央补助地方经费项目 113 个，中检院预算项目 29 个）质量分析报告的基础上，从中成药、中药材及饮片、化学药、生物制品、包材及辅料 5 个部分，深入分析 16 个类别药品的基本情况和质量状况，汇总问题及建议。

医疗器械技术监督

国家医疗器械计划抽验

2017 年国家医疗器械抽检产品共 65 种（中央补助地方项目 58 种，总局本级项目 7 种），有因抽检产品 5 种（涉及 6 家生产企业）。在中央补助地方项目中，对医用壳聚糖产品、一次性使用输液器开展风险监测，但监测结果不作为处罚和公告依据。

2017 年实际抽到并完成检验 3515 批（有源医疗器械 27 种合计 802 批，无源医疗器械 29 种合计 2491 批，体外诊断试剂 7 种合计 222 批），不符合规定 329 批（有源医疗器械 236 批，无源医疗器械 92 批，体外诊断试剂 1 批），整体合格率 90. 64%。在实际抽到并完成检验的样品中，国产医疗器械（内资产品）共 3165 批，发现不合格产品 287 批，合格率 90. 68%；进口医疗器械（外资产品）共 350 批，发现不合格产品 42 批，合格率 88. 00%。

中检院组织 4 家电商平台，对角膜接触镜等 3 种通过互联网销售的家庭常用医疗器械产品的部分关键项目开展检测。其中角膜接触镜抽到样品 100 批，检测发现不合格产品 8 批，合格率 92%；天然胶乳橡胶避孕套抽到样品 100 批，检测发现不合格产品 5 批，合格率 95%；电子血压计抽到样品 46 批，检测未发现不合格产品，整体合格率 100%。

2017 年，中检院共处理国家医疗器械抽检相关异议申诉 4 起，涉及不合格产品 6 批。组织开发省级医疗器械抽检信息采集系统，共收集到 29 省填报信息（未收到天津、内蒙古两省区填报数据），有效数据 12737 批。

《2016 年国家医疗器械抽检年报》

为更好地总结抽检工作，中检院编制了《国家医疗器械抽检工作年报》，归纳总结 2016 年抽检发现各类问题共 3 大项 11 个类别，以具体到批的方式收集整理质量安全风险点共计 1264 个。

保健食品技术监督

全国保健食品监督抽检和风险监测工作（中央转移地方支付工作）

2017 年，全国保健食品监督抽检和风险监测工作（中央转移地方支付工作）共计划抽检 1968 批次，抽检项目包括重金属、微生物、非法添加、胶囊壳中的铬等 4 类安全性指标及水分、酸价、过氧化值、可溶性固形物和功效/标志性成分。

全年实际共抽检 1971 批次，其中监督抽检 1971 批次，发现不合格样品 74 批次，不合格率 3. 8%；风险监测 1144 批次，发现问题样品 29 批次，问题样品发现率 2. 5%。

保健食品专项监督抽检和风险监测工作（总局本级工作）

协助国家食品药品监督管理总局食监三司组

织开展2017年总局本级保健食品监督抽检监测工作，全年共计划抽检610批次（常规抽检360批次，网络抽检100批次，进口抽检150批次）。实际抽检共612批次（网购样品105批次，进口样品152批次），发现不合格样品8批次（网购样品3批，进口样品1批），不合格样品率1.3%；风险监测共445批次，发现问题样品6批次，问题样品发现率1.3%。已按季度向食品药品监管总局上报全部合格、不合格及问题产品核对信息表。

涉嫌食品、保健食品欺诈和虚假宣传专项整治抽检监测工作

为贯彻落实《国务院食品安全办等9部门关于印发食品、保健食品欺诈和虚假宣传整治方案的通知》（食安办〔2017〕20号），受食品药品监管总局委托，起草专项抽检监测工作方案，拟定保健食品检验项目表、食品检验项目表、总局本级重点抽检企业名单及任务分配表。现已完成《涉嫌食品、保健食品欺诈和虚假宣传整治工作抽检监测专项总结》，上报国家食品药品监督管理总局。

脂老虎饼干等非法声称减肥减脂功效产品专项工作

脂老虎饼干等非法声称具有减肥减脂功效的产品在微商、互联网等新型销售渠道销售火爆，为查清上述产品是否存在法定方法之外的非法添加成分，及时发现可能的风险隐患，监督中心主动出击，开展关于非法声称减肥减脂功效产品的专项工作。此次专项由监督中心保化室相关人员在大型网络平台或微商购买脂老虎饼干等产品共15批次，分别委托中检院食品检定所和山东省食品药品检验研究院进行平行检验，各自开展相关探索性研究工作。现已完成《保健食品及相关产品中非法添加物质监测情况报告》，上报国家食品药品监督管理总局。

2016年保健食品国家质量安全抽检监测总结报告

为全面掌握2016年全国保健食品监督抽检和风险监测的总体质量状况，根据2016年全国保健食品监督抽检和风险监测结果（中央转移地方任务和总局本级任务），从总体抽检监测情况、各省抽检监测情况、各月抽检监测情况、各环节抽检监测情况、各检验大类抽检监测情况、近三年抽检监测情况趋势分析以及监管建议等方面进行深入分析，撰写完成《2016年保健食品国家质量安全抽检监测总结报告》。

保健食品功效或标志性成分抽检监测研究专题报告

功效或标志性成分是保健食品特有的一种检测项目，也是控制产品质量的一种重要指标，因此为全面了解保健食品中功效或标志性成分的质量基本状况及存在问题，从功效或标志性成分定义、近三年功效或标志性成分抽检情况趋势、近三年功效指标不合格项目对比、部分指定功能类别保健食品抽检情况、发现问题及建议等方面进行深入分析，撰写完成《保健食品功效或标志性成分抽检监测研究专题报告》。

2017年保健食品国家食品安全抽检监测总结报告

为准确评价2017年全国保健食品质量安全状况，提供相应的监管建议，根据2017年全国保健食品监督抽检和风险监测结果（中央转移地方任务和总局本级任务），从监督抽检情况、风险监测情况、主要问题分析、需引起重视的问题和监管建议等方面分析，撰写完成《2017年保健食品国家食品安全抽检监测总结报告》。

广告技术监督

2017年，全国省级局共计审批广告34850个

（药品广告 11412 个、医疗器械广告 16523 个、保健食品广告 6915 个），全年抽查广告 8162 个，抽查比例为 23.4%。发现存在问题广告 17 个（药品 11 个、医疗器械 2 个、保健食品 4 个）。

2017 年广告监测工作改为重点媒体抽查方式。监测范围涉及 135 家电视台、150 份报纸。全年共监测电视、报纸严重违法广告 7277 条次，其中电视广告 6059 条次、报纸广告 1218 条次，共涉及药品广告 5830 条次，医疗器械广告 46 条次，保健食品广告 1401 条次。

2017 年，通过网络搜索和投诉举报等信息，对 772 个涉嫌互联网发布“三品一械”违法广告信息进行研判，涉及 492 个违法网站（药品 230 个，医疗器械 97 个，保健食品 165 个）和 364 个“三品一械”违法广告（由 382 个企业官网和 110 个电商平台发布）。转办各省级局进行处置违法网站 312 个，移送工信部关闭违法网站 13 个，提请国家互联网信息办公室屏蔽涉外违法网站 167 个。食品药品监管总局稽查局发布 2 期《网站发布虚假信息的通告》涉及 18 个严重违法网站。

2017 年，汇总各省级局上报违法广告公告 137 期，涉及 14371 次违法广告（药品 11871 次，医疗器械 484 次，保健食品 2016 次）；各地因发布违法广告共撤销或收回广告批准文号 370 个（药品 246 个，医疗器械 15 个，保健食品 109 个）；各地采取暂停销售的行政强制措施 145 次。

信息平台建设

药品、医疗器械和保健食品抽验信息平台

2017 年，完成国家药品抽检信息系统和国家药品抽检数据平台单点登录设置，两系统由原来的内外网独立存在变成外网统一登录，优化原有同类用户两系统分别登录的烦琐流程，提高数据录入、数据查询分析效率。

国家药品抽检信息系统进一步完善，主要新增以下功能：①加强时间节点记录，针对抽检过程中不同环节设定时间节点，便于年终对各承检单位的考核；②提高省级抽检数据填报要求，确保原始数据质量；③对不合格报告送达进行时限提醒；④增加不合格药品检验报告书送达及查处情况填报功能，促进药品风险防控；⑤省级药品监督抽检数据及信息均统一整合到“国家药品监督抽检数据平台”，实现信息互联互通和数据共享。研究制定省抽数据清洗工作验收标准，针对每一个清洗后的数据字段，明确详细质量验收要求，进一步完善数据规范标准。

2017 年，保健食品抽检监测系统与食品抽检系统合并，目前主要分为基础表管理系统、抽样系统、检验系统和统计分析平台 4 部分。在抽样任务大平台搭建全年抽检任务层层部署下达和检验机构接样功能。检验系统平台中，搭建保健食品检验结果信息的录入、提交、退修等操作。统计分析平台中，针对工作报表、信息公示、抽样检验、核查处置模块进行细化和完善。完成对 2014 年以来所有保健食品抽检监测数据清洗和重新归类工作。

药品医疗器械保健食品特殊医学用途配方食品广告审批监督管理系统

2017 年，完成“药品医疗器械保健食品特殊医学用途配方食品广告审批监督管理系统”的升级工作。升级后的系统包括企业广告申请客户端、广告审批、广告监管、广告监测、统计分析、交流园地六部分，主要具有以下特点：①易于维护、操作智能化，即使对系统不熟悉的用户也能方便快捷地完成审批业务；②简化信息传递步骤，缩短数据传递时间，提高工作效率；③针对全国各省市及企业网络环境差异，提供不同数据传输方式；④数据库信息实时上传至食品药品监管总局网站，充分发挥社会舆论对广告的监督作用。

第四部分　质量管理

能力验证提供者体系的运行与维护

组建能力验证专家队伍

为做好国家食品药品监督管理总局能力验证工作，中检院组织成立了中国药检（三品一械检验检测系统）能力验证专家委员会，并于2017年4月6日在广西壮族自治区南宁市召开了第一次会议。国家食品药品监督管理总局科标司相关领导在会上强调加强能力验证工作的重要性，就《总局办公厅关于加强食品药品检验检测能力验证工作的通知》进行了详细解读，中检院检验机构能力评价研究中心相关负责人就专家委员会的产生背景、如何发挥专家作用、加强专家管理等内容作了解释发言，委员会讨论并通过了《中国药检（三品一械检验检测系统）能力验证专家委员会管理办法》。会议还邀请CNAS专家进行了能力验证国际标准ISO 17043的培训。

完成总局布置的能力验证工作

2017年，在国家食品药品监督管理总局科技标准司领导下，中检院按照国际标准《ISO/IEC 17043能力验证提供者通用要求》组织实施7个总局能力验证计划，包括食品、药品、辅料包材、中药、医疗器械等产品类别，其中1个项目由广东所实施，总计504家单位报名，发放了1322份结果报告单，其中有1140项次满意，7个能力验证计划总体满意率为86.23%。对满意结果，报送国家总局，对不满意结果，要求进行原因分析、整改。

完善和拓展能力验证工作

中检院完成了2017年能力验证提供者（PTP）内审，修订了PTP体系文件，构建以中检院为龙头，带领部分有意愿又有能力的机构开展总局和系统能力验证，今年广东、广西所做了试点，配合中检院完成了总局和系统能力验证项目。

以中检院名义分3批共组织43个（包括总局7个）能力验证计划，全年报名单位突破800家，参加数量累计达到2960项次。

中检院开发了“中国药检能力验证服务平台2.0”上线运行，目前，平台注册用户突破了1000家，基本覆盖了三品一械检验检测系统实验室。平台2.0上线，极大提高了参加者的获得感。

继续开展测量审核工作，签发测量审核报告156份，服务系统内外各实验室。

检验检测质量管理体系的运行与维护

大兴新址第二批资质通过认证认可

中检院大兴新址的实验动物和生物制品实验楼搬迁入驻后，相关部门开展了各项准备工作，包括人机料法环各要素落实确认、开展能力验证、完成模拟实验等，质管中心积极与中国合格评定国家认可委员会（CNAS）沟通协调。2017年6月29日～30日，接受了CNAS评审组的实验室认可、资质认定二合一扩项现场评审检查。

评审组采取召开会议、现场交流、安排现场试验、察看实验室现场、调阅和查看文件等方式，对中检院质量管理体系文件和体系运行情况进行了深入细致的检查，对大兴新址的检验资质进行了全面详细的确认。评审组一致认为大兴新址的质量体系各要素均能得到有效控制，能够保障检验检测工作的正常运行。同时，评审组在中检院记录信息不全、设施环境监测、租用设备管理、方法验证、样品处置等方面开具了不符合项。此次的现场评审为中检院大兴新址实验场所全面开展检验检测活动提供了保障。同时，对大兴新址的化学药品、光机电及天坛本部体外诊断试剂相关参数进行了扩项。

通过此次评审后，中检院认证的项目数（资质认定）达到 4199 项，其中大兴新址：药品 110 项，生物制品 147 项，动物实验 296 项，包装材料 8 项，医疗器械 387 项，光机电 527 项。天坛部分：药品 163 项，生物制品 222 项，动物实验 151 项，包装材料 84 项，医疗器械 381 项，诊断试剂 181 项，保健食品 282 项，食品 543 项，食品接触材料 61 项，化妆品 144 项。

质量管理体系内部审核

根据质量工作计划安排，中检院制订了 2017 年内审工作计划。2017 年共进行 2 次内审，分别为上半年的扩项评审，以及下半年（10 月 9 日 ~ 11 月 30 日）针对全院的内审。各内审小组均由质量管理中心相关人员担任组长，5 个内审小组按照内审方案，依据实验室认可准则及认可准则在化学、微生物、医疗器械、动物检疫及电气领域的应用说明，实验室资质认定评审准则，食品检验机构资质认定评审准则，WHO 药品质量控制实验室良好操作规范及我院《质量手册》《实验室安全手册》《程序文件》、技术规范及相关操作规范，分别对化学药品检定所、生物制品检定所、医疗器械检定所、包装材料与药用辅料检定所、食品化妆品检定所、标准物质与标准化研究所、食品药品安全评价所、实验动物资源研究所、领导层及相关职能部门进行了内审。内审中除了关注 17025 的各项要素外，还采取回头看的方式关注质量控制、外审发现的不符合项整改完成情况，共发现不符合项 87 项，被审核部门均按照要求在规定的时限内完成了整改。

质量管理体系文件制修订

为配合中检院部分实验室迁址、新三定方案的实施等管理和业务工作的变更，满足新版《检验检测机构资质认定评审准则》等外部认证认可文件的要求，保证我院质量管理体系的持续有效性，完成了对我院《质量手册》《实验室安全手册》《药品标准物质质量手册》《程序文件》以及相关管理类 SOP 的全面审核换版工作。2017 年，全院新制定质量管理体系文件 844 个，修订改版文件 646 个，废止文件 53 个，变更文件总数 1543 个。完成了中检院质量体系文件管理系统的功能调整升级。通过文件管理，进一步优化了体系文件的内容结构，全面梳理了各层级各文件间的接口，确保新版文件内容适应于重大变更后我院管理体系运行现状。

检验检测结果的质量控制

中检院根据认证认可项目情况，组织全院各部门制订质量控制计划，组织业务所报名参加外部能力验证 22 项，包括 CNAS、APLAC、FAPAS、认监委、检科院以及中检院自己组织的能力验证等，共 16 项能力验证返回结果，除 1 项可疑外，其他均满意，可疑项目已整改完毕且申请测量审核，测量审核结果满意。通过参加质控活动，确保我院检验检测质量稳定可控。

标准物质生产者质量管理体系建设

RMP 质量体系内审

2017 年 11 月 13 日中检院邀请 CNAS 专家对药品标准物质生产者质量体系进行了内部审核。内审组长由中国钢铁研究院胡晓燕研究员担任，内审组成员包括来自中国计量研究院的李云巧研究员、卢晓华研究员和中国地质科学院王苏明研究员。CNAS 标准物质项目官员何平高级工程师担任观察员。本次内审审核依据主要为 ISO 导则 34，内容覆盖药品标准物质生产者质量体系的全部技术要素和部分管理要素。

内审组实地检查了标化所、化药所和生检所部分科室，并审核了各业务所提供的 2017 年 RM 报告。对我院近年来药品标准物质生产质量体系工作取得的进展给予了肯定，也就发现的问题逐一进行了汇报、分析和讨论，提出了整改项和建议项，问题突出表现在体系文件的合规性、质量体系运行的有效性和标准物质定值、均检和稳检等方面。在新版 ISO 17034 即将实施之际，本次内审工作的组织开展，增强了我院药品标准物质生产者的质量意识，提升了我院药品标准物质生产者的管理水平。

承担 CNAS 药品专业委员会工作

CNAS 药品专业委员会召开 2017 年度第一次工作会议

2017 年 5 月 24 日，CNAS 实验室专门委员会第三届药品专业委员会，在北京召开 2017 年度第一次工作会议。专委会主任、中检院党委副书记兼纪委书记姚雪良，上任专委会主任、中国健康传媒集团监事会主席邹健，副主任袁松宏、张河战、王志斌及相关领域委员，参与专项工作的相关单位人员、认可委相关人员等近 40 人参加了会议。会议针对医疗器械及体外诊断试剂参数确认、应用说明适用性、生物制品认可受理存在问题、调整药品医疗器械领域能力验证频次、相关课题研究进展等进行了专题研究和讨论。

姚雪良主任对专委会工作提出了要求，要求专委会增强责任感和紧迫感，努力在新形势下积极发挥专业委员会作用，强化检验检测机构能力建设，推进检验检测质量管理工作。会议还讨论和部署了 2017 年各项工作。

CNAS 药品专业委员会举办药品行业质量管理培训班

2017 年 8 月 10 日 ~ 11 日，CNAS 实验室专门委员会第三届药品专业委员会在吉林省吉林市举办了药品行业质量管理培训班。来自全国各地的药品检验所质量管理人员、药品生产企业质量管理人员，以及其他从事药品检验检测的机构人员等近 300 人参加了培训。

这次培训主要针对 CNAS 实验室认可要求相关变化、搬迁过程的质量控制、中国药检能力验证进展、药品检测领域化学测量不确定度评定，以及药品检验实验室认可现场评审中发现的问题分析等内容进行了培训。现场教师与学员积极互动，对认可要求进行了深度解读和翔实的案例分析，收到了良好的培训效果。

通过此次培训，相关人员加深了对相关实验室认可规范性文件及认可要求的理解，为从事药品检测的实验室做好质量管理工作提供了技术支持和政策保障。

CNAS 第三届药品专业委员会召开第五次会议

2017 年 11 月 16 日 ~ 17 日，CNAS 实验室专门委员会第三届药品专业委员会第五次会议在广东省佛山市召开。专委会主任、副主任、委员、参与专项工作的相关单位人员、认可委相关人员等 40 余人参加了会议。

会议介绍了 CNAS 相关政策变化情况，报告了专委会 2017 年工作总结及 2018 年工作设想，汇报了 CNAS – CL 12《实验室能力认可准则在医疗器械检测领域的应用说明》修订情况，并对新版 ISO/IEC 17025 转版、无源医疗器械参数规范化、评审员管理、专委员换届原则等相关内容进行了专题研讨，会议最终形成了 2018 年药品专委会工作重点和计划。

承担国家食品药品监督管理总局重点实验室管理工作

2014 年开始，国家食品药品监督管理总局科标司筹备建设规划食品药品监管重点实验室工作，并陆续开展了课题研究、调研、座谈会等，2016 年总局重点实验室管理办法公开征求意见，经修改后于 2017 年 8 月在局务会通过，2017 年 10 月公布实施。公布的管理办法同时公布了评定条件、申请书、评定程序及分类设置意见等四个附件。按照工作部署，总局重点实验室管理办公室秘书处设在我院质量管理中心，2017 年底秘书处积极配合总局科标司出台申报指南，启动申报工作，研究制定重点实验室评估规范及组建评定专家委员会，使重点实验室规划工作有序推进。

第五部分　科研管理

概　述

2017 年，中检院在研课题 110 个，科研经费到账 4159.63 万元，其中 2017 年立项课题 69 个（表 5－1），获得专利授权 10 项（表 5－2），获得科学技术奖 7 项（表 5－3），主编出版论著 5 部、译著 2 部，公开发表论文 450 篇，其中 SCI 论文 79 篇，影响因子最高为 6.87（见附录）。

表 5－1　2017 年立项课题

序号	项目（课题）名称	负责人	经费总额（万元）	起止日期	经费来源	备注
1	药物一致性评价关键技术与标准研究	许鸣镝	13079.49	2017.1—2020.12	国家科技重大专项	承担
2	基于何首乌固有肝毒性假说的物质基础及肝毒性作用机制研究	马双成	55	2018.1—2021.12	国家自然科学基金	承担
3	基于特征肽段智能识别的鹿茸及相关产品真伪鉴别系统研究	程显隆	55	2018.1—2021.12	国家自然科学基金	承担
4	宋内志贺菌 O 多糖免疫增强策略研究	曾　明	55	2018.1—2021.12	国家自然科学基金	承担
5	中国百日咳鲍特氏菌在转录组水平的适应性进化研究	谭亚军	20	2018.1—2021.12	国家自然科学基金	承担
6	新型生物医用材料检测评价平台建设	王召旭	781	2017.7—2020.12	国家重点研发计划	承担
7	疫病易感型小型猪筛选及种群建立	李保文	191	2017.7—2020.12	国家重点研发计划	承担
8	微型心室辅助装置的检定及流体力学评价研究	王　浩	130	2017.7—2020.12	国家重点研发计划	承担
9	人工视网膜系统质量评价体系与检测平台研究	任海萍	95	2017.7—2020.12	国家重点研发计划	承担
10	进出口药食同源产品相关对照品及质控样品的高效制备研究	王海燕	117	2017.7—2020.12	国家重点研发计划	承担
11	视神经再生微管支架临床前性能检测与评价	柯林楠	80	2016.7—2020.12	国家重点研发计划	承担
12	共聚焦内镜安全有效性检验及可靠性设计验证	李佳戈	150	2017.3—2020.12	国家重点研发计划	承担
13	实验用猫地方标准及相关检测技术标准研究	冯育芳	70	2017.1—2018.12	北京市科技计划	承担
14	基因工程技术制备悬浮 Vero 细胞并用于流感疫苗生产的质控研究	赵　慧	6	2017.1—2018.6	北京市自然科学基金	承担
15	战略性新兴医疗器械产业关键技术标准研究	李静莉	70.8	2015.1—2017.6	国家科技支撑计划	承担
16	青年人才托举工程 2016—2018	徐康维	45	2016.1—2018.12	青年人才托举工程	承担

续表

序号	项目（课题）名称	负责人	经费总额（万元）	起止日期	经费来源	备注
17	新发突发重大传染病动物模型的构建及标准化	范昌发	1891.06	2017.7—2020.12	国家科技重大专项	参加
18	EV71 灭活疫苗 IV 期临床应用研究及其他手足口病相关疫苗研究	梁争论	238.89	2016.1—2019.12	国家科技重大专项	参加
19	生物战剂类特殊病原体临床诊断产品用参考品制备及性能考核	石大伟	50.89	2016.1—2018.12	国家科技重大专项	参加
20	用于重大疾病诊治的创新放射性药物研制	施亚琴	75	2014.1—2016.12	国家科技重大专项	参加
21	*** 生物防治药质量控制研究	徐　苗	151.84	2016.1—2018.12	国家科技重大专项	参加
22	驱虫斑鸠菊等代表性药材的质量评价关键技术研究	郑　健	81.93	2017.1—2020.12	国家科技重大专项	参加
23	生物适配型组织修复材料创新技术平台建设	付步芳	86.88	2017.7—2020.12	国家重点研发计划	参加
24	高清内镜系统研发及产业化	李　宁	20	2017.7—2020.12	国家重点研发计划	参加
25	面向临床应用的第二代测序仪及配套试剂研发	黄　杰	145	2017.7—2019.12	国家重点研发计划	参加
26	生殖遗传疾病分子诊断标准物质及相关标准规范	曲守方	168.93	2016.7—2021.6	国家重点研发计划	参加
27	人体关键生理参数计量校准基站研制与平台建设	孟祥峰	25	2016.7—2020.12	国家重点研发计划	参加
28	人工视网膜植入体的质量检测方法、平台与检验规范的研究	郝　烨	5	2016.7—2018.12	国家重点研发计划	参加
29	生物适配型组织修复材料工程化技术平台建设	付海洋	79.35	2017.7—2020.12	国家重点研发计划	参加
30	心室辅助装置专用流体力学模拟循环检测系统研究	罗维娜	55.33	2016—2018	国家重点研发计划	参加
31	基于探针熔解曲线分析的结核分歧杆菌不均一耐药的高灵敏检测	卢锦标	16.8	2016.1.1—2019.12.31	国家自然科学基金	参加
32	医学微生物资源子平台资源共享与支撑	王佑春 叶　强	119	2017.5—2017.12	国家科技基础条件平台建设专项	参加
33	医学微生物子平台运行与服务	王佑春 叶　强	239	2017.1—2017.12	国家科技基础条件平台建设专项	参加
34	国家实验细胞资源共享平台	孟淑芳	10	2017—2018	国家科技基础条件平台专项	参加
35	寨卡疫情防控科技攻关应急专项	李玉华	30	2016.6—2017.5	科技部改革发展专项	参加
36	烧（冻）伤暨相关肺损伤修复系统工程及损伤控制的研究	王春仁	40	2015.1—2018.1	总后卫生部科研计划	参加
37	有源医疗器械能源利用效率评价研究	余新华	10	2017.12—2018.12	工信部课题	参加

续表

序号	项目（课题）名称	负责人	经费总额（万元）	起止日期	经费来源	备注
38	白术等14种中药饮片标准化建设	魏 锋	75	2016.1—2018.12	国家中药标准化项目	参加
39	山药等2种中药饮片标准化建设	魏 锋	25	2016.1—2018.12	国家中药标准化项目	参加
40	槟榔等20种中药饮片标准化建设	马双成 魏 锋	100	2016.1—2018.12	国家中药标准化项目	参加
41	注射用血塞通（冻干）标准化建设	戴 忠	24	2016.1—2018.12	国家中药标准化项目	参加
42	金水宝胶囊标准化建设	马双成	75	2016.1—2017.12	国家中药标准化项目	参加
43	护肝片标准化建设	戴 忠	15	2016.1—2018.12	国家中药标准化项目	参加
44	阿胶标准化建设	魏 锋	70	2016.1—2018.12	国家中药标准化项目	参加
45	川贝母等7种中药饮片标准化建设	魏 锋	64.9	2016.1—2018.12	国家中药标准化项目	参加
46	生脉注射液标准化建设	戴 忠	50	2016.1—2018.12	国家中药标准化项目	参加
47	免疫系统人源化小鼠模型的建立与初步应用	王 萌	7.20	2017.8—2019.8	院中青年发展研究基金	承担
48	支原体检查法用质控支原体株的基础研究	樊金萍	7.39	2017.8—2019.8	院中青年发展研究基金	承担
49	RGA法检测重组可溶性gp130－Fc融合蛋白生物学活性研究	于 雷	7.20	2017.8—2019.8	院中青年发展研究基金	承担
50	VZV－IgG ELISA检测方法的建立	权娅茹	6.70	2017.8—2019.8	院中青年发展研究基金	承担
51	微生态制品中肠球菌生产菌株安全性标准研究	鲁 旭	7.00	2017.8—2019.8	院中青年发展研究基金	承担
52	负链RNA定量PCR法检测甲型肝炎减毒活疫苗病毒滴度	高 帆	8.00	2017.8—2019.8	院中青年发展研究基金	承担
53	脆性X综合征检测试剂盒方法学评价及国家标准品的研制	高 飞	7.34	2017.8—2019.8	院中青年发展研究基金	承担
54	基于不同靶点的HPV核酸分型检测试剂的比较	田亚宾	6.90	2017.8—2019.8	院中青年发展研究基金	承担
55	四翼无刺线虫环介导等温扩增（LAMP）技术鉴定方法的建立和应用	黄 健	7.50	2017.8—2019.8	院中青年发展研究基金	承担
56	Hartley豚鼠SPF级核心种群的建立与生物学数据测定	范 涛	8.00	2017.8—2019.8	院中青年发展研究基金	承担
57	药物成瘾的潜在性安全评价方法的建立及应用	李芊芊	6.90	2017.8—2019.8	院中青年发展研究基金	承担
58	直接多肽法（DPRA）在化妆品终产品致敏性评价中应用的研究	刘 婷	7.20	2017.8—2019.8	院中青年发展研究基金	承担
59	体内及计算机模拟模型（In vivo/Insilico）评价化学药品结构与毒性关系的探讨	韩 莹	7.60	2017.8—2019.8	院中青年发展研究基金	承担
60	药用辅料中醛类及其聚合物残留检测和安全性评估	宋晓松	7.60	2017.8—2019.8	院中青年发展研究基金	承担
61	柴胡类药材的组合鉴别方法研究	连超杰	5.22	2017.8—2019.8	院中青年发展研究基金	承担

续表

序号	项目（课题）名称	负责人	经费总额（万元）	起止日期	经费来源	备注
62	食品药品检验机构生物安全实验室运维管理模式初探	裴云飞	4.66	2017.8—2019.8	院中青年发展研究基金	承担
63	边界化妆品的管理研究与建议	冯克然	7.20	2017.8—2019.8	院中青年发展研究基金	承担
64	中成药质量评价创新模式研究	聂黎行	28.55	2017.8—2019.8	院学科带头人培养基金	承担
65	聚丙烯类药包材中正己烷不挥发物的风险评估	谢兰桂	27.00	2017.8—2019.8	院学科带头人培养基金	承担
66	利用 CRISPR - Cas9 建立重组蛋白药物活性检测的细胞模型及技术平台	秦　玺	28.50	2017.8—2019.8	院学科带头人培养基金	承担
67	药物共晶的质量控制研究	熊　婧	21.90	2017.8—2019.8	院学科带头人培养基金	承担
68	乙肝疫苗无应答形成机制在基因水平的验证	邱少辉	30.00	2017.8—2019.8	院学科带头人培养基金	承担
69	不同来源人诱导多能干细胞分化心肌细胞模型在药物心脏毒性早期筛选中的应用技术研究	王三龙	29.95	2017.8—2019.8	院学科带头人培养基金	承担

表 5-2　2017 年获得专利授权项目

序号	专利名称	授权专利号	公告号	授权日期	专利类型	专利权人	发明人
1	一种板蓝根提取物的制备方法	ZL201410250141.9	CN104013655B	2017/1/25	发明专利	中国食品药品检定研究院	聂黎行　戴　忠　马双成
2	一种含联合佐剂的结核亚单位疫苗	ZL201310273393.9	CN103386128B	2017/2/8	发明专利	中国食品药品检定研究院	王国治　卢锦标　都伟欣　陈保文　杨　蕾　苏　城　沈小兵
3	一种减少过敏反应的头孢美唑钠及其制剂	ZL201610152319.5	CN105646545B	2017/2/8	发明专利	重庆福安药业集团庆余堂制药有限公司；中国食品药品检定研究院	蒋　晨　胡昌勤　周晓东
4	一种减少过敏反应的头孢孟多酯钠及其制剂	ZL201610150185.3	CN105646540B	2017/2/15	发明专利	重庆福安药业集团庆余堂制药有限公司；中国食品药品检定研究院	蒋　晨　胡昌勤　周晓东
5	一种减少过敏反应的头孢替安盐酸盐及其制剂	ZL201610149052.4	CN105646539B	2017/2/15	发明专利	重庆福安药业集团庆余堂制药有限公司；中国食品药品检定研究院	蒋　晨　胡昌勤　周晓东

续表

序号	专利名称	授权专利号	公告号	授权日期	专利类型	专利权人	发明人
6	用于诊断戊型肝炎病毒感染的方法和试剂盒	ZL201510209314.7	CN104792987B	2017/3/8	发明专利	中国食品药品检定研究院；河北大学；北京万泰生物药业股份有限公司	王佑春 赵晨燕 耿彦生 乔 杉 黄维金 徐晓莉
7	一种减少过敏反应的头孢唑肟钠新晶型及其制剂	ZL201610137387.4	CN105622635B	2017/3/15	发明专利	重庆福安药业集团庆余堂制药有限公司；中国食品药品检定研究院	蒋 晨 胡昌勤 周晓东
8	用于检测树鼩细小病毒的PCR试剂盒及其专用引物	ZL201510087493.1	CN104846115B	2017/9/12	发明专利	中国食品药品检定研究院	贺争鸣 王淑菁
9	一种人乳头瘤病毒中和抗体的高通量检测方法	ZL201510346407.4	CN104880555B	2017/11/14	发明专利	中国食品药品检定研究院	王佑春 聂建辉 黄维金 吴雪伶
10	一种布氏菌病治疗制剂	ZL201510124743.4	CN104771753B	2017/11/17	发明专利	中国食品药品检定研究院	魏 东 陈 成 李恪梅 王国治

表5-3 2017年获得科技奖励项目

序号	项目名称	获奖等级	主要完成人（获奖人）	完成单位
1	艾滋病诊断、预防和治疗产品的评价关键技术建立与推广应用	国家科技进步奖二等奖	王佑春 郑永唐 黄维金 杨柳萌 许四宏 王睿睿 聂建辉 刘 强 罗荣华 宋爱京 庞 伟 张春涛 田仁荣 赵晨燕 张高红	中国食品药品检定研究院、中国科学院昆明动物研究所
2	新型戊肝病毒的发现、人畜传播研究及检测新技术的建立和推广应用	中华预防医学会科学技术奖一等奖	王佑春 庄 辉 王 玲 黄维金 赵晨燕 耿彦生 张贺秋 张 峰 马忠仁 余源华 周 诚 张 黎 田亚宾 蓝海云 宋爱京	中国食品药品检定研究院、北京大学医学部、河北大学、中国人民解放军军事医学科学院基础医学研究所、西北民族大学、长春理工大学
3	肠道病毒71型（EV71）灭活疫苗研发系列关键技术及应用	中华预防医学会科学技术奖一等奖	沈心亮 王军志 李秀玲 毛群颖 张云涛 徐 苗 郝春生 张中洋 杨永娟 王一平 刘 宇 郭会杰 鲁卫卫 温智恒 卞莲莲	国药中生生物技术研究院有限公司、中国食品药品检定研究院
4	新型手足口病疫苗质量控制和评价关键技术的建立与应用	北京市科学技术奖二等奖（2016年奖励，2017年颁奖）	王军志 梁争论 毛群颖 李琦涵 高 强 沈心亮 徐 苗 李凤祥 莫兆军 高 帆	中国食品药品检定研究院、中国医学科学院医学生物学研究所、北京科兴生物制品有限公司、国药中生生物技术研究院有限公司、广西壮族自治区疾病预防控制中心

续表

序号	项目名称	获奖等级	主要完成人（获奖人）	完成单位
5	重组甘精胰岛素大规模生产工艺优化及质量控制关键技术研究	中国药学会科学技术奖一等奖	甘忠如　杨化新　王大梅　梁成罡　黄　鹤　苏志国　李　晶　张愫华　蔡莲芝　张　慧　胡玉华　金太河　李湛军　杨柏成　李　恒	甘李药业股份有限公司、中国食品药品检定研究院、天津大学、中国科学院过程工程研究所
6	聚乙烯聚丙烯类药包材中掺假再生料的识别研究	中国药学会科学技术奖三等奖	孙会敏　谢兰桂　赵　霞　金少鸿　蔡　荣　俞　辉	中国食品药品检定研究院
7	人血白蛋白真伪快速鉴别方法	中国药学会科学技术奖三等奖	沈　琦　肖　林　侯继锋　王箐舟	中国食品药品检定研究院

课题研究

2017年度中国食品药品检定研究院中青年发展研究基金课题验收工作

2017年11月9日~10日，中检院科研处组织召开2015年度立项及2014年度延期的14个中青年发展研究基金课题（表5-4）结题验收会。9日为中药、化药、药包材领域的7个课题答辩评审验收，评审专家组由杨化新、杨会英、孙磊等7位专家组成，杨化新研究员担任专家组组长，6个课题通过验收，1个课题整改后通过验收，最高分88.6分，最低分75.4分。10日为食品、生检、安评、医疗器械、管理领域的7个课题答辩评审验收，评审专家组由王雪、高华、范慧红等7位专家组成，王雪研究员担任专家组组长，7个课题均通过验收，最高分89.8分，最低分84.6分。

表5-4　2017年度中青年发展研究基金结题验收课题

序号	课题名称	课题负责人	验收得分
1	医用LED设备光辐射危害评价与检测方法的研究	李　宁	87.2
2	可穿戴式光电医疗器械的有效性检验研究	王　浩	85.8
3	计算辅助非标记蛋白准确定量方法的研究	金绍明	86.6
4	生物薄膜干涉技术检测单抗类药物免疫原性的方法学建立与评价	黄　瑛	86.8
5	尘螨变应原制品主要有效组分质量控制标准化研究	李　喆	88.0
6	不同企业生产的同一重组蛋白一级结构比对研究	陶　磊	89.8
7	药品补充检验方法有关机制研究	杨青云	84.6
8	酶类药物纯度分析及与活性关系的研究	刘莉莎	80.6
9	化学药品图谱的应用模式研究	李　婕	87.6
10	贵重药品拉曼光谱无损检测方法的研究	赵　瑜	84.8
11	多糖类大分子药用辅料分子量测定方法比较	张朝阳	85.6
12	多糖类中药质控关键技术研究及在黄芪多糖对照物质标定中的应用	王　莹	88.6
13	基于人肠癌细胞Caco-2单层细胞模型的牛黄体内吸收成分研究	胡晓茹	85.8
14	19F-核磁共振定量技术在含氟化学药品制剂含量测定中的应用研究	袁　松	75.4

2017年度中青年发展研究基金课题申报工作

2017年度中检院“中青年发展研究基金”课题申报工作于5月8日启动，各所、处、室、中心共推荐26个申报课题，25个形式审查合格课题进入答辩评审，6月20日，以院学术委员会主任委员王军志为组长的专家组听取申请人汇报并予评审，评审结果经主管院长、院长批准，给予“免疫系统人源化小鼠模型的建立与初步应用”等17个课题（表5－5）立项支持，专项经费119.61万元。

表5－5　2017年度中青年发展研究基金立项课题

序号	课题名称	申请人	经费额度
1	免疫系统人源化小鼠模型的建立与初步应用	王　萌	7.20
2	支原体检查法用质控支原体株的基础研究	樊金萍	7.39
3	RGA法检测重组可溶性gp130－Fc融合蛋白生物学活性研究	于　雷	7.20
4	VZV－IgG ELISA检测方法的建立	权娅茹	6.70
5	微生态制品中肠球菌生产菌株安全性标准研究	鲁　旭	7.00
6	负链RNA定量PCR法检测甲型肝炎减毒活疫苗病毒滴度	高　帆	8.00
7	脆性X综合征检测试剂盒方法学评价及国家标准品的研制	高　飞	7.34
8	基于不同靶点的HPV核酸分型检测试剂的比较	田亚宾	6.90
9	四翼无刺线虫环介导等温扩增（LAMP）技术鉴定方法的建立和应用	黄　健	7.50
10	Hartley豚鼠SPF级核心种群的建立与生物学数据测定	范　涛	8.00
11	药物成瘾的潜在性安全评价方法的建立及应用	李芊芊	6.90
12	直接多肽法（DPRA）在化妆品终产品致敏性评价中应用的研究	刘　婷	7.20
13	体内及计算机模拟模型（In vivo/Insilico）评价化学药品结构与毒性关系的探讨	韩　莹	7.60
14	药用辅料中醛类及其聚合物残留检测和安全性评估	宋晓松	7.60
15	柴胡类药材的组合鉴别方法研究	连超杰	5.22
16	食品药品检验机构生物安全实验室运维管理模式初探（管理保障）	裴云飞	4.66
17	边界化妆品的管理研究与建议（管理保障）	冯克然	7.20

2017年度学科带头人培养基金课题申报工作

2017年度中检院“学科带头人培养基金”课题申报工作于5月8日启动，9个业务所共推荐20个申报课题。通过形式审查、院专业分委员会专家组初审，13个课题进入答辩评审。7月11日，院学术委员会组织了以王军志主任委员为组长、院学术委员会委员为专家的答辩评审，评审结果征求王军志主任委员意见后，经主管院长、院长批准，给予“利用CRISPR－Cas9建立重组蛋白药物活性检测的细胞模型及技术平台”等6个课题（表5－6）立项支持，专项经费165.90万元。

表5－6　2017年度学科带头人培养基金立项课题

序号	课题名称	申请人	经费额度
1	中成药质量评价创新模式研究	聂黎行	28.55
2	聚丙烯类药包材中正已烷不挥发物的风险评估	谢兰桂	27.00
3	利用CRISPR－Cas9建立重组蛋白药物活性检测的细胞模型及技术平台	秦　玺	28.50

续表

序号	课题名称	申请人	经费额度
4	药物共晶的质量控制研究	熊　婧	21.90
5	乙肝疫苗无应答形成机制在基因水平的验证	邱少辉	30.00
6	不同来源人诱导多能干细胞分化心肌细胞模型在药物心脏毒性早期筛选中的应用技术研究	王三龙	29.95

学术交流

2016年度中国食品药品检定研究院科技评优活动

根据《科研工作管理办法》及《关于进一步促进学术发展与进步的若干意见》要求，2016年度科技评优活动按所、院两级进行。所级科技评优在13个业务所、中心进行，从2016年12月7日~26日，共有95个学术报告参加交流评优，优选出25个报告参加院级科技评优。2017年1月4日，院学术委员会组织召开院级科技评优活动，以院学术委员会委员为主的23位专家担任评委，听取了25个报告人的汇报并评审打分，院学术委员会对评分表进行统计处理，形成“2016年度院科技评优活动奖励建议方案”，报院领导审议。审议决定给予院级一等奖1人、二等奖4人、三等奖10人以表彰和奖励（表5-7）。

表5-7　2016年度院科技评优结果

序号	报告题目	报告人	推荐单位	奖励等级
1	抗体偶联药物T-DM1关键质量属性评价方法研究	王　兰	生检所	一等奖
2	创新性假病毒ADCC检测体系的建立与应用	王　萌	生检所	二等奖
3	常压离子源质谱在药品质控中的应用	刘　阳	化药所	
4	透氧透湿标准膜的研制	谢兰桂	包材所	
5	体外肝脏3D模型在药物肝脏毒性评价中的优势	淡　墨	安评所	
6	毒理基因组学技术建立分类器用于致癌物作用机制研究	吕建军	安评所	三等奖
7	中药中农药多残留快速筛查的建立与应用	王　赵	中药所	
8	基于CRISPR/Cas9技术的遗传修饰小鼠模型的制作	吴　曦	动物所	
9	系列核磁共振定量用标准物质的研制	张　琪	标化中心	
10	肝素抗Ⅹa/抗Ⅱa因子效价测定用标准试剂的研制	王　悦	化药所	
11	乙脑减毒活疫苗病毒晶体结构解析及其安全性评价	刘欣玉	生检所	
12	湿热灭菌用生物指示剂关键质量参数的测定研究	王似锦	化药所	
13	应急用寨卡病毒核酸检测试剂参考品的研制与思考	周海卫	诊断试剂所	
14	基于OMAG技术的皮肤3D数字病理量化模型研究	张露勇	食化所	
15	非疫苗免疫的新型特免球蛋白研究	侯继锋	生检所	

中国食品药品检定研究院院士工作站揭牌仪式暨科技周活动

为全面提升中检院科技能力，借助相关领域院士的力量，带动和促进学术发展，更好地适应食品药品监管和高新技术快速发展的需要，2017年9月25日~28日，中检院举办院士工作站揭牌仪式暨科技周开幕式活动。国家食品药品监督管理总局副局长、党组成员、药品安全总监孙咸泽，中国工程院院士俞永新，第十一届全国人大常委会副委员长、中国工程院院士桑国卫出席活动。

活动中，中检院院长李波宣布在中检院设立俞永新院士工作站、桑国卫院士工作站、程京院士工作站。孙咸泽和李波共同为前来参加揭牌仪式的俞永新、桑国卫两位院士的工作站揭牌。俞永新代表工作站院士发表讲话，俞永新院士首先对在中检院的工作进行了回顾，并对中检院设立院士工作站表示感谢，表示将继续发挥余热，不遗余力，毫无保留地培养、带动年轻人，尽自己全部能力和精力，继续做无怨无悔的中检人。

孙咸泽代表总局发表讲话，首先对中检院院士工作站的设立表示祝贺，并感谢中检院作为国家食品药品监督管理总局的重要技术支撑单位，在食品药品监管工作中，尤其是风险监测、案件稽查、事故调查、应急处置，以及新产品、进口产品和生物制品批签发等的质量把关方面发挥了重要的技术支撑作用。希望中检院广大干部职工虚心向院士们学习。不断增强创新能力，做好院士工作站的管理和服务工作。使院士们充分发挥智力优势，为中检院的发展献计献策。

桑国卫院士就“2018 年度专项创新药物与临床试验设计、实施与核查”作了主题报告。中检院原副院长、生物制品检定首席专家王军志研究员作了“中国食品药品检定研究院科研工作“十二五”回顾及“十三五”展望”的报告。

25 日下午至 28 日为各主题日交流活动。中检院战略咨询专家委员会委员顾晓松院士、美国 IIVS、南开大学、浙江大学、中国农业大学等 15 位国内外知名专家学者，以及中检院的首席科学家、学科带头人、国家科技项目负责人，分别在“医疗器械创新发展与质量评价”“药物分析新技术及其应用进展”“中药质量与安全热点问题”“包材辅料风险控制与新技术进展”“药物临床前安全评价及实验动物领域科技进展”“科学检验共筑食品安全”“生物制品安全监管科技创新”7 个分会场作了 52 个主题报告，通过高层次、高水平的学术交流，促进食品药品检验检测及科研工作的开展。总后药品仪器检验所、北京市药品包装材料检验所、天津市药品检验研究院及中检院业务技术人员和学生参加了此次活动。

中国食品药品检定研究院确定学术发展方向

为培育优势学科、培养科研人才，进一步提升科研能力，2017 年 8 月 28 日，中检院第九届学术委员会召开专题会议，研究确定了“打假技术研究”“快检技术研究”“风险评估研究”“替代技术研究”“新技术新方法研究”“数字化标准品研究”“假病毒技术应用研究”“干细胞质量评价研究”“细胞及组织工程产品质量控制研究”等 9 个院级学术发展方向。同时，各业务所将继续研究确定所级和科室级学术方向。各级学术方向随发展动态调整，院级以下学术方向有重要突破的可升为高一级学术方向。

中国食品药品检定研究院“打假”工作科技成果奖评选活动

为倡导围绕食品药品监管开展科研工作，鼓励补充检验方法研究科技创新，中检院开展了首届暨 2016 年“打假”工作科技成果奖评选活动。参加评选项目主要是食品药品安全风险监测、案件稽查、事故调查、应急处置等工作中采用的具有科学性、先进性、实用性和规范性的补充检验方法研究成果。

按照院领导批准的“打假”工作科技成果奖评选方案程序，中检院于 2016 年 12 月 6 日发布推荐通知，截至 12 月 30 日，共有 7 个所、处推荐 11 个项目，经形式审查，10 个项目符合推荐要求。2017 年 1 月 11 日，科研处召开“打假”工作科技成果奖评审会，王佑春、王军志、胡昌勤等 12 位学委会委员担任评委，听取了 10 个项目汇报，并审评打分，评选出特别奖 1 项、一等奖 1 项、二等奖 3 项、三等奖 5 项（表 5 –8）。

表 5－8 “打假”工作科技成果奖奖励名单

获奖等级	报告题目	部门	第一完成人
特别奖	补充检验方法在银杏叶药品专项治理中的应用	中药所	金红宇
一等奖	中药非法掺伪染色检测方法研究	中药所	鲁　静
二等奖	伪劣人用狂犬病疫苗快速鉴别检验技术	生检所	曹守春
	人血白蛋白真伪快速检定方法	生检所	沈　琦
	保健食品中违禁物质检测技术和筛查装备研究	食化所	钮正睿
三等奖	聚乙烯类药包材中掺假再生料的识别研究	包材所	孙会敏
	基于毛细管区带电泳技术的单抗类产品快速打假方法的建立和应用	生检所	王文波
	药品包装外观快速鉴别技术及数据库系统	标物中心	张学博
	用于药品快检车或现场检测的液体制剂拉曼光谱无损快速筛查技术研究	化药所	赵　瑜
	聚山梨酯 80 中非法添加脱色剂双氧水的含量测定及组分分析	包材所	孙会敏

中国药品质量安全年会暨药品质量技术培训会

11 月 28 日 ~29 日，2017 年中国药品质量安全年会暨药品质量技术培训会在深圳召开，国家食品药品监督管理总局副局长、党组成员、药品安全总监孙咸泽出席会议并讲话，中检院党委书记、院长李波致辞。

作为中检院组织的一年一度药品安全质量盛会，经过多年的积累和磨砺，在各界共同支持下，其影响力越来越广泛。国家食品药品监督管理总局相关司局领导及各地药品医疗器械检验检测机构、生产企业、研发单位、高等院校和科研院所及行业协会等 1300 余人参加此次会议。

会上，孙咸泽表示，在全国上下深入学习贯彻党的十九大精神的大好形势下，非常高兴能与国内药械检验机构、行业协会、企业代表以及各位专家学者们相聚鹏城，共同在 2017 年中国药品质量安全年会上，围绕药品质量安全的相关问题进行探讨，并开展相关的交流培训，以此共同提升我国医药产业的健康发展和公众用药安全水平。

孙咸泽指出，近年来，各级食品药品监管部门坚决贯彻落实党中央、国务院决策部署，以极大的决心和政治智慧，直面药品监管难题，加大改革和探索力度，立足长远，做了很多开创性的工作，我国药品监管工作取得积极进展。一是药品审评审批制度改革成效显著。二是科学严谨的法规标准体系不断进步。三是重典治乱药品违法违规行为受到震慑。未来，希望大家能够准确把握食品药品监管的新形势新要求，以改革和创新引领医药行业健康发展。

中检院院长李波在讲话中表示，中国药品质量安全年会既是宣传药械监管最新政策，发布药械抽样质量状况的会议；又是政府行政监管部门、检验检测机构和企业之间相互沟通交流，共同发展的平台。药械安全与公众安全紧密相关，希望大家以这个平台为支撑点，以永不懈怠的精神，一往无前的姿态，以人民为中心，扎扎实实把党的十九大精神落实在提升药品质量安全事业中。

会议期间，国家食品药品监督管理总局药化监管司副司长与总局医疗器械监管司副司长、中检院监督中心相关负责人在主会场分别作了“年度药品抽检状况发布与市场监管”“医疗器械抽检和上市后监管”“国家药品质量抽验状况分析”“国家医疗器械抽验质量状况分析”4 场报告。

此次年会由深圳市药品检验研究院承办，设置了中药、化药、生物制品、医疗器械、包装材料与药用辅料 5 个主题分会场，邀请各领域专家，通过主题报告、专题报告、讨论互动等形式，对药品医疗器械质量安全进行全面深入分析。

第六部分　系统指导

系统交流

全国食品药品检验检测系统质量管理工作研讨会

2017年9月11日～12日，全国食品药品检验检测系统质量管理工作研讨会在河南省许昌市召开。中检院，各省、自治区、直辖市、计划单列市、副省级（食品）药品检验所，各口岸药品检验所，总后药品检验所，有关医疗器械检验机构质量负责人、质量管理部门主要负责人参加了会议。

会议以中检院近年来质量管理发展为主线，总结了系统质量管理取得的成绩和经验，查找工作中存在的问题和不足，介绍了2017年开展总局7个能力验证项目的情况。地方所代表交流了质量管理经验，有关专家作了数据管理和质量控制等专题培训。

国家食品药品监管总局科技标准司巡视员毛振宾在会上介绍了总局食品药品监管工作形势，要求检验检测机构要研究问题、提升能力、服务监管，要进一步做好能力验证工作，以建设重点实验室为手段，强化检验检测机构的能力建设；中检院党委副书记、纪委书记、院质量管理负责人姚雪良在讲话中强调，要充分认识质量管理的重要意义，增强工作的责任感、使命感，扎实推进质量管理工作，确保各项工作落到实处，促进质量管理上台阶、升水平，充分发挥质管部门职能作用，为服务公众健康、服务行政监管、服务产业发展不断做出贡献。

全系统业务管理研讨会

根据2017年重点工作安排，业务处2017年7月6日～7日在山东省威海市成功组织召开了“2017年全系统业务管理工作研讨会”，会议的目的是及时了解全国食品药品医疗器械检验检测业务动向，交流业务管理经验，总结工作，探讨在新形势下全系统业务发展方向。中检院，各省、自治区、直辖市（食品）药品检验所，各口岸药品检验所，总后、武警药品检验所，计划单列市、各副省级（食品）药品检验所，通过国家局资格认可的有关医疗器械检验机构分管业务工作的领导、业务科主要负责人共133人参加了会议。本次会议通过专题报告和业务管理交流的方式，就新形势对业务管理工作的要求、食品药品补充检验方法管理工作、全国食品药品检验机构基础数据统计、药包材检验报告书格式规范、从国际视角来看我国药品检验实验室检验能力建设、业务流程质量与效率管理等内容作了专题报告。山东省食品药品检验研究院、北京市药品检验所等十六个单位的代表就业务流程规范化管理、检验标准管理、新址搬迁中的业务管理、实验室国际认证和口岸药检所申请工作等内容作了交流汇报。

分组讨论中，各参会代表就停征检验收费、检验标准与标准物质的可获得性、检验时限管理、能力建设和实验室管理等内容展开了热烈讨论。各小组围绕议题，根据本单位自身情况和实际工作提供了大量宝贵建议，为中检院今后如何发挥好带头引领作用、增强系统凝聚力和核心竞争力、保持全系统可持续发展提供了宝贵的参考和启发。本次研讨会通过交流，讨论了新形势下政策变化对全系统业务管理工作带来的新要求，分析了目前综合业务管理面临的主要问题，互相交流了业务管理经验，达到了会议预期目的，为进一步加强全系统业务管理能力和水平起到了积极促进作用。

2017年全国药品快检工作会议

2017年7月6日，中检院在北京市组织召开2017年全国药品快检工作会议，全国各省、自治区、直辖市（食品）药品检验所（院）、各口岸药品检验机构，以及中央军委后勤保障部卫生局、武警部队药品仪器检验所的主管领导和相关技术人员共80人参加了会议。会议由中检院化药所胡昌勤首席专家主持。会议总结了2016年国家评价性抽验中药品快检工作，对2017年药品快检工作的实施方案及工作任务提出要求，并进行了关于药品快检技术研究与应用的探讨。与会代表积极发言，各抒己见，对今后药品快检工作的开展提出意见和建议。

会议了解到，药品快检工作经过十多年的积累，虽然全国的技术基础较好，但各地的应用推广情况参差不齐。其主要原因是各地对快检工作的需求不同。

本次会议确定了今后药品快检工作的发展方向：首先，以点带面。以各地的具体需求为导向，重点协助有需求的地区解决具体问题，并加快对中检院现有技术例如国家药品快检数据库网络平台、LC/MS确证方法等的推广，力争在全国形成多个集“快速筛查与确证”为一体的中心实验室。其次，以外促内。加强与WHO的合作，继续开展WHO招标采购抗疟疾药品的快检技术平台建模工作。第三，做好新的技术储备。从技术支持监管的角度，协助科标司组织申报一个药品快检的项目。构建药品近红外光谱库，结合药品评价性抽验工作，进一步收集各类药物药品的近红外光谱，并强化对已有药品近红外光谱数据的管理与应用。第四，扩大药品快检技术的应用领域，除应用于药品市场监督以外，探索服务于药品生产过程控制、仿制药疗效和质量一致性评价等方面的工作。

第三届全国药包材与药用辅料检验检测技术研讨会

为响应十九大“健康中国”的战略，积极落实国家食品药品监督管理总局“四有两责”的要求，引领全国药包材与药用辅料检测机构更加主动适应监管工作新需要，紧跟监管体制改革新步伐，积极应对检验收费改革和第三方检验机构发展带来的新挑战，中检院于2017年11月在广西南宁召开了第三届全国药包材与药用辅料检验检测技术研讨会，共140余人参加会议。参会人员分别就近十年来药用辅料与药包材行业发展成就及存在问题、本省（地区）十年来药用辅料与药包材行业发展成就及存在问题、存在问题的解决办法、检验检测机构如何更好地做好监管技术支撑、如何应对第三方检验机构挑战等新情况等议题进行了深入研讨。

系统培训

全国地市药检系统模块化培训

2017年，中检院在青海省西宁市举办了第十五期全国地市药检系统模块化培训班，青海省辖区内食品药品检验检测机构和部分企业的180余位业务骨干参加了培训。培训内容涉及30个培训模块，涵盖了实验室管理、仪器管理和操作、检验方法、检验结果和检验报告、补充检验方法、应急检验等有关食品药品检验检测的各个要素和环节，授课讲师均为中检院一线业务骨干，具有丰富的实验室操作和管理经验。每个培训模块都安排了答疑，讲师与学员进行互动。学员还将对每个讲师的培训效果进行评价。

自2013年全国地市药检系统模块化培训工作正式开展，至此，中检院共在全国15个省（自治区）举办过15期地市药检系统模块化培训班。

药包材标准与关联审评及相容性检验检测技术培训

2017年9月5日~6日，中检院在新疆维吾尔自治区乌鲁木齐市举办了药包材标准与关联审评及相容性检验检测技术培训班，来自食品药品检验检测机构、企业、高校及科研单位的从事相关检验检测技术和管理工作的近230名学员参加培训班。

此次培训邀请了中检院包装材料与药用辅料检定所和行业内药包材检测、审评等十位专家共同授课，内容涵盖：《国家药包材标准》总体要求及重要检验检测方法；药包材药用辅料与药品关联审评政策及关联审评技术要求以及如何应对；药包材与药物相容性实验方法指南；玻璃类药包材、塑料类药包材、橡胶类药包材、金属及方法类及其他类药包材标准检验技术要求解析；生物类试验技术要求解析；标准物质研制及使用。同时对检验检测问题进行了现场解答。

开幕式上，中检院张志军副院长分别向新疆局和新疆所赠送了由中检院包材辅料所组织编写、国家药典委员会审定、中国医药科技出版社出版的《国家药包材标准》。新疆维吾尔自治区食品药品监督管理局党组成员张刚强副局长特别指出此次培训班设在新疆，免费培训来自新疆的学员，充分体现了国家对新疆人才培养和检验队伍建设的高度重视，感谢中检院为新疆所搭建了与全国药检系统包装材料与药用辅料同仁们交流学习的平台。张志军副院长在致辞中指出，此次培训班选在新疆举办正是为了积极响应习近平总书记“一带一路”的战略思想，培训班为40多名新疆的监管部门、技术检验机构、药品及药包材生产企业代表提供了一个便利的参会机会，并且免交培训费用，这些都是中检院扎实推进援疆工作的重要举措。

此次培训内容丰富，深入浅出，使大家了解了《国家药包材标准》总体要求和药包材药用辅料与药品关联审评政策，并且掌握了关联审评技术要求以及具体的检验技术要求等，对提升药包材和辅料行业的整体技术水平具有促进作用。

新《医疗器械分类目录》实施政策解读及知识培训

为配合国家食品药品监督管理总局做好新版医疗器械分类目录实施准备工作，2017年，中检院分别于9月21日~22日、10月25日~26日，在苏州、深圳举办了两期新版《医疗器械分类目录》实施政策解读及综合知识培训。对来自医疗器械检验检测机构、科研院所、生产经营企业、高等院校、相关协会等近300名学员进行了培训。国家食品药品监督管理总局医疗器械注册司、医疗器械标准管理中心和部分参与新版医疗器械目录修订工作的领导和专家从多角度对新版医疗器械分类目录相关工作进行系统讲解，内容包括分类目录修订工作思路及整体框架、各子目录重点内容、分类工作机制、过渡期的相关工作安排、信息系统的使用、分类相关法律法规解读等专题。

通过培训，使学员们全面了解了新版《医疗器械分类目录》要求和目录修订情况，医疗器械分类管理改革概况和新版分类目录实施相关政策，医疗器械分类改革工作思路和整体情况，还使相关人员深入领会医疗器械审评审批改革思路，准确把握目录使用原则和方法。对深入了解目录、更好地使用目录有很大的帮助，对规范和提升医疗器械分类工作效率和质量具有重要的促进作用，切实做到了配合国家食品药品监督管理总局做好目录实施准备工作。

2017年全国中成药显微鉴别培训

2017年10月24日~25日，中检院在重庆市举办了全国中成药显微鉴别培训班。来自全国26个省、市、自治区的食品药品检验检测机构、高校以及中成药生产企业的150余名从事中成药相关工作的专业人员参加培训。

本次培训班邀请了全国药品检验机构有关专家就中成药日常检验中显微鉴别的相关问题进行讲解和答疑，旨在进一步加强中成药质量评价与标准检验人才的培养，强化中成药的质量评价理念，扎实掌握中成药质量评价中的相关检验技术，使中成药质量评价和检验提高到一个新的水平。

培训课程内容涵盖了中成药显微鉴别技术要求及判定原则，中成药中花、果实、种子类饮片的显微鉴别，中成药中根及根茎类饮片的显微鉴别技术，中成药中全草类饮片的显微鉴别技术，中成药中藤及茎类饮片的显微鉴别技术，中成药中动物类饮片的显微鉴别技术，中成药中树脂及矿物类饮片的显微鉴别技术，中成药中菌类及藻类饮片的显微鉴别技术和中成药中饮片的显微鉴别技术解析。

中成药显微鉴别在如何科学有效地检测和控制中成药的质量，提高质量标准的专属性和可控性方面起着十分重要的作用。生药学专家楼之岑在几十年前就曾提出：性状和显微鉴定，是中草药鉴定的主要技术方法之一，尚无任何一种技术方法能够充分与之替代。重庆市食品药品检验检测研究院院长邹江、副院长周祥敏出席开班仪式。中检院中药民族药检定所所长、中国中药协会中药质量与安全专委会主任委员马双成研究员出席会议。

本次培训班不仅使学员对中药显微性状有了比较深入地了解，也熟悉和掌握了更多的检测方法，为此领域培养更多基层工作人才，对提升残留检测技术能力做了有力地推动。培训过程中，学员与专家积极互动交流，深入探讨，培训班为学员们提供了一个丰富的学习交流平台。

食品药品检验相关法律专题培训

2017 年 10 月 19 日 ~20 日，中检院在江苏省常州市举办食品药品检验相关法律专题培训班。来自全国食品、药品、医疗器械检验检测机构，科研院所和生产经营企业的 150 多名学员参加培训。江苏省食品检验检测院副院长张征和常州市食品药品检验检测中心主任丁建在开班仪式上致辞。

明炬律师事务所林辉轮律师结合实际案例，生动形象地讲解了《食品药品检验检测中的创新与知识产权保护》，特别是食品药品检测方面哪些可以申请专利。赵因律师从食品药品检验的法律关系、检验中的潜在风险、检验报告书的法律效力、检验风险与防范对策和检验报告不实的法律责任等五个方面详细剖析了《食品药品检验法律风险与防范》，列举相关法律法规的实际运用及法律责任，阐明了新形势下食品药品检验研究中法律风险防控和法律学习的重要性。北京市中伦文德律师事务所宋民宪教授，对食品药品检验机构的法律地位、法律责任等作了题为“食品药品检验机构法律责任”的系列解读，解答了学员的疑难问题。

本次培训，学者求知若渴，师者诲人不倦。通过学习，提高了食品药品检验检测人员运用法治思维开展工作的意识和能力，提高了规范工作行为、执行工作程序、严守工作纪律的主动性，对依法从检、确保出具结果公正起到了促进作用。

微生物检验控制技术精要培训

微生物控制是药品质量保证的一个重要指标，《中国药典》（2015 年版）将“中药质量标准引领全球”作为战略目标，全面提高了中药微生物标准；国家食品药品监督管理总局要求，未来 5 到 10 年，已批准上市的注射剂安全性、有效性和质量可控性的再评价将是工作重点，注射剂无菌保障水平是其安全性的核心。为把握标准动态，提升技术水平，应对当前药品微生物检验控制的迫切需求，中检院于 11 月 7 日 ~8 日和 12 月 18 日 ~19 日，分别在北京市和广东省广州市举办了两期相关内容培训，分别为：中药等非无菌材料及制剂微生物检验控制技术和注射用化学仿制药无菌过程控制及微生物溯源调查技术，共有500余名学员参加，分别来自各省食品药品检验检测机构、科研院所、生产经营企业、医疗机构等。

中药检定所所长马双成就中药质量控制中的微生物问题进行了讲解，化学药品检定首席专家胡昌勤讲述了我国中药微生物标准的发展历程和我国化学无菌制剂现状及仿制质量一致性评价策略。此外，还邀请了我院化药所微生物室、陕西省药品检验研究院微生物室、上海市食品药品监督管理局认证审评中心、浙江省食品药品检验研究院、广东省药品检验所以及西安杨森制药、温州微穹实验室的相关专家进行授课，分别对中药饮片污染微生物数据库建设及标准研究、中药制剂抑菌效果检查相关问题、欧美非无菌材料及制剂微生物检验控制发展趋势、中药污染微生物类群分布与分离鉴定技术、中药微生物限度检查实验室操作要点、水分活度检测技术及在中药微生物控制中的应用前景和当前中药微生物检验控制面临的几个问题、无菌制剂GMP要点及发展趋势、《中国药典》（2020年版）灭菌法修订研究进展、制药环境洁净检测与微生物监控等内容进行了讲解。

通过培训，参训学员一致认为此次培训内容丰富，针对性强，对实际工作具有很好的指导作用，很好地把握了标准动态，对提升自身技术水平有很大的促进作用。

第七部分 国际交流与合作

概况

出国（境）情况

2017年，中检院共选派专家、技术骨干126人次赴德国、瑞士、法国、葡萄牙、英国、荷兰、阿根廷、墨西哥、美国、比利时、西班牙、丹麦、日本、挪威、越南、巴西、芬兰、菲律宾、韩国、澳大利亚、印度、加拿大、新加坡、瑞典、奥地利以及中国香港、中国澳门等27个国家及地区访问交流、参加国际会议。其中参加国际会议56人次、执行双边交流及合作项目41人次、境外检查29人次。共组织出访团组69个，其中自组团出访团组30个，参加国家局或其他直属单位团组39个。

接待来访

2017年，中检院共接待来自美国、加拿大、英国、法国、德国、丹麦、俄罗斯、古巴、菲律宾、泰国、韩国、日本、印度、马来西亚、新加坡、柬埔寨、捷克、毛里求斯、巴拿马、塞舌尔、南苏丹、坦桑尼亚、乌干达、赞比亚、中国香港、WHO、全球网络售药安全联盟、欧盟等28个国家/地区及国际组织的技术官员、专家学者203人次来院访问、学术交流、授课讲座及参加我院主/承办的各类国际/学术会议，作专题报告67个；接待国（境）外政府重要官员代表团成员94人；组织举办及承办12次国际/WHO/学术研讨会及双边会议培训班，累计培训1000余名全国技术骨干。

国际会议

2017年，中检院共选派专家56人次应邀出席WHO、国际植物药监管合作组织（IRCH）、国际原子能机构（IAEA）、国际标准化协会（ISO）、医疗器械监管机构国际论坛（IMDRF）、电气电子工程师学会标准协会（IEEE）等国际组织、政府机构和非政府组织召开的会议，以及国际植物药及天然产物大会、2017年全球监管科学峰会等重要国际会议，在大会上作专题报告38个，向世界展示了我国在药品、生物制品和医疗器械等领域的研究成果和科研水平，宣传了我国政府为保障人民用药安全采取的有效措施，扩大了中检院在国际上的影响。

国际交流

李静莉、郑佳赴德国、瑞士参加医疗器械标准化工作交流会和医疗器械监管机构国际论坛（IMDRF）国际标准研究工作组会议

经国家食品药品监督管理总局批准，中检院李静莉、郑佳于2017年2月19日~25日赴德国和瑞士参加医疗器械标准化工作交流会和国际医疗器械监管机构论坛（IMDRF）国际标准研究工作组会议。医疗器械标准化工作交流会议期间，就中德医疗器械标准管理、转化实施国际标准经验以及下一步合作计划等方面进行了沟通和交流。德国电工委员会（DKE）总经理，德国标准化协会（DIN）法规事务负责人以及DKE医疗器械、国际合作部门的负责人参加了会议。会议提出要进一步加强中德医疗器械标准化的交流合作，建立长期、有效、可行的合作机制，尤其在移动诊疗设备等新兴技术领域的标准化工作以及IEC 60601－1第4版标准修订

工作方面加强沟通合作，共同提高医疗器械标准管理水平。

IMDRF 国际标准研究工作组会议期间，来自德国、中国、美国、加拿大、俄罗斯、巴西、日本等 7 个国家的监管机构代表，欧盟和 WHO 代表以及 DITTA 和 GMTA 医疗器械行业协会代表参加了此次会议。IEC 和 ISO 的总秘书长、IEC 和 ISO 的法规事务负责人、IEC/TC 62 秘书长以及 ISO/TC 210 秘书长参加部分会议。会议期间，李静莉作了主题发言，重点介绍了中国医疗器械标准和国际标准在制修订程序和编写规则的差异，以及中国组织开展医疗器械标准验证、标准宣贯培训、标准发布后进行可实施性评估的经验，提出了现有国际标准制修订程序存在的主要问题，同时提出后续工作提案，受到了与会代表的广泛关注。通过讨论，会议初步形成了各国监管机构采用和参与国际标准化面临的共性问题清单，并和 IEC/ISO 负责人就如何改进国际标准制修订程序形成解决方案。中国提出的关于增加国际标准验证、加强培训、增加国际标准编制说明等建设性意见被采纳。同时与会代表均认为，各国监管人员应加大力度、选派优秀代表作为注册专家，尽早介入国际标准制定工作，尤其是积极参加国际标准起草小组会议，以增强监管机构的影响力。同时还应加强对年轻监管人员参与标准化工作的培养，吸纳更多的年轻监管力量参与医疗器械标准管理的相关工作中。

许明哲赴美国参加 APEC 药品供应链安全工作组会议

经国家食品药品监督管理总局批准，应亚太经合组织（APEC）协调中心和美国药典委员会（USP）邀请，2017 年 3 月 28 日 ~4 月 1 日，中检院许明哲随国家食品药品监督管理总局药化监管司团组，赴美国参加了 APEC 药品供应链安全工作组会议。本次会议是 APEC 在美国建立“卓越中心”后第一次召开的会议。来自美国、俄罗斯、泰国、中国等 15 个国家和地区，分别代表政府药品管理部门，药品生产企业，药品运输、存储、销售的贸易部门，药品使用的医疗卫生部门以及与药品相关的大学、协会等的共 100 位代表参加了此次会议。WHO 总部专门负责药品警戒和打击假药工作的 Michael Deats 也参加了此次会议，并作了题为“假劣药品的当前国际形势”的主题报告。除了美国 FDA 官员、USP 首席执行官和 WHO 官员的主题发言外，为期四天的会议中对 APEC 药品供应链涉及的所有 10 个工作组的工作路线方针、指导原则和“工具箱”进行了报告，并进行了具体案例讨论，内容十分丰富。会议第三天是药品检测技术工作组专题，许明哲代表王佑春在大会上作报告并主持了分组讨论。许明哲报告中详细介绍了检测技术组指导原则和“工具箱”的起草过程和主要内容，以及总结回顾了检测技术组这几年的工作。在分组讨论中，参会的各成员国代表就本国在如何应用药品检测技术进行打假和保证药品质量方面也都积极发言，介绍和分享了各国的经验和做法。会议的最后，还进行了药品快检仪器的展示。来自美国 FDA、USP、俄罗斯 FDA、美国 Notre Dame 大学以及施贵宝公司的科学家在会议现场展示了他们研发的药品快检仪器和装置，引起了参会者的极大兴趣和广泛讨论。

孙会敏、谢兰桂赴西班牙参加国际制药工程协会 2017 欧洲年会

经国家食品药品监督管理总局批准，应国际制药工程协会（ISPE）的邀请，2017 年 4 月 2 日 ~6 日，中检院孙会敏、谢兰桂随中国食品药品国际交流中心团组赴西班牙参加了第四届 ISPE 2017 欧洲年会。本次会议的主题是“领导和管理未来的行动”，专注于“制药 2025，实现现代化，敏锐，灵活的生产格局”。大会内容丰富、专业性强，吸引了来自全球药品监管、研发领域的共 550 多名代表参加。会议期间主要参加

了“辅料的政策、标准和技术要求的变化”论坛、药品生产监管论坛、全员主题大会、质量管理、未来工厂及连续生产等相关会议，以及在展示区举办的相关交流活动。ISPE 主席特别在论坛致辞中感谢中国代表团的与会。孙会敏在会议交流时间向与会代表介绍了中国药用辅料的现状以及管理模式，并着重介绍了药用辅料在《中国药典》的收录情况、我院药用辅料标准品的研制情况、药用辅料与药品关联审评中的技术要求，与会代表对中国药用辅料的监管机构能够积极参加 ISPE 的活动表示支持和欢迎，并就各国药典之间的协调合作进行了交流与讨论。

李长贵赴瑞士参加 WHO 大流行流感疫苗生产和质控生物安全风险评估指南修订研讨会

应 WHO 邀请，经国家食品药品监督管理总局批准，中检院李长贵于 2017 年 5 月 8 日 ~12 日赴瑞士日内瓦参加了 WHO 大流行流感疫苗生产和质控生物安全风险评估指南修订研讨会。参加此次会议的有起草组成员，来自美国 FDA、英国 NIBSC、日本 NIID 三个流感关键参比实验室（WHO Essential Reference Laboratories，WHO ERL）的代表，以及美国 CDC、WHO OIE 专家代表、国家质控实验室以及企业代表等共 20 余人。世卫组织参加代表包括指南修订组织者 Zhou T、Gary G、Ivana K，以及世卫流感应急及危害管理项目负责人 Zhang W 等人。研讨会由来自美国 FDA CBER 病毒部的负责人 Dr. Jerry Weir 主持。此次研讨会召集各有关方，对原有指南中的内容进行审议，对争议较大的部分集中讨论，提出修订的部分及修订建议，确定新指南修订的具体日程表。原指南包括指南适用范围、风险及危害定性、风险评估三个部分。此次修订对这三个部分均进行了较大修改，会上对各部分的框架性进行讨论后，对该指南修订的日程进行了安排，同其他指南类似，基于此次会议，起草组完成初稿，在与会群体内征求意见并修改，然后再在 WHO 网站上经过两轮的意见征求和修改，初定于 2018 年 10 月份前提交 ECBS 委员审议。

王佑春、吴星赴瑞士参加 WHO“戊肝疫苗安全有效质量评价规程”起草讨论会

应 WHO 邀请，经国家食品药品监督管理总局批准，中检院副院长王佑春、研究员吴星等于 2017 年 5 月 10 日 ~14 日赴瑞士日内瓦参加了 WHO“戊肝疫苗安全有效质量评价规程”起草讨论会。会议由英国 NIBSC 专家 Dr. Minor 和王佑春副院长共同主持。会上，王佑春介绍了我国戊肝病毒的人群流行特征，我国的急性肝炎主要由甲型肝炎病毒和戊型肝炎病毒引起，随着甲肝疫苗的广泛使用，急性肝炎的发病例数明显减低，但急性肝炎的死亡例数并没有明显减少；戊肝病毒不同基因型交叉保护研究结果表明，戊肝病毒 1 型和人源 4 型以及猪源 4 型戊肝病毒均具有较好的交叉保护作用；戊肝疫苗批签发趋势分析研究结果表明上市疫苗与Ⅲ期临床试验使用疫苗的动物体内效力结果无显著差异，说明上市疫苗与Ⅲ期临床试验用疫苗具有相似的免疫原性，关键指标趋势分析表明上市后疫苗质量稳定。此外，王佑春还介绍了我国戊肝疫苗效力标准品的研制、疫苗质控相关研究及国内戊肝疫苗研发进展等情况。之后，各国专家依据 WHO 疫苗规程撰写原则、初步大纲、各国研究进展及监管经验，对规程框架内容进行了讨论。规程讨论过程中各国专家分别就疾病的定义、临床症状及实验室检查结果描述方法、疫苗临床评价方法、疫苗生产过程各阶段的检测项目和放行指标、疫苗体内效力实验方法、疫苗稳定性实验方法、疫苗审评原则、PQ 要求等问题发表了自己的理解和看法并相互交流了意见。初步确定戊肝疫苗定位于戊肝疾病的预防，而非病毒感染的预防；考虑到

已上市戊肝疫苗的药学基础与 HPV 疫苗类似，非临床部分基本上以 HPV 疫苗指导原则的框架为模板起草；临床部分以 WHO 2016 年更新的疫苗临床研究技术指南为基本原则，并充分考虑戊肝疾病特点、已有的临床进展及未来同类疫苗注册等特殊情况和要求进行撰写。

经过 2 天的讨论，会议圆满结束。WHO 生物制品标准化专家委员会（ECBS）专家，来自中国、美国、德国、英国、加拿大、韩国、印度、孟加拉、泰国国家监管机构和疫苗研发企业的专家以及无国界医生等共 30 位成员参加了此次会议。

余新华赴美国参加 ISO/TC 121 第 46 届年会和工作组会议

应美国国家标准化协会邀请，经国家食品药品监督管理总局批准，2017 年 5 月 21 日 ~25 日，中检院余新华随总局团组参加了在美国波士顿召开的国际标准化组织麻醉和呼吸设备技术委员会（ISO/TC 121）第 46 届年会及工作组会议。会议由美国医疗仪器促进协会（AAMI）承办，在美国波士顿召开，来自中国、美国、德国、英国、法国、澳大利亚、加拿大、日本、新西兰、瑞典等 17 个成员国的相关代表共 110 余人参加了此次会议，中国代表团共 10 人，其中 2 人来自全国麻醉和呼吸设备标准化技术委员会（SAC/TC 116），5 人来自企业。大会由 ISO/TC 121 主席 Dr. Julian Goldman 主持，大会主席宣布大会开幕后对各国代表团进行了点名。在 ISO/TC 121 年会上，大会首先通过了本次会议议程，接着秘书处对第 45 届在美国芝加哥召开的年会决议作了回顾并经大会批准；ISO/TC 121 秘书长 Colleen Elliott 女士代表秘书处作了秘书处工作报告和标准化技术委员会年度报告；各技术委员会简要回顾了各自在近一年确定的各项决议和分技术委员会主席的任命情况。会上宣布了对于 ISO/NP 22175 等项目更新的决定。此外，各联络人汇报了各自联络组织的相关情况。会议期间，各分技术委员会及部分工作组分别召开了各自的会议。

母瑞红、郭世富赴美国参加 ISO/TC 212 WG 2 工作组会议

经国家食品药品监督管理总局批准，应美国国家标准协会邀请，中检院母瑞红、郭世富于 2017 年 5 月 22 日 ~26 日随国家总局医疗器械注册司团组赴美国明尼阿波利斯参加国际标准化组织临床实验室检验和体外诊断系统技术委员会（ISO/TC 212）WG 2 工作组会议。会议由召集人 Dr. Neil Greenberg 主持。会议主要对该工作组的四个标准的具体内容进行了讨论，包括：①ISO 15195《检验医学－应用参考测量程序的校准实验室能力的要求》修订稿；②ISO 17511《体外诊断医疗器械－生物源性样品中量的测量校准品和质控物质赋值的计量学溯源性要求》；③ISO 21151《体外诊断医疗设备测量样品中量的生物起源的要求国际协调协议旨在建立赋值的计量溯源性产品（最终用户）；④ISO 20914《测量不确定度的估算实用指南》的标准草案和征求意见。来自中国、美国、英国、法国、德国、日本、韩国 WG 2 工作组成员代表 20 余人参加了本次工作组会议。

第三届（2017 年）中国安全药理学学术年会暨第六届安全药理学国际学术研讨会在成都成功召开

由中国药理学会安全药理学专业委员会主办，中检院国家药物安全评价监测中心、国家成都新药安全性评价中心（成都华西海圻医药科技有限公司）共同承办的第三届（2017 年）中国安全药理学学术年会暨第六届安全药理学国际学术研讨会于 2017 年 5 月 25 日 ~28 日在成都召开。280 余名国内外安全药理学研究和管理专业人员出席了本届研讨会，中国药理学会理事长杜

冠华教授出席会议并致辞。

本届研讨会以“把握安全药理学研究发展动向，全面提升安全药理学研究水平”为主题，聚焦新药安全药理学评价领域的最新进展。会议邀请现任国际安全药理学会主席 Will Redfern 博士，前主席 Jean - Pierre 博士，美国国家毒理研究中心陈闽军博士，日本杉山笃教授、安东贤太郎博士、山崎大树博士，CFDA 药化注册司赵阳博士，国家药审中心药理毒理部部长王庆利教授、黄芳华博士，大会主席汪巨峰博士等国内外安全药理学专家就“国际安全药理学研究的进展和未来的发展趋势，安全药理学的国际国内政策法规、安全药理学的新技术新方法，儿科药物安全性评价，安全药理学研究常用研究模型、新模型、数据分析以及新药发现中的安全药理学”等方面作了精彩报告。

为使青年安全药理学家脱颖而出，本次会议从征稿论文中选拔出 9 位一线优秀安全药理学青年才俊参与青年优秀论文竞赛，并评选出 1 个“安全药理国际学术交流奖”，将获得 CSPS 的推荐和资助，参加 2017 年在德国柏林举行的国际安全药理学会年会。

本次会议的成功举办，极大地推进了我国安全药理研究的广度和深度，有助于我国新药临床前安全性评价和安全药理学科的发展，为提升我国安全药理研究整体水平将起到很好的促进作用。

魏锋、张文娟等赴越南参加 WHO 西太区草药协调论坛第二分委会会议

2017 年 6 月 27 日 ~7 月 1 日，WHO 西太区草药协调论坛第二分委会会议在越南下龙市召开。FHH 的部分成员国（中国、日本、韩国、越南）派代表参加了此次会议，与会代表约有 20 名。会议的主题是讨论如何研制对照药材、FHH 下一步对照药材的研制计划以及如何对植物药材伪品进行有效监管。中检院魏锋研究员、张文娟副研究员随国家食品药品监督管理总局代表团参加了此次会议，并分别作了大会报告。

在本次会议上，越南国家药品质量控制研究院院长 DOAN Cao Son 博士和 WHO WPRO 的 Yu - lee PARK 博士对所有参加此次会议的人员表示欢迎，在肯定草药治疗作用的同时，也希望各国各地区就草药管理进行广泛的协调，为人民健康带来更大的益处。接下来与会人员做了简短的自我介绍并合影留念。在正式会议阶段，来自 WHO、中国内地、韩国、日本、越南、中国香港和中国澳门、瑞士 CAMAG 实验室的相关人员作了内容颇为丰富的报告。会议讨论内容分为如下几个方面：①FHH 网站使用的介绍，建立 FHH 成员间网上交流平台，以及关于今后无纸化会议的建议和实施方式。②讨论 FHH SubC2 目前及未来可能的合作项目。我院中药所魏锋研究员介绍了中检院中药对照物质的研制和供应情况。③讨论面向不发达国家的草药质量控制技术培训项目。④介绍中药质量控制新的理念和方法，探讨可能的合作新方向。中检院中药所张文娟副研究员介绍了 DNA 分子鉴定技术在中药质量控制中的应用和质量标准研究情况。⑤讨论 FHH 未来发展方向：与会代表对于未来 FHH 如何开展更加广泛深入的合作，从而达到协作共赢，进行了热烈的讨论。我院魏锋研究员提出，目前各成员国共同的目标是建立草药的统一标准：如药材的基原、质量控制方法、影响中药安全因素的限量标准等，这些标准的统一有利于增加各国对彼此草药情况的相互了解，加强草药相关产品贸易往来，并通过有效合作促进质量控制标准的研究。为了达到上述目的，各国应该进一步加强沟通和协调。

贺鹏飞、徐康维赴英国参加第 24 届流感疫苗研讨会

2017 年 7 月 13 日 ~14 日，经国家食品药品监督管理总局批准，中检院贺鹏飞、徐康维应英国国家生物制品检定所（NIBSC）邀请赴英国参

加了第24届流感疫苗研讨会。会议由NIBSC主办，各WHO流感参比和研究合作中心、WHO ERL实验室、IFPMA及疫苗企业参会。本次会议主要包括议题如下：①全球季节性流感流行情况；②动物流感流行情况；③流感候选疫苗株和标准试剂的制备情况；④细胞分离培养流感疫苗株的制备；⑤WHO关于流感/流感大流行疫苗株生物安全纲要的修订；⑥流感疫苗效力实验检测。由于流感病毒变异速度快，每年WHO都会根据病毒的流行情况决定疫苗生产毒株。因此，疫苗的生产面临着生产毒株和效力检测用标准品更换的问题，直接影响当年疫苗的生产和接种。参与此次会议，有助于掌握国际上的前沿动态以指导我们的研究和检测工作，为提高我国流感疫苗的质量提供技术支持。

于健东、汪祺赴瑞士参加WHO传统医药合作中心阶段会议

应WHO邀请，经国家食品药品监督管理总局批准，中检院于健东、汪祺于2017年7月18日～22日赴瑞士参加了WHO传统医药合作中心阶段会议。2017年4月7日，WHO正式批准中检院中药民族药检定所设立“WHO传统医药合作中心”。由于刚刚被批准成为WHO传统医药合作中心，本次应WHO传统医学及整合医学部邀请主要针对双方今后在植物药、传统药质量控制、健康服务等方面合作进行进一步沟通交流，并就合作中心具体工作计划和工作任务进行细化和沟通。会上，中检院中药所于健东主任药师向WHO传统医学及整合医学部报告了中检院及中药所的整体概况、日常工作职责、检测新技术新方法在中药质量控制中的应用和研究进展、参与WHO及各区域合作组织植物药传统药技术交流和监管合作的活动情况及取得的成绩，以及中药所申请WHO传统医药合作中心整体过程等。中药所汪祺副研究员汇报了中检院中药所成为WHO传统医药合作中心后的主要工作职责和工作计划。未来4年，合作中心将进行以下五个方面的合作：①支持WHO起草制定中药（草药）及其相关制品的质量控制标准及技术指南；②为研制中药（草药）及其相关制品的国际标准物质提供支持；③关注中药（草药）及其相关制品的质量控制方法和标准的研发，并针对中药（草药）安全使用进行新型试验方法的建立和已有方法的改进等研究；④为WHO中药（草药）及其相关制品的质量和安全做出贡献，建立合作实验中心；⑤为WHO中药（草药）区域合作、人员培训提供支持。中药所利用WHO植物药监管合作组织（IRCH）第二工作组平台，已经制定了中药化学对照品、中药对照药材和中药对照提取物技术指南，并于2016年IRCH第二小组工作会上通过讨论。汪祺副研究员还重点介绍了该技术指南的制定情况以及在植物药监管中发挥的作用。

刘燕、刘静赴瑞士参加第65届国际植物药及天然产物大会

2017年9月3日～7日，中检院刘燕、刘静应邀赴瑞士参加了第65届国际植物药及天然产物大会。会议聚集了世界各地植物、天然产物研究相关领域的学者，分为大会报告、专业分会研讨及壁报交流三种方式，旨在交流天然产物的最新研究进展。会议涉及植物药及天然产物研究的多个领域，涵盖了化学成分分离鉴定、活性筛选、质量控制、代谢组学、生物合成、提取物、制剂研究等各个方面，内容丰富，充分体现了国际天然产物研究现状，而且新技术、新方法、新思路在植物药与天然产物研究中不断得到应用，如在复杂天然产物成分分析中数学方法的运用，LC－MSn、LC－MS－SPE－NMR、UHPSFC、分子生物学等技术用于复杂体系中特定组分的识别和确认，质量控制，活性测定技术等。刘燕、刘静重点选择了活性天然产物、分析研究与天然产物化学、生物合成与可持续利用、WHO传统药

物策略、天然产物制剂和质量控制等部分分会场的交流，并对所有壁报交流论文进行了学习讨论。

杨昭鹏、徐丽明赴日本参加ISO/TC 150第35次年度工作会议

国际标准化组织外科植入物标准化技术委员会（ISO/TC 150）于2017年9月4日~8日在日本名古屋召开了第35次年度工作会议。来自世界各国的110余名代表，其中我国代表9人参加了本次会议。国际标准化组织外科植入物标准化技术委员会（ISO/TC 150）有5个直属工作组和5个分技术委员会。中检院全国外科植入物与矫形器械标准化技术委员会组织工程医疗器械产品分技术委员会（SAC/TC 110/SC 3）秘书处承担着第7分技术委员会（ISO/TC 150/SC 7组织工程医疗产品分技术委员会）的国内技术接口工作。中检院组织工程医疗器械产品分技术委员会副主任委员杨昭鹏、秘书长徐丽明应邀参加了本次年度工作会议。

通过跟踪参加每年一次的年度工作会议，不仅及时了解和掌握了国际标准化工作的动向，还在现场会上积极发表意见，实质性地参与国际标准的起草工作和新国际标准立项申请以及重要决议的讨论。通过实质性的参与，在国际标准化工作的舞台上有效行使了话语权，提高了中国代表的影响力。

亚洲质量保证论坛第三次国际会议在北京召开

亚洲质量保证论坛第三次国际会议于2017年9月7日~8日在北京成功召开。本届大会由中国毒理学会主办，毒理研究质量保证专业委员会及中检院承办。

亚洲质量保证论坛会议为每2年举办一次的区域性国际会议，由论坛成员学会轮流主办。本届大会的主题为“关注质量政策、监管策略和数据”。来自中国、日本、韩国、印度、马来西亚、新加坡等国家和地区的质量保证学术组织代表以及来自美国、英国、德国等非亚洲地区的质量保证学术组织的代表共230余人参加了会议。

国家食品药品监督管理总局药化注册司、食品药品审核查验中心、新药审评中心、CNAS、农业部、美国FDA、日本PMDA等国内外监管部门的领导和专家，以及美国、日本、韩国、德国等论坛成员学会的代表分别从监管政策、检查策略、案例探讨等角度为参会的代表作了精彩的报告。同时，来自论坛各成员学会，国内外食品、药品、化学品研发及安全评价机构的质量保证专家，国内知名医药企业的高管还围绕GMP、GLP、GCP领域的有关议题作了内容丰富、角度多样的分会场报告。

通过本届大会，来自多个国家和地区的与会者们探讨了共同关注的质量问题、建立了相互沟通的渠道，这有助于在未来进一步推动国际质量保证领域专业人士的交流及合作，促进相互间法规标准的探讨，提高药品研发、生产领域的质量，保证工作水平，更好地应对国际化趋势的需要。

马双成、聂黎行赴德国参加WHO国际植物药监管合作组织（IRCH）第十届年会

2017年9月11日~13日，WHO国际植物药监管合作组织第十届年会在德国波恩召开。中检院马双成、聂黎行随总局团组参加了此次会议。第十届年会由IRCH秘书处主办，德国联邦药品和医疗器械管理局（BfArM）承办。来自WHO、阿根廷、巴西、中国（包括中国香港特别行政区和中国澳门特别行政区）、古巴、欧洲药品管理局（EMA）、德国、印度、意大利、匈牙利、日本、马来西亚、墨西哥、阿曼、葡萄牙、韩国、南非、沙特阿拉伯、泰国等成员国/地区/组织及观察国荷兰、瑞士的60余名官员及专家出席了

本次会议。BfArM 替代与传统药物处处长 Dr. Werner Knoss 和 BfArM 局长 Dr. Karl Broich 分别致欢迎辞，WHO 传统医学及整合医学部主任 Dr. Zhang Qi 致开幕辞。大会主要包括 IRCH 成员报告、BfArM 特别报告、IRCH 工作组报告、WHO 报告、IRCH 章程修订、植物药原料质量与安全专题研讨等六部分内容。马双成代表中国作了 IRCH 成员报告，介绍了中国中药监管的最新进展，以及 WHO 传统医药合作中心新进落户中检院的情况和该中心的主要任务。聂黎行代表总局汇报了第二小组的工作进展，主要汇报了第二工作组的章程和对照物质技术指导原则的起草和修订工作。本次年会还开展了植物药原料质量与安全的专题研讨，主要议题包括植物药种植和采收质量管理规范、植物药原料的药典标准、农药残留和其他毒性成分的监管、对 WHO 和 IRCH 的建议等。聂黎行代表中国代表团组织了分组讨论，分享了总局在相关领域取得的成果及经验，并撰写、汇报专题总结。

李波、张河战和耿兴超赴巴西参加2017 年监管科学全球峰会

经国家食品药品监督管理总局批准，中检院党委书记、院长李波研究员，安评所张河战研究员和耿兴超研究员一行三人于 2017 年 9 月 16 日 ~22 日赴巴西参加了 2017 年“监管科学全球峰会”，共同参与讨论全球监管科学发展的问题。本届会议由巴西卫生监督局（ANVISA）协办，共有来自全球 10 多个国家和地区的 170 名代表参会交流。峰会前召开了 GCRSR 小组讨论会，总结了 2016 年监管科学全球峰会的经验，并介绍了 2017 年全球峰会的筹备过程和讨论事项。GCRSR 生物信息学、纳米技术和新兴技术三个工作小组的负责人分别介绍了过去一年中取得的主要工作进展和下一步的工作计划。中国监管科学的快速发展，引起了世界各国的高度关注，GCRSR 经讨论一致赞同由我院协办 2018 年下届峰会。

本届峰会以“食品药品安全新兴技术”为主题，来自欧洲医药管理局（EMA）、欧洲食品安全局（EFSA）、欧盟联合研究中心（JRC）、加拿大食品检查局（CFIA）、美国 FDA NCTR、巴西卫生监督局（ANVISA）、日本食品安全委员会（FSCJ）、日本药品与医疗器械管理局（PMDA）、新加坡农粮兽医局（AVA）等的多个专家和代表，围绕“全球监管概况，食品药品安全，新兴技术，技术标准和重现性，科学监管实例讨论，GSRS/GCRSR 现在和未来”六个模块进行了讨论。李波研究员应邀作了大会报告，详细介绍国家食品药品监督管理总局（CFDA）在食品药品监管方面进行的一系列重要改革，如修订和颁布实施了药品注册管理办法、药物非临床研究质量管理规范（GLP）等多项规范和系列技术指导原则；大力推进审评审批制度改革，基本消除了药品注册申请积压；开展仿制药质量和疗效一致性评价，提高药物临床研究质量等。在监管科学学科发展方面，CFDA 组织召开了两届中国监管科学大会，推进中国药品监管的改革和创新，提高药品的质量和安全。在监管技术方面，在国家重大新药创制专项等重大课题的支持下，建立了一系列创新关键技术，如新型毒性生物标志物技术、创新生物技术药物评价技术、多种体外替代模型等，为我国药品监管提供了重要的技术支撑。与会专家对我国监管科学的快速发展和取得的成绩给予了肯定。

叶强赴韩国参加第二届 WHO 西太区疫苗与生物制品国家质量控制实验室会议

经国家食品药品监督管理总局批准，中检院叶强参加了 2017 年 9 月 20 日 ~21 日在韩国首尔召开的第二届 WHO 西太区疫苗与生物制品国家质量控制实验室会议。会议由 WHO 西太区办公室与韩国食品药品安全局国家食品药品安全评价研究所共同主办。会议目的：①讨论研制用于生

物制品和血液制品质量控制的区域或国家工作参考品；②筹备建立协作研究专家组、筹备建立协调国家质量控制实验室与生产商之间的能力验证专家组、建立和确定标准化检测方法；③促进各成员国实验室之间的相互沟通和信息共享；④确定能力有限的国家的能力建设需要。各成员国代表报告了各自国家的疫苗和血液制品批签发情况，叶强代表中国报告了中国的疫苗批签发情况。来自中国、日本、韩国、越南、马来西亚、菲律宾等成员国国家质控实验室的代表以及加拿大生物制品评价中心和英国生物制品检定所的专家以及生产企业、研究所和医院的专家学者参加了本次会议。

施亚琴、贾娟娟赴奥地利参加国际原子能机构放射性药物监管技术会议

经国家食品药品监督管理总局推荐，应国际原子能机构（IAEA）邀请，中检院施亚琴、贾娟娟于 2017 年 10 月 9 日 ~10 月 12 日参加了由 IAEA 组织的在奥地利维也纳的 IAEA 总部召开的放射性药物监管技术会议。本次会议的主要目的是讨论放射性药物监管现状与进一步协调监管的措施，为 IAEA 明确工作计划、对放射性药物监管方面需要提供帮助的成员国提供支持、评估与放射性药物安全性和有效性相关法规的有效实施方案等。会议历时 5 天，由 IAEA 放射性同位素制品和辐射技术科的主任 J. A. Osso，Jr. 主持，采取报告与讨论的形式。围绕全球放射性药物监管及质量控制，J. A. Osso，Jr. 先生介绍了 IAEA 在放射性同位素制备、放射性药物研发、人员培训等方面所做的工作及取得的成绩，并由 IAEA、WHO、欧洲核医学协会（EANS）、美国的代表围绕放射性药物的研究、制备、质量控制、生产现状进行了介绍。欧盟和 FDA 的高级顾问及专家对放射性药物的监管进行了专题报告并展开了深入的讨论。欧盟和美国的代表围绕放射性药物的管理，介绍了各自的监管机构、法规、药品的审批流程、药品生产质量管理规范，并介绍了欧盟对放射性药物毒性研究、非临床研究的要求。IAEA 和 WHO 的代表针对生产和质量控制，介绍了放射性药物的生产方式、特点、质量控制项目、WHO 指导原则及国际药典的制修订过程。各国药品监管或研究机构的代表分别进行了各自国家放射性药品监管的专题报告。贾娟娟同志作了关于中国放射性药品监管的报告，介绍了中国放射性药品的发展及现状，中国放射性药品监管的法律法规、行政监管、技术监管体系，从放射性药物的研制、审批、生产经营、进出口、使用、放射性药品标准和检验 6 个环节对放射性药品监管进行了介绍。参会代表对放射性药物的 GMP、放射性新药的审批、放射性药物标记前体的管理、人员培训等问题进行了讨论，并对 IAEA 在人员培训、指导原则的制定、监管协调等方面提出了建议。来自中、美、法、印、加、澳、白俄罗斯等 17 个国家及 WHO、IAEA 的 25 名代表参加了本次会议。

高凯赴瑞士参加 WHO 第 65 届药品国际非专有名（INN）生物药咨询会

应 WHO 邀请，经国家食品药品监督管理总局批准，中检院高凯于 2017 年 10 月 18 日至 22 日赴瑞士日内瓦参加 WHO 第 65 届药品国际非专有名（INN）生物药咨询会议。参加此次会议的有来自美国 FDA（CDER）、USP、加拿大、EMA、EDQM、英国 MHRA 和 BP、德国 BfArM 和 PEI、西班牙、俄罗斯、中国、日本 PMDA、巴西、澳大利亚 TGA、津巴布韦、叙利亚、巴拿马等药品监管机构，法国、意大利、比利时、波兰、南非、日本、新加坡高校的 INN 与药学专家；以及世界知识产权组织、卫生组织等国际组织共计 40 余人参加了此次讨论。研讨会由来自南非 Western Cape University 的 INN 资深专家 Sarel Malan 教授和 WHO 基本药物司 INN 处 Dr. Raffaella Balocco Mattavelli 共同主持。本届咨

询会议的主旨在于，针对2017年5月召开的64届INN咨询会形成对单克隆抗体、融合蛋白、先进治疗产品（包括基因治疗与细胞治疗）拟定更新的命名原则，以及该原则在近期实施中的反馈进行讨论，并对目前接受的上述三类生物治疗药品的INN申请与命名建议进行讨论和决议。会议首先由Dr. Raffaella Balocco Mattavelli介绍了新版本单抗药物INN命名原则实施后半年来的情况，以及瑞士诺华公司（Novartis）、美国抗体协会（Antibody Society）就本命名原则的建议、意见。之后分别由来自英国和意大利的INN资深专家Dr. Robin Thorpe、Dr. James Robertson、Menico Rizzi教授就单抗、融合蛋白、先进治疗产品更新的INN命名原则进行了介绍，并就命名原则的理念展开讨论。高凯研究员结合前期INN委员会向参会代表布置的命名审议工作提出了2个方面的建议：①虽然更新的抗体INN命名避免了前述原则的一些问题，但亚词干A的含义包括靶向的物种（细菌、真菌、病毒）、靶向蛋白的类型（细胞因子、毒素）、适应证（肿瘤）、组织器官（心血管、骨）、药物作用机制（免疫调节）等，其涵盖范畴过于多样化和宽泛，而且新型各类抗体药物研发层出不穷，应就亚词干及INN中缀的收录原则及其详略进行规范，而非随机定义，以便于未来医药工作者在信息分享与药物警戒监测中的信息过滤。②鉴于抗体药物INN申请时，绝大多数产品仍处于研发阶段，其作用机制与适应证范畴尚不完全明确，因此在INN命名中应尽可能避免涉及药物适应证的信息。会议期间WHO基本药物司INN处Dr. Raffaella Balocco Mattavelli就INN公示出版及未来工作，与部分兼任出版编辑的INN委员进行了闭门讨论。同时就INN BQ议题进行了通报和讨论。

王军志、徐苗和张春涛赴瑞士参加第68届WHO生物制品标准化专家委员会年会

2017年10月17日~20日，WHO在其瑞士日内瓦总部召开了第68届WHO生物制品标准化专家委员会年会。参加此次会议的有美国、英国、德国、加拿大、中国、日本、韩国等国家的药品管理部门（NRAs）和质量控制机构（NCLs）的12位ECBS专家委员、9位临时顾问，以及另外有近80位来自各个国家药品监管机构、药典会、WHO区域办公室、制药企业协会联合会的代表出席了会议。应WHO邀请，经国家食品药品监督管理总局批准，中检院王军志（WHO ECBS专家委员会委员）、徐苗、张春涛等参加了此次会议。ECBS每年举办一次，主要是对本年度WHO的工作成果进行总结，安排讨论下一年度的工作计划。本次会议主旨是促进全球生物制品标准及其管理的协调统一，面对新技术新制品，提高监管机构的监管能力并规范统一监管程序和行为，讨论并解决生物制品国际标准化面临的实际问题。

WHO总部基本药物和健康产品司新任负责人Dr. S. Hill致辞后作重要发言，随后经Dr. S. Hill推荐，参会代表一致同意全体会议和疫苗/生物治疗产品分会场由Dr. Klaus Cichutek担任会议主席，Elwyn Griffiths和Mrs Teeranart Jivapaisarnpong担任会议记录员；血液制品/体外诊断产品分会场由Dr. Harvey Klein担任会议主席，由Dr. Claire Morris和Dr. Jens Reinhardt担任记录员。此次会议共4天时间，采取全会和分会的两种方式，第1天是全会，第2、3天上午前半段为全会，上午后半段及下午分为疫苗/生物治疗产品和血液制品/体外诊断产品分会两个分会进行，第4天由ECBS委员闭门会主要审议表决通过2个分会的重要报告及相关技术指南和标准等。

大会总体会议审议的报告有：生物制品标准化战略方向及WHO优先考虑的事项，疫苗和治疗性生物制品标准化领域的工作进展，血液制品和体外诊断试剂标准化领域的工作进展，WHO血液监管者网络工作报告，WHO疫苗合作中心

网络工作报告，WHO 血液制品和诊断试剂合作中心网络工作报告，来自 NIBSC、EDQM、PEI 和 CBER 关于标准物质研制的进展报告，WHO 委员会与药品相关的跨领域问题，关于更新收集监管信息的技术工具的报告，国家监管机构执行规范监管的指南，疫苗特异性标准技术要求文件的编制建议，抗蛇毒血清的最新进展，2016 年 10 月以后细胞治疗最新进展，生物治疗产品获准后变更流程和需要提供的数据的指导原则，WHO 优先考虑的病原的标准问题，国际标准物质的更新互换等问题。

欧洲药典委员会草药组专家应邀来中检院开展学术交流

2017 年 10 月 26 日，欧洲药典委员会草药组专家 Erich Stoeger 教授（中文名霍仲熙）应邀来中检院中药所开展学术交流。霍教授是一位奥地利药学工作者，讲得一口流利的中文。30 多年来，穿梭于中欧之间，完成了《中国药典》的英文译本。霍教授 1994 年就到访过中检院。

此次到访，霍教授作了题为“中药在欧洲：发展与困境”的报告，重点介绍中药在欧洲的发展现状、欧洲药典委员会的机构设置、欧洲草药标准制定的方法和程序，以及目前中药配方颗粒在欧洲的使用情况和质控方面存在的问题，阐述了对中药质量控制的理念，并与参会者就提出的具体问题展开了深入讨论。

报告结束后，霍教授来到中药标本馆参观交流，听取了标本馆工作人员对标本特色、近年来发展、数字化平台系统建设，以及未来规划等方面的情况介绍，追忆了 20 多年前到访标本馆的情景，并用中文深情地写下“光阴似箭”四字，由衷希望能为标本馆提供力所能及的帮助与支持，加强联系、沟通与合作。

李静莉、郑佳赴日本参加国际医疗器械监管者论坛国际标准研究工作组会议

经国家食品药品监督管理总局批准，中检院李静莉、郑佳于 2017 年 10 月 29 日 ~11 月 2 日赴日本京都参加国际医疗器械监管者论坛（IMDRF）国际标准研究工作组会议。此次会议作为 IMDRF 国际标准研究工作组的第四次会议，主要议题包括：介绍 IMDRF 管理委员会加拿大会议以及工作组延期申请情况、讨论工作组后续工作计划、研讨 IMDRF 指南性文件等。工作组召集人首先介绍了 IMDRF 管理委员会 2017 年 9 月加拿大会议的相关情况。经 IMDRF 管理委员会讨论，考虑国际标准对各国医疗器械监管的重要性以及工作组已取得的研究成果，批准同意工作组延期 2 年。延期阶段的工作目标包括编写 IMDRF 指南性文件《如何编写为医疗器械监管所用的标准》、复审/更新 GHTF 文件《在医疗器械评估中标准的作用》（编号 N044：2008）以及和 IEC/ISO 签署合作备忘录等。参会人员围绕工作组的三个新目标进行了交流和讨论，并确定编写 IMDRF 指南性文件应作为工作组的首要任务。为有效推动编写工作，我国代表提出了中国对《如何编写为医疗器械监管所用的标准》的初步思路和基本框架，并结合中国在医疗器械标准管理的经验，提出了国际标准制定机构如何完善工作流程、如何改进标准编写要求以及监管人员如何更好参与国际标准化工作的若干建议。与会代表对中国提出的框架和主要建议给予了充分肯定和高度认可。经充分讨论，在中国所提框架的基础上，工作组初步确定了 IMDRF 指南性文件的编写大纲。会议还对选取试点标准建立 IMDRF 国际标准专家网络进行了讨论。由于现有工作组成员中仅有美国代表担任 ISO/TC 210 联合工作组的召集人，故选取其工作组负责的新标准项目《医疗器械制造商提供的一般信息的要求》（ISO/NP 20417）作为试点标准，并推荐其担任 IMDRF 联络人，负责收集、反馈、跟踪 IMDRF 对该工作项目的意见。中国、日本、德国、巴西代表将负责组织收集各自国家监管机构的意见。参会期间，我国代表还分别和德国、美国、俄罗斯的参

会代表就中国2018年IMDRF新工作提案进行了深入交流，充分听取其对新工作提案的想法和建议，同时还分别与在ISO/IEC相关技术委员会担任重要职务的DITTA、GMTA的代表进行会谈，讨论中国如何实质性参与国际标准化活动等议题。

除我国代表，参加会议的人员还包括德国、美国、俄罗斯、巴西、日本等5个监管机构代表，以及全球诊断影像、医疗信息技术与放射治疗贸易协会（DITTA）和全球医疗技术联盟（GMTA）代表。

美国杰克森实验室派员至中检院开展学术交流

2017年11月2日美国杰克森实验室副总裁Auro Nair和中国区代表张雪峰博士来到中检院交流访问。双方就实验动物技术和管理等多方面进行了交流，同时就明年开展人员互访、共同举办全国性培训班等达成合作意向。

王斌赴韩国参加WHO伤寒结合疫苗的质量、安全和效力研讨会

应WHO邀请，经国家食品药品监督管理总局批准，中检院王斌于2017年11月21日～23日赴韩国Osong参加了WHO和韩国食品药品安全部（MFDS）共同举办的第三届“伤寒结合疫苗质量、安全和效力研讨会”。此次研讨会主题围绕着伤寒结合疫苗的质量、安全和效力展开，采取报告和案例讨论的方式进行。研讨会由MFDS的特别顾问Dr. Chung Keel LEE和来自WHO的Dr. Insoo SHIN共同主持。WHO总部的Dr. I. SHIN首先介绍了新的总干事上任后WHO的一些变化；WHO在疫苗规范和标准化领域中的历史作为和目前所做的工作；ECBS在疫苗规范化和标准化中的作用和工作；WHO伤寒结合疫苗指导原则的推广实施，以及本次会议的目的和预期成果。然后由来自IVI的Dr. Sushant介绍了目前伤寒的流行现状、诊断、细菌耐药、预防，以及伤寒疫苗的发展史和发展现状，特别介绍了伤寒结合疫苗在各国的研发现状。目前，伤寒结合疫苗有两家印度企业在本国上市，均是以破伤风类毒素（TT）作载体与伤寒多糖结合而成，另有中国、韩国、印度、意大利等多家公司的产品在申报上市或进行临床试验，蛋白载体有DT、rEPA、CRM 197等，可见该类疫苗的研究方兴未艾。来自英国NIBSC的Dr. Sjoerd和Dr. Fang，Gao分别介绍了人源伤寒Vi－IgG抗体国际参考品和伤寒Vi多糖国际参考品的研制工作，这两种参考品已由ECBS审核通过，即将发布。两位专家也对我院积极参与这两种参考品的国际协作标定工作表达了感谢。来自印尼NRA的代表分享了本国对伤寒结合疫苗的监管经验；来自印度和韩国的企业代表对伤寒结合疫苗的研发前景进行了展望。研讨会还采用分组案例讨论的方式，结合实际研讨了伤寒结合疫苗批签发和临床试验中可能遇到的问题和关注的重点，并提出了解决的建议。在产品质控方面，各国产品的标准和检测项目可能有所不同，但大家一致认为NCL必须与企业进行检测方法和检测标准品的转移和验证，并保持沟通交流；而在疫苗临床效力评价方面，与会者建议应根据已有的国际参考品确定抗体保护水平和需要加强免疫的抗体水平。会议最后，与会的NRA/NCL代表还就该疫苗的监管中，WHO应进行的下一步工作提出了各自的建议。Dr. I. SHIN对大家的参会和建议表示了感谢。来自英国、菲律宾、泰国、印度尼西亚、不丹、缅甸、孟加拉国、柬埔寨、马来西亚、斯里兰卡、印度、中国、韩国等十几个国家的药品监管机构（NRA）、国家质控实验室（NCL）、生产商，以及WHO、国际疫苗研究所（IVI）等国际组织的50余名代表参加了此次会议。韩国的疾控中心、国立卫生研究院等卫生部门的人员也作为观察员列席了会议。

张志军、余新华赴美国参加电气电子工程师学会标准协会（IEEE－SA）理事会会议

经国家食品药品监督管理总局批准，应电气电子工程师学会标准协会（IEEE－SA）理事会邀请，中检院副院长张志军、医疗器械标准管理研究所余新华于2017年12月4日～8日赴美国新泽西参加IEEE－SA理事会会议。参加此次新泽西会议的人员包括IEEE－SA理事会主席、秘书长、理事会委员、技术委员会代表、IEEE－SA工作人员以及来自产业界、学术界和政府机构的观察员等共计100余人。会上，IEEE－SA理事会的主席、电磁安全技术委员会、交通运输技术委员会的代表分别介绍了IEEE－SA 2017年的整体工作情况以及电磁安全、交通运输等领域标准制修订进展。IEEE－SA新标准制定委员会在本次会议上审查并通过了150项新标准提案（新标准项目立项），其中包括中国提出的P2671《智能制造中基于机器视觉的在线检测通用要求》和P2672《大规模定制的通用要求》等2项标准提案。IEEE－SA标准审查委员会对包括IEEE 11073－10207《健康信息科技个人健康设备通信域信息与服务模型》在内的40个即将发布的标准进行了审查，均获通过。中国华为技术有限公司的专家为该标准审查委员会的委员参加讨论和表决。在此次IEEE－SA理事会上，张志军副院长应邀专题介绍了中检院的基本情况和在医疗器械标准管理方面的主要工作进展及成果、中国医疗器械标准化工作的现状、中国参与国际医疗器械标准化工作情况及和国际标准化组织交流与合作情况等，受到与会代表的广泛关注和高度肯定。参会期间，IEEE－SA利用午餐会等形式向我院代表详细介绍了IEEE－SA标准制修订的程序、人工智能在医疗器械中的应用和伦理方面的考量及其相关标准制定情况等，并表达了IEEE－SA与我国在医疗器械标准制定方面开展合作的强烈愿望。同时，我院代表还和IEEE－SA理事会相关人员就IEEE－SA新工作提案的申请流程、提案重点领域等议题进行了深入交流，探讨双方今后开展进一步深层次的实质性合作的方式及机制，讨论并确定了后续相应的交流与合作计划及安排。

孙会敏赴美国参加2017年度美国药典委员会药用辅料专家委员会会议

应美国药典委员会邀请，经国家食品药品监督管理总局批准，中检院孙会敏研究员作为USP药用辅料专家委员会委员，于2017年12月5日～9日，赴美国马里兰州洛克威尔市参加了2017年度美国药典委员会专家委员会面对面会议。会议全程持续2天时间，会议回顾了2016—2017年度两年的工作成果、EC2工作计划的评估与更新，讨论了各论更新、PDG更新讨论、总论评估、专家小组更新、特定元素章节更新以及双边进展和更新。其中各论更新中包括肉豆蔻醇肉豆蔻酸酯、聚山梨酯65、十六烷基硫酸钠、异硬脂醇、硅酸钙、聚乙二醇的红外鉴别和醛基化、二氧化硅、交联聚维酮/聚维酮/共聚维酮的第4阶段——共聚维酮和凝胶渗透色谱法的含量测定和杂质、预胶化淀粉的鉴别以及容器用无菌注射用水；总论评估中包括体积密度和堆积密度、粉体流变和固体的密度；双边进展和更新中包括羧甲基纤维素钠的含量测定和黏度、吸入用无水/一水乳糖的含量测定和杂质检测、糖精/钠/钙的含量测定、白色石蜡油的多环芳烃（PAHs）和第4阶段建议。应USP要求，孙会敏研究员作为聚山梨酯类药用辅料标准更新组的第一负责人，在本次会议中作了题为“Discussion on EG/DEG/TEG limit test in the Polysorbate 65 monograph”的报告，其目的是为了确定是否需要在聚山梨酯65标准中增加乙二醇、二甘醇和三甘醇检查项。报告从搜集样品、查阅文献，对聚山梨酯类一系列药用辅料（包括聚山梨酯20、40、60、65和80）开

展乙二醇、二甘醇和三甘醇含量测定等工作，结果表明聚山梨酯系列药用辅料中均含有乙二醇、二甘醇和三甘醇。因此，孙会敏研究员建议在聚山梨酯65标准中加入乙二醇、二甘醇和三甘醇检查项，这样能够更全面地保证聚山梨酯65的安全性，提高其质量，从而更好地满足药用要求。

国际合作

张春涛、李丽莉赴德国参加WHO HIV快检试剂批签发合作项目技术交流

经国家食品药品监督管理总局批准，2017年4月18日~28日，中检院张春涛、李丽莉赴德国国家疫苗及血清研究所（PEI）参加了HIV快检试剂批签发合作项目技术交流。访问期间，德国PEI体外诊断试剂室的主任Dr. Sigrid和副主任Dr. Heiner分别介绍了诊断试剂实验室质量评价的基本情况，WHO关于HIV快检试剂预认证的技术要求，如何在检测实验室建立HIV快检试剂评价的参考盘，如何开展HIV快检试剂的批签发检测以及对产品质量进行趋势分析。张春涛介绍了我国HIV诊断试剂管理的法规要求和批签发流程，及试剂质量评价用参考盘情况等。双方就产品质控标准物质的选择和产品放行标准进行详细探讨。整个培训过程既有实验操作，又有专家讲解，与我国血源筛查试剂的批签发相比，PEI体外诊断质控实验室更加关注产品质量可能存在的风险，其放行标准是基于前期验证的基础之上，针对不同的产品制定的放行标准，批签发不仅仅强调单次检验结果是否符合要求，同时结合产品既往批签发检测结果和企业内部放行数据进行综合分析判断。

马双成、康帅赴英国皇家植物园——邱园（Kew Gardens）开展中药标本馆建设和管理领域交流与合作

经国家食品药品监督管理总局批准，应英国皇家植物园——邱园（Kew Gardens）的邀请，2017年5月31日~6月4日，中检院马双成、康帅赴英国就中药标本馆建设和管理领域，与邱园科学部的各位负责同志进行了深入的沟通与交流，参观学习了整个邱园标本管理体系和科研体系，查阅了我方所关注药材品种的原植物腊叶标本，并对英国伦敦的中药商品使用情况展开调研。香港中文大学毕培曦教授作为双方联络人，也参加了此次访问。

访问期间，邱园科学部副主管Monique Simmonds教授，在邱园植物标本库内的会议室亲切会见了马双成所长一行。同时参加会见和交流的还有标本鉴定与命名部主任Dr. Timothy M. A. Utteridge，研究部主任Melanie Jayne，标本部中国药用植物鉴定中心的Dr. Christine Leon，药用植物名称系统Dr. Bob Allkin。马双成向邱园专家播放了中检院的英文版简介短片，并作了报告，向邱园介绍了中检院以及中药所的历史和概况，中药标本馆的相关情况及其发展方向，现有的各类实验资源和国际合作情况，还介绍了中药质量控制的新技术和新方法，最后重点阐述了此次来访邱园的主要目的：①探讨未来与邱园中药领域的合作；②参观学习邱园的中药鉴定资源；③学习和交流标本收集、鉴定和管理方法。并且提出了包括：中药数字标本平台建设、中药标本资源互助、分子生物学鉴定、国际传统药物交流平台和中药质量控制标准制定等方面的合作意向。此外，康帅助理研究员还向邱园专家深入介绍了中检院中药标本馆的各项工作。各位专家对中检院的检验职能、研究能力、建设发展，以及在中药质量控制和中药标本馆建设等方面均给予了非常高的认可和肯定。邱园科学部专家阐述了邱园科学部的职责、邱园标本部中国药用植物鉴定中心的专家介绍了中药在西方国家历史和现状，以及中国药用植物鉴定和保护项目（CMPAC）的相关情况。邱园药用植物名称系统的专家向大家介绍了全球不同国家和地区在药用资源

名称存在的混乱情况，以及邱园在植物命名和分类方面的资源，提出了药用植物名称服务系统（MPNS）及其相关应用。通过与邱园各位专家的介绍，使我们对邱园的资源、科研及信息化等方面有了更为深入的了解。双方经过充分讨论，基本明确了未来的共同合作发展方向。

会谈后，马双成所长和康帅助理研究员还参观了邱园的植物标本库，造访了邱园的图书馆、数字化设备、化学实验室、DNA 实验室（植物及真菌 DNA 库）和形态解剖实验室等配套的功能区。参观了标本管理室和标本制作室，学习了标本收集、处理、鉴定和储存的方法。重点调研了邱园的中药标本资源库，深入掌握了邱园中药标本的收集、编号、记录、鉴定和管理等各方面的内容。此外，访问期间还查阅邱园植物标本，并调研了英国伦敦的中药商品使用情况。

张志军、胡昌勤赴葡萄牙国家药检所、法国克莱蒙奥弗涅大学签署合作备忘录

经国家食品药品监督管理总局批准，2017 年 6 月 5 日 ~ 11 日，中检院副院长张志军和化学药品检定所首席专家胡昌勤研究员赴葡萄牙、法国执行药品、医疗器械技术交流合作任务。

访问葡萄牙国家药品监管局/检验所（INFARMED）期间，INFARMED 副主席 Helder Mota - Filipe 和张志军副院长分别介绍了 INFARMED 和中检院的概况以及近年来双方的主要工作。INFARMED 各部门的负责人分别对药品质控实验室、欧盟医疗器械注册和药品注册的基本要求等进行了介绍，重点分享了他们在药品的理化分析和药品与医疗器械微生物分析领域的经验，双方对感兴趣的问题进行了讨论，并参观了 INFARMED 的理化与微生物实验室。双方签署了新的合作备忘录，将合作领域从现有的药品领域扩展到药品、医疗器械和化妆品领域，主要内容包括：①在药品、医疗器械和化妆品质量控制领域开展合作；②参照国际标准 ISO 17025 及相关国际标准，建立并持续完善药品质量控制实验室质量管理体系；③参加对方举办的药品、医疗器械和化妆品领域的学术研讨会；④在实验室质量控制方面开展合作，包括实验室能力验证计划（PTS）及标准物质的研究；⑤在药品领域进行监管科学信息的交流等；⑥共享药品和医疗器械领域的监管经验和规范；⑦就双方感兴趣的领域互派技术人员进行合作研究。

访问法国克莱蒙奥弗涅大学（UCA）期间，UCA 校长 M. Bernard 教授和张志军副院长分别介绍了 UCA 和中检院的概况。之后，与 JM CARDOT 教授详细讨论了合作的具体事宜。JM CARDOT 详细介绍了有关体内外相关性研究的进展，并给出了相关的文献与网站；参观了 UCA 药学院 Erich Beyssac 教授的实验室，包括溶出度实验室、药物制剂工艺实验室、药物渗透性测定实验室等；与 E. Beyssac 教授讨论了制剂、辅料、溶出度和生物利用度的关系，以及如何针对不同制剂的特点建立/评价适宜的溶出度方法及生物豁免（Biowaiver）等问题。Erich 教授的实验室在药物渗透性测定中除采用常规的 COCA2 细胞外，还有一种利用动物小肠直接测定药物渗透性的方法，两种方法可实现互补。目前中检院在药物渗透性测定技术方面还基本没有开展相应的研究，而其是当前药物一致性评价中实现生物豁免的关键技术，建议在今后的技术培训中将该领域作为优先的考虑领域。访问期间双方签署了总体合作协议（General Cooperation Agreement），涉及的具体合作内容包括：①联合交流项目：为中检院/化药所和克莱蒙奥弗涅大学/药学院双方的研究人员和学生提供讲学、实习和研究平台；鼓励克莱蒙奥弗涅大学的研究人员和中检院/化药所的专家、技术人员积极参与合作研究和培训项目（包括短期或长期的人员交流）。②联合研究项目：来自双方的研究人员将在缓释制剂和吸入制剂产品体外检测方法的建立/验证等共同感兴趣

的领域展开联合研究项目。③继续教育合作项目：中检院/化药所选派/推荐并资助有经验的技术人员进入克莱蒙奥弗涅大学/药学院攻读硕士或博士研究生学位。④联合举办学术研讨会议。

路勇等5人赴丹麦执行中丹战略领域合作——中丹食品安全合作项目技术访问任务

应丹麦环境与食品部丹麦兽医食品局邀请，中检院副院长路勇，食化所丁宏、张伟清等于2017年6月26日～30日赴丹麦执行中丹战略领域合作——中丹食品安全合作项目技术访问任务。此次出访行程紧凑，经出访团组全体同志的共同努力，较好地完成了预期工作。赴丹麦团组与来自丹麦兽医食品局、兽医食品局下属实验室、丹麦国家食品实验室的专家，就丹麦国家食品安全抽检年度计划实施方案、实验室管理中遇到的实际问题、食品中农兽药检验检测技术及农兽药最低限量标准、光学电镜技术在食品快速检测中应用等方面进行了专题交流，并参观了相关实验室。最后，中丹双方还就2017—2018年度中丹食品安全合作项目与中检院相关的活动交换了意见。

张庆生、石现访问美国北卡罗来纳州立大学和北卡罗来纳大学

2017年9月4日～8日，中检院张庆生、石现对美国北卡罗来纳州立大学和北卡罗来纳大学进行了访问。本次访问的是北卡罗来纳大学和北卡州立大学联合办学的生物医学工程系，以及大学中的成果转化中心和生物制造培训教育中心。访问期间，生物制造培训和教育中心（BTEC）主任Rick先生介绍了生物制造培训和教育中心的主要情况和职能；Dr. John介绍了成果转化中心具有创新产品产学研一体化的管理体系，拥有药物控释、智能生物医用材料及器件、生物芯片技术、新型微纳米加工等一系列前沿技术，致力于癌症、糖尿病及心脑血管疾病治疗及诊断的新方法、新材料和创新医疗器械的研究及其成果转化；Dr. Gu介绍了其带领的“生物大分子诊疗工程实验室”在药物控释、智能生物医用材料及器件、生物芯片技术、新型微纳加工技术等方面的研究成果。通过与大学的多方代表进行深入交流，从多个不同的角度来了解和学习美国上市后的监管制度，对美国上市后的医疗器械监管有了更加清晰和感性的认识，并专门针对前沿技术标准建立、新型医疗器械的标准和监管方式进行了探讨。此外还共同探讨了我院与美国北卡罗来纳州立大学和北卡罗来纳大学开展前沿检测技术、医疗器械与药品监督管理以及人才培养等领域合作的可能性，将有利于双方的互信互动，推动双边合作，进一步提升中检院的药品医疗器械安全检验检测、监督管理水平，以及在国际相关领域的知名度和话语权。

王佑春、白东亭和徐苗赴英国国家生物制品检定所和伦敦帝国学院免疫及疫苗学研究中心实验室访问交流

应英国国家生物制品检定所（NIBSC）和伦敦帝国学院的邀请，经国家食品药品监督管理总局批准，中检院王佑春副院长、诊断试剂所白东亭和生检所徐苗于2017年9月10日～13日赴英国访问NIBSC和伦敦帝国学院免疫及疫苗学研究中心实验室，就生物制品和诊断制品的质量评价及其标准化研究开展学术交流，并就双方合作项目进行深入研讨。访问伦敦帝国学院教学医院（切尔西和威斯敏斯特医院）的免疫及疫苗学研究中心期间，该实验室专家针对他们在疫苗设计和预测、免疫治疗等领域的研究进展做了详细介绍。在疫苗设计和预测方面，双方就疫苗免疫后产生的多克隆抗体、单克隆抗体和功能抗体的评价方法研究，T细胞免疫的表位图谱、基于ELISPOT的交叉肽段免疫原性评价等最新研究成果做了较为详细的介绍；在免疫治疗方面，详细

介绍了针对潜伏 HIV 病毒的休克杀伤研究，尝试以 CART 控制 HIV 病毒的复制，以期达到功能性治愈的目的。交流中发现，双方在疫苗和治疗性生物制品的质量评价研究方面有多个共同兴趣点，期待今后能在加强学术交流的基础上，进一步推动实质性项目合作。访问英国国家生物制品检定所期间，王佑春副院长首先介绍了中检院在生物制品和诊断试剂质量监管方面的最新研究进展。在生物制品领域，介绍了我院在单抗等生物治疗产品的报告基因测活平台、干细胞质量控制、基于假病毒的质量研究平台、过敏原质量研究、生物制品国家标准品研究等方面的进展和成果；在体外诊断试剂领域，介绍了我院开展的系列突发传染病诊断试剂标准品研究，如 SARS 抗体国家标准品、H1N1 核酸参考品、H7N9 核酸参考品、Ebola 核酸参考品、寨卡核酸参考品的成功研制对相应突发传染病的诊断试剂研发发挥了重要作用；目前我院正在积极开展登革核酸参考品、寨卡抗体参考品、二代测序参考品等具有较大挑战性的诊断试剂参考品研制。上述研究引起了 NIBSC 同事的浓厚兴趣，双方就一些关键点开展广泛的讨论，并表示在上述生物制品新方法研究和传染病诊断标准品方面具有广阔的合作空间。NIBSC 生物治疗药质量标准化部门负责人 Dr. Chris Burns、血液和组织病原和诊断试剂部门负责人 Dr. Neil Almond、首席科学家 Dianna Wilspanon 以及 NIBSC 病毒疫苗部主任 Dr. Stacey Efstathiou 分别就各自领域的工作进行了介绍。访问期间，双方就国际标准物质的运输、包装、海关申请、税费、费用结算等多个个操作细节磋商，并参观 NIBSC 标准品研制中心（生产线和质控实验室参观交流）和干细胞库。

任秀赴丹麦参加中丹食品药品监管合作中心食品安全奖学金项目研修

根据中丹双方签署的《关于建立中丹食品药品监管合作中心的合作谅解备忘录》安排，经国家食品药品监督管理总局批准，2017 年 10 月 22 日 ~11 月 11 日，中检院食品化妆品检定所任秀实习研究员赴丹麦哥本哈根大学参加中丹食品药品监管合作中心食品安全奖学金项目，围绕微生物食品质量与安全试验课程进行了全面系统的学习。学习内容主要分为三部分：一是专业理论知识学习。理论课程内容丰富充实，涵盖微生物食品质量与安全概况分析（食物微生物分析的目的及应用、食物中霉菌毒素的介绍）、食品质量控制体系建设（丹麦食品质量控制体系、欧洲食品质量控制体系、实验室认可与质量评估体系建设、丹麦风险评估体系建设）、食品微生物具体检测方法及标准建立（食物微生物检测方法概况、加工食品微生物分析、实时荧光 PCR 技术在食物微生物检测中的应用）等内容，并深入学习分子生物学在微生物领域中的应用（微生物全基因组测序、微生物分子分型）。为加深学员理解，丹方老师还应用案例分析（如微生物预测模型的应用、丹麦乳及乳制品的质量控制与微生物检测方法介绍、远洋运输中微生物的质量控制），使学员能系统、全面地从各个层面了解丹麦及欧洲的食品安全管控体系。二是实验室专业检验检测技术实践。结合世界前沿食品微生物检验检测技术及热点问题，丹方共安排开展了包括食品微生物的定性分析、零售肉制品中金黄色葡萄球菌和耐甲氧西林金黄色葡萄球菌 MRSA 的测定、Q-PCR 法测定微生物基因表达、解决微生物致病菌突发的案例、微生物抗药性检测、金黄色葡萄球菌的快速筛查方法等 6 个实验。三是实地调研及国际学术研讨交流。培训期间，丹方安排学员赴属丹麦兽医食品管理局的微生物检测机构、丹麦皇冠集团（Danish Crown）微生物质量控制中心、国家血清研究所（Statens Serum Institute，SSI）分别进行了为期一天的实地调研。调研涵盖食品微生物监测体系、检测机构、先进检测技术、企业转化与对接等内容，使学员以实际案例的方式直观地理解与掌握理论课程的培训内容。此外，培训期间还进行2次学术研讨交流活动。与来自墨西哥、哥伦比亚、越南、肯尼亚等国的食品微生物检验检测及研究人员，就各自国家的食品质量控制体系及微生物耐药问题展开深入交流及研讨。使学员开阔了视野，掌握了除本国外其他国家食品安全方面可靠的资料与信息。

杨昭鹏、母瑞红和杜晓丹赴瑞典乌普萨拉大学开展学术交流

经国家食品药品监督管理总局批准，应科研课题合作单位瑞典乌普萨拉大学邀请，2017年11月14日~16日，中检院杨昭鹏、母瑞红、杜晓丹3人对瑞典乌普萨拉大学进行了学术交流访问，参观了大学生物医学中心化学系、免疫学系和Ångström实验室，就所承担的国家重点研发计划“新一代生物材料质量评价关键技术研究”项目研究进展，以及今后可能开展进一步合作的科技领域，与瑞典的合作者以及多个研究领域的教授们进行了深入交流。参观乌普萨拉大学生物医学中心化学系期间，化学系主任Helena Danielson教授介绍了化学系的主要研究领域和研究成果，并陪同代表团参观了有机合成、分析化学和生物化学实验室，与实验室的学者们进行了交流。我院代表也介绍了中检院医疗器械检验的历史、规模、资质、能力、优势学科和技术以及科研情况，并就合作课题：新型动物源性材料——贻贝黏蛋白材料和产品的标准化研究在材料贻贝黏蛋白的鉴别参数：贻贝黏蛋白的定性、蛋白浓度、纯度；贻贝黏蛋白交联：多巴含量、多酚含量、氧化还原状态、重均分子量、交联度；贻贝黏蛋白膜性质：贻贝黏蛋白带电荷情况、成膜时间、成膜厚度等方面取得的成果和进展进行了详细介绍。双方均表达了进一步深入合作的意愿，具体合作方式及合作内容将在访问结束后开展进一步交流磋商。参观生物医学中心免疫学系期间，重点与瑞典的合作者一起探讨所承担的国家重点研发计划项目的进展和存在的问题。Lars Hellman教授是乌普萨拉大学生物医学中心的教授，也是世界著名的免疫学家，他在课题中与我院合作开展关于贻贝黏蛋白（MAP）降解和免疫原性的研究工作。通过交流，双方在充分肯定目前研究进展的基础上，对于下一步的研究工作也进行了规划，将通过对于现有方法的改进和优化，使之更加具有普适性，并探讨了用这种方法开展透明质酸和胶原蛋白降解过程研究的可行性。参观Ångström实验室期间，我院代表和Upsalite©研发团队成员一起讨论了将Upsalite©开发成为医疗器械的可能性，其卓越的吸湿性使它可能成为吸附创面渗出液的优良材料，但是其碱性属性又有可能对创面产生刺激，因此，需要更多的性质研究和应用形式开发。

第八部分　信息化建设

信息化基础建设及运维

新址机房二期建设

新址机房二期项目2017年7月实施，11月完成项目初验，预计2018年1月进行终验，这个项目的完成标志着中检院信息化基础环境建设告一段落。

新增40台机柜，总数达到70台，比旧址增加了4倍，采用全光纤布线系统，可满足300台服务器级别的规模部署需求。监控大屏幕采用HDMI模式，接口传输高清图像信号、清晰度得到进一步提升。新增的双台120KVA UPS主机与2小时后备电池连同原有电力系统构成双冗余结构，极大地提高设备安全可靠性。进一步完善制冷系统，保证机房稳定在20 ℃ 45%相对湿度的范围，使设备处于最佳运行状态。

运维服务和服务搬迁

机房运行维护方面，定期对新旧址机房安全巡检，保障新址机房服务器80台，存储7台，旧址机房服务器51台，存储3台的平稳运行。对新址机房进行设备统计，制作机柜连线图，详细标注各设备所在位置和线路连接情况。

网络运行维护方面，旧址有78台交换机，新址园区有113台内网交换机，120台外网交换机做运维保障。完成新址内网与总局的专网连接，并根据国抽数据平台的工作要求，开通联通200 M和电信200 M互联网专线，与原移动300 M专线做负载均衡。

完成新址搬迁保障工作，对桌面运行进行维护，增加信息点并调试内外网等，新址目前共开通网络端口840个内网口，1117个外网口；新址新增信息点132个，旧址改扩建信息点280个。做好新址内网虚拟化桌面的运维服务及管理工作，新址内网使用发放虚拟化桌面设备438台，开通并维护641个账号。做好桌面故障及客户端网络故障处理工作，2017年1～11月份处理并完成4126条运维申请，1054人次评价，平均4.67星。

外网网站维护工作

在十九大期间保障中检院网站正常运行，无安全事故。2017年完成网站服务器搬迁至新址机房工作，解决了外部访问过慢的问题，增加了网页防篡改功能，保障网站安全可用；同时梳理网站域名，根据工信部要求，重新对外网网站进行备案，备案号：京ICP备17052540号－1。2017年1月1日～12月15日，共计发稿1731篇，其中内网955篇，外网776篇。

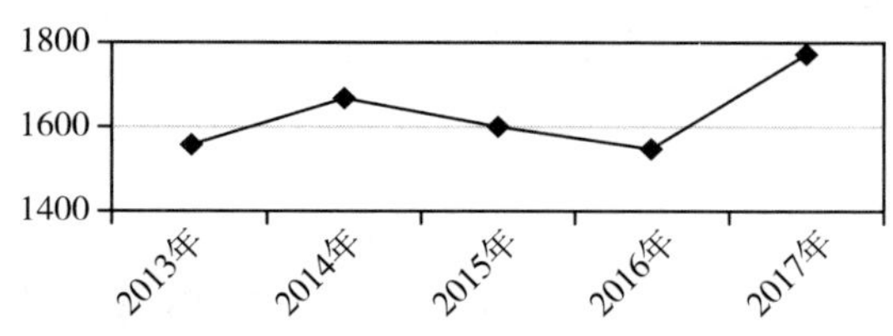

图8－1　2013～2017年发稿量

图书档案管理和服务

档案管理工作

2017年整理入库档案5612卷37004件，停用公章1枚。为442人次提供查借阅服务，共计查借阅档案3093卷，修改完成《2016年大事记》修改稿并上报年鉴工作组。档案作为凭证依据，为我院各项评审、能力验证、各类审计工作提供了大量数据支持。

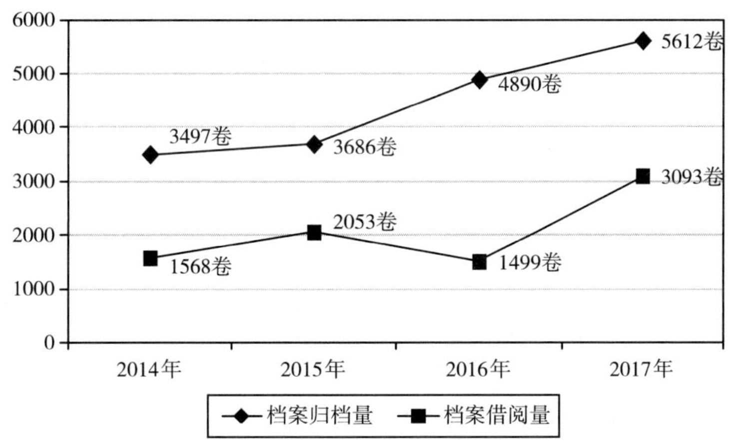

图 8－2　2014～2017 年档案的归档量和借阅量

档案管理系统于 6 月份正式上线运行，现已将自 2009 年起扫描的库存档案 13000 余卷（约占库存量的三分之一）挂接到数据库。6 月 9 日举办了档案管理系统使用宣贯培训，按限定权限可提供数字化全文打印或浏览利用，实现了档案利用查找、借阅、移交的远程网络操作，为提高我院多地办公工作效率打下基础。

为规范文书档案归档要求，提高文书档案装订质量，适应我院人员结构的变化特点，制定了《文书档案立卷与归档操作规范》，同时对《档案管理规定》进行修改完善。

按照总局要求，继续协助完成进口药审评审批文件资料的档案管理工作，以社会化服务方式推进文件资料的整理立卷工作，截至 2017 年底已完成之前所有积压文件材料的档案整理立卷工作。

图书期刊工作

2017 年，电子资源继续维持内外网的 8 种数据库，保持更新并正常运行。制作图书馆 2017 年资源列表，在图书馆网站及新建的微信群发布，方便读者查阅。2017 年升级了原知网医药卫生库为食品药品知识资源总库，扩大了期刊收录范围，增加了专业报刊文章、标准和相关法规信息的全文收录。药典数据库年中进行了版本升级，加强了检索功能，并增加了 2005—2015 年版《中国药典》的收录。迈特思创外文全文传递开通了公众微信号，实现了移动端的外文文献全文传递。

2016 年 12 月 13 日～2017 年 12 月 1 日，中文图书购进 67 册，外文图书购进 26 册；中文期刊订购 82 种，外文原版期刊 14 种。截至 11 月底，中外文期刊签到、上架 2300 册；装订中外文期刊 293 册。

为国家总局开展的信息系统建设

国家食品抽检监测信息系统

总局食监三司拨付专项财政资金委托中检院建设并维护的“国家食品抽检监测信息系统”，2017 年主要开展以下工作：①开发保健食品抽检的全部功能，实现保健食品抽检监测工作从原有系统向食品抽检监测信息系统的迁移；②完成基础数据管理模块的建设，实现对抽检标准、生产企业、经营企业、产品信息的统一管理；③完成统一登录模块的建设，实现国抽系统和各省二级站系统的统一登录；④完成任务部署及抽样 APP 模块的建设，实现国抽任务及各省省抽二级站抽样工作通过该模块统一开展；⑤根据抽检工作要求的变更，调整农产品直报模块、核查处置模块；⑥统计分析模块实现了为月报、季报、半年报还有各种专项报告出具相关统计数据。

本年度组织召开了四次系统技术讨论会议及两次全国范围的培训会议；同时完成了系统由北京工商大学向中检院机房的迁移工作。

特殊药品生产流通信息报告系统

2016 年 3 月药化监管司委托我院建设“特殊药品生产流通信息报告系统”。2017 年主要完成以下工作：①开发和完善特殊药品生产流通信息上报和审批功能，实现特药企业相关数据的在线填报和审批功能；②开发生产计划上报功能，按照实际需求来制订下一年的特药生产计划；③开发数据的月份和季度汇总表，为总局、麻药协会、省局和相关企业自动生成各类汇总报表；④与 16 个省份进行数据对接，并协助处理问题数据；⑤与阿里健康进行数据对接，提高现有系统的企业覆盖度，完善系统底层数据；⑥手动导入约 1400 个批准文号及相关的药品规格；⑦逐一联系企业并处理系统中现存的问题数据；⑧为 4000 多家企业和用户提供培训和技术支持。

特食机构备案系统

2017 年主要开展以下工作：①完成基本信息及资质的备案模块建设，包括单位基本信息、人员基本情况、主要仪器设备、科研成果信息、实验室功能结构、资质验证信息模块；②开发了工作验证评价工作中的评价模块，实现了报告电子化、在线报告签章等功能；③给企业单位提供检验机构在线查询功能；④完成了平台的渗透测试报告，保证系统的安全和平稳。

信息安全

等级保护项目完成情况

信息安全等级保护项目于 2017 年 12 月通过项目终验，项目共执行经费 1891.39 万元，其中安全类设备投入 800 余万元，其余资金对新址机房硬件进行了必要的补充。项目组织中，设备采购、等保咨询、集成实施、安全整改、测评培训等各环节有条不紊地并行开展，在 2016 年的等保测评工作中，4 个定级系统在测评中都取得了 80 分以上的好成绩。2017 年，按照国家和总局相关法规要求，信息中心对已正式上线的 30 余个信息系统进行了分类梳理，预计年底前将完成所有信息系统的定级工作，并对三级系统继续进行测评工作。

确保重大会议活动期间网络安全

2017 年信息安全工作重点是保障十九大期间的网络安全，按照总局要求形成了《网络安全自查和风险评估报告》，在服务器安全检查和漏洞扫描、外网上网设备实名制管理、邮箱系统管理、网站管理、细划信息安全应急预案等几方面进行了重点梳理与整改，制订了机房火灾、机房漏水、机房停电、机房硬件设备故障、网络病毒、网络中断、网站被攻击等七个网络安全应急预案。会议期间每日巡查并上报网络及网站安全情况，圆满完成网络安全保障工作，没有发生安全事故。

在 2017 年全球突发网络病毒事件，如“永恒之蓝”勒索病毒、“暗云”木马程序以及“震网”病毒爆发事件中进行预警并开展应急工作部署，做到在网络安全高风险期不断网，不关闭服务器，保障了中检院各项工作的正常运行。

2017 年按照中央网信办和国家总局关于开展“国家网络安全宣传周”活动要求，通过在内网网站开设宣传专栏，在新、旧址张贴海报（20 余套）等形式开展宣传教育活动。

信息系统建设与维护

仿制药质量一致性评价工作平台项目的实施

仿制药一致性评价管理系统是年初我院制定

的一项重点工作。2017 年 4 月 6 日完成公开招标，同步组织开发公司进行方案设计和系统开发等工作，5 月份完成仿制药一致性评价管理系统中的申报与受理子系统全部功能模块的开发测试，并根据收集的反馈意见对系统修改完善。5 月底完成该系统的现场部署、调试等工作，申报与受理子系统已具备上线运行的条件。后由于国家食品药品监督管理总局一致性评价业务分工调整的原因，该项目合同无法继续执行，终止履行。

实验室仪器数据自动采集存储系统的建立

中检院化药所 SDMS 系统（科学数据管理系统）项目经院长办公会批准立项，项目具体目标是存储所有大型分析仪器的数据，包括原始电子数据和报告数据；实现数据图谱电子化；对 SDMS 数据至检验管理系统的数据接口进行测试，使得数据图谱可以被链接至检验管理系统中的检验项目；报告数据与原始电子数据可以进行分类检索；可以对不同的数据设置不同的存储策略；提升实验室数据管理水平，提高系统数据完整性，符合各项法规标准。

该项目将在中检院的化学药品室和麻醉精神药品室部署 NuGenesis SDMS 系统，将两科室共计 60 台仪器连入 SDMS 系统中进行电子原始数据采集和打印报告采集，并将电子图谱报告的链接发送至检验管理系统的相应样品以便审核。该系统的部署与应用将进一步提升实验室数据管理水平和系统数据完整性。

2017 年已完成项目的公开招标、合同签订和项目开工，并进入正式实施环节，预计 2018 年上半年完成项目的实施、培训、试运行及验收等所有环节。

推进办公自动化、无纸化建设

其建设思路一是通过模块和流程的建设，实现审批事项由线下纸质流转到线上电子审批；二是完善行政办公平台、优化流程，推广全院使用。2017 年主要工作包括：①在稿件模块中增加“批签发数据上网审批流程”，实现该流程线上审批。②开发因公出国（境）预算审批模块。③开发会议预算审批模块。④优化院内签报流程，增加“建议提交院长办公室讨论”功能；在“总局签报流程”中实现办公室打印人员在线编辑定稿文件功能及拟稿人打印定稿文件 PDF 版本功能。以上优化加快了签报流转速度，提高了办公效率。⑤内网门户完善：配合网络安全宣传，开通“国家网络安全宣传周”专栏；设计并实现了 2016 年度中检院工作总结大会专栏；在门户首页增加“业务管理”专栏；下载区增加“公文处理”子类；调整评论功能，修改为登录后评论。

中检院统一搜索平台建设工作

项目在内网上实现对我院非结构化数据资源的统一检索及利用。2017 年先后完成与中检院内网门户数据、质量体系文件资源、电子档案资源的对接工作，并于 10 月底上线运行。项目的运行标志着我院具备了对非结构化数据全文检索的能力。

新版检定管理系统建设工作

中检院新版检定管理系统于 2016 年 11 月 9 日上线运行，目前整体运行情况良好。2017 年根据业务处要求对系统功能流程做了三次集中调整，开展了网上送检业务，提高了工作效率。截至 12 月底，新版系统中在流转和已归档检品数达 14560 件，发放 5853 件检验任务报告书，发送单位 5853 个，总份数 8263 份。

2017 年 11 月 2 日，新版检定管理系统项目通过结项验收。

重点业务系统数据重构及数据管理应用平台的建设

检验数据是最重要的数字财富，按照信息中心对信息数据管理及利用的整体规划安排，启动了中检院重点业务系统数据重构及数据管理应用平台的建设工作。有效地规范、整合我院各重要业务系统的历史数据，并在此基础上逐步建立我院的信息数据仓库，进而对相关业务数据进行分析利用及挖掘，提升我院的信息数据管理及利用水平。

数据重构及数据管理应用平台主要涉及7个系统：国家药品抽验数据共享平台、进口药品网络信息平台、中检院综合管理系统（LIMS替代Notes系统）、生物制品批签发管理系统（内网、外网、专网）、国家药品标准物质管理系统、药品标准管理系统、资源决策支持系统。目前已完成以下工作：①完成项目总体设计，将整个系统分为信息查询、基础数据、统计分析等模块；②开发系统首页、用户管理、权限控制等功能；③熟悉相关业务系统及底层数据库，整理统一的数据字典，解决数据互联互通的问题；④开发进口药统计分析模块，协助完成总局要求的2017年4个季度的统计报表；⑤初步开发信息查询和基础数据分析模块；⑥初步开发全院业务情况分析功能；⑦熟悉批签发和新、旧版检定系统，并构思后续分析功能。

信息中心综合服务管理系统建设

系统实现中检院IT运维服务和项目管理工作的信息化管理。运维服务方面，利用微信上的“中检院IT通”创新实现了全院人员在线申请IT运维服务、运维人员线下服务的运维服务模式。2017年，全院通过“中检院IT通”申请IT运维服务4000余条，并全部得到处理。同时，为方便员工，“中检院IT通”新增开发考勤系统中的请假及审核功能，院内通知公告推送功能，并整合后勤房屋管理系统中报修等功能。

杂志编辑工作

《药物分析杂志》

《药物分析杂志》多年来一直是中国科技核心期刊（中国科技论文统计源期刊）、中国中文核心期刊、中国科学引文数据库（CSCD）来源期刊［《药物分析杂志》为中国科学引文数据库核心期刊（C）872刊中的C类］和《中国学术期刊影响因子年报》统计源期刊，曾入选中国国际影响力优秀学术期刊，具有广泛的转播渠道，并被国内外主要检索系统收录。

2017年，《药物分析杂志》入选“第4届中国精品科技期刊”，即“中国精品科技期刊顶尖学术论文（F5000）”项目来源期刊。

中国精品科技期刊证书

2017

药物分析杂志

根据中国精品科技期刊遴选指标体系综合评价结果，贵刊入选“第4届中国精品科技期刊”，即“中国精品科技期刊顶尖学术论文（F5000）”项目来源期刊。有效期：2017年10月-2020年12月。

特此证明。

精品科技期刊服务与保障系统项目组

中国科学技术信息研究所

2017年10月

《药物分析杂志》一直保持着良好的、较稳定的发展态势，主要评价指标，如核心总被引频次，于药学类期刊中排在4～6名；核心影响因子排在5～7名。

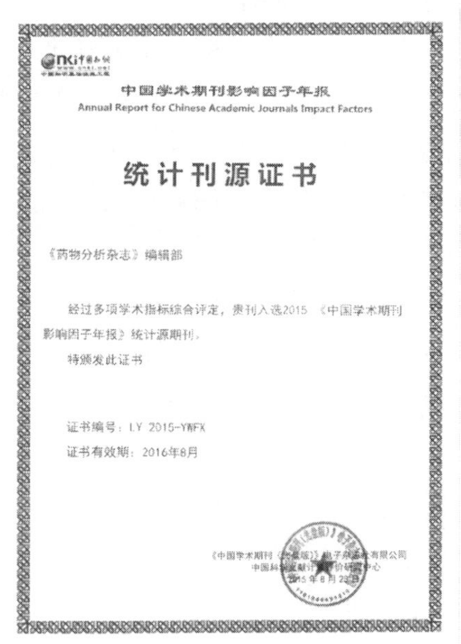

《中国药事》

2017年《中国药事》继续保持核心期刊。《中国科技期刊引证报告》对《中国药事》的评价指标如下：排序第22名，总被引频次2301，影响因子0.938，各项指标保持上升趋势。

第九部分　党的工作

深入学习贯彻党的十九大精神

10月18日上午，举世瞩目的中国共产党第十九次全国代表大会在北京隆重开幕。按照国家食品药品监督管理总局《关于认真学习宣传贯彻党的十九大精神的意见》部署要求，中检院党委下发了《中检院学习宣传贯彻党的十九大精神方案》（以下简称《方案》）。《方案》对党委理论学习中心组、各党总支支部，民主党派和工青妇等群团组织，院党委领导班子、两委委员、党总支支部书记以及各级党员干部，在学习内容、学习方式、督导检查等方面提出了明确的要求，并按照《方案》逐步开展习近平新时代中国特色社会主义思想和党的十九大精神学习培训工作。

深入进行思想发动

2017年10月18日上午，中检院集中组织观看了十九大视频直播、听取十九大报告。当天下午，各支部召开党员大会，座谈了收看收听体会，党委办公室及时收集了思想反映。

2017年10月27日，中检院召开党委扩大会议，组织“两委”委员、支部委员、科室副主任以上干部传达贯彻十九大精神。会上党委书记李波同志在动员部署的基础上，作为十九大代表还畅谈了参加十九大的亲身感受和体会，为全院的学习贯彻发挥了引领作用。党委副书记姚雪良同志传达了总局对学习宣传贯彻党的十九大精神要求，并对我院的学习做出了统一安排，提出了明确要求。

会后，各所、处（室）、中心及时召开全体会议，传达院动员部署会精神，掀起了学习贯彻十九大精神的高潮。

层层抓好自学落实

统一购书保障学。为更好地落实学习宣传贯彻十九大精神，中检院党委还为党员干部职工购买发放各类学习书籍共计2000余册。其中《十九大报告》800本，《十九大报告辅导读本》150本，《中国共产党章程》740本，《党的十九大章程修正案学习问答》123本，《中央党内法规和规范性文件汇编》45套，《习近平谈治国理政第二卷》110本，并组织引导各基层组织、党团干部落实学习方案。

党委领导带头学。院先后两次召开常委会，传达中央和总局学习要求，原原本本学报告、认认真真谈体会。通过自学和组织学习讨论，党委一班人进一步认识到了学习十九大精神的重要性和必要性，强化了“四个意识”。院领导在学习中率先垂范、做好表率，党委常委深入所属支部与党员群众进行学习交流。“两委”委员与挂钩支部，开展互学互动，做到了领导带头学。

党委理论学习中心组示范学。11月8日，党委理论学习中心组召开学习扩大会议，听取“两委”委员和各支部书记前期学习汇报，进行了学习情况讨论交流，并就下一步学习做出了详细安排。中心组成员在学深学透、领会精髓、把握实质方面，结合食品药品检验检测工作实际，谈体会、写心得、搞宣讲，充分发挥了中心组“龙头”示范带动作用。12月29日召开中心组扩大学习会，结合习近平总书记关于进一步纠正“四风”、加强作风建设重要批示交流心得。

群团组织及老干部主动学。工青妇等群团组织发挥自身优势，也开展了各具特色的学习教育活动。老干部处党总支先后两次组织老干部进行学习宣讲，对行动不便的老干部采取送书上门、上门宣讲的方式，做到了不漏一人。

指导民主党派跟进学。11 月 16 日，中检院举办以“学习贯彻十九大精神，助力推进全面深化改革”为主题的民主党派智库论坛课题汇报会，组织民主党派人士学习十九大报告，发放《习近平谈治国理政》等有关书籍。

积极参加总局轮训

2017 年 11 月 17 日 ~24 日，中检院组织院领导班子，各党总支、支部书记，部分党务干部，分两批参加了总局学习宣传贯彻党的十九大精神集中轮训班，深入学习党的十九大报告、中央纪委报告、党章修正案、党的十九届一中全会精神和习近平总书记有关重要讲话精神。2018 年 3 月 4 日 ~10 日，中检院组织副处以上领导干部及支部书记，参加了第二期总局直属单位学习贯彻党的十九大精神集中轮训班。

认真组织学习考试

2018 年 1 月 8 日 ~2 月 2 日，中检院党委根据总局要求，连续四周组织全院党员干部职工以支部为单位，自行开展集中学习，确保专时专用，不打折扣。并安排全院科室副主任以上干部，每周五下午集中到报告厅统一学习并参加考试。

中检院党委、各支部通过学习宣传贯彻十九大精神，广大党员学出了自信、学出了自豪，坚定了保障公众用药安全的信心，推动了检验检测事业的创新发展。

党务工作

加强党的领导

全年召开常委会、全委会 24 次，认真学习上级会议精神，及时部署中检院党建工作，研究解决重点难点问题。一是继续深入抓好巡视整改落实，突出强调巡视整改不松懈，先后 2 次梳理台账，组织回头看，并向总局递交了报告。二是继续加大抓自身建设的力度。抓党委中心组学习，全年集中学习 4 次，并扩大到中层以上领导干部。督促班子成员参加中央党校、行政学院和总局读书班，落实领导干部双重组织生活制度。班子成员坚持深入支部讲党课，落实“谁分管、谁负责”制度。三是深入贯彻民主集中制原则。坚持集体领导和分工负责相结合，尤其是“三重一大”问题，如 5 万平方米公租房配租等涉及群众利益的事项，坚持会前充分酝酿，广泛征求意见，会上集体讨论决定。

加强思想建设

十九大召开后，中检院党委书记、院长李波作为十九大代表，积极宣讲十九大精神。党委中心组 2 次集中学习，联系实际、交流体会，共收集体会文章 50 余篇。各支部通过宣传专栏、知识竞赛等方式增强学习效果。中检院“中国药检”微信公众号，推出了学习贯彻十九大精神专题报道。深入开展“两学一做”学习教育，通过主题联学、院领导讲党课、专家学者授课、专题座谈，以及组织中青年技术骨干到井冈山进行革命传统教育等方式，确保学习教育常态化、制度化。深入了解掌握党员干部和职工思想情况，编发《思想动态内参》19 期，指导各支部有针对性地做好工作，确保全院心气得到梳理，问题得到解决，行动集中统一。

加强组织建设

2017 年 7 月 31 日，中检院召开了第二次党代大会，选举产生了新一届党委和纪委。对基层党支部进行了重新调整和设置，由原来的 28 个调整为现在的 38 个，做到了党支部在各部门、各科室的全覆盖。为帮助大家强化素质、提升水平，先后进行了 4 次党总支、支部书记集训，重点在抓大事、议大事，管理监督党员，联系群众、发动群众，以及落实“三会一课”等制度上下功夫、见成效。“七一”前夕，表彰了一批优秀党员、优秀党务工作者和先进党支部。按照《党章》规定和总局要求，对历史遗留的24名失联党员进行了组织处置，对编外聘用职工中的35名党员进行清理，将他们纳入所在部门党支部参加组织生活，并督促按规定接转组织关系。

加强作风建设

组织党员干部深入学习贯彻中央八项规定精神，学习习近平总书记关于进一步纠正四风、加强作风建设的重要指示精神，中检院联系自身实际，对照十个方面问题，认真进行检查，制定整改措施。修订完善了会议管理规定、培训管理办法、出国（境）管理办法、差旅费管理规定等一批制度规定。以召开专题会、办公会等方式，对年度会议计划、出国（境）计划进行全面审核、严格把关，可去可不去、存在风险隐患的一律取消。对工作中存在的作风拖沓、推诿扯皮、庸懒散、不作为等问题进行认真整治，促进了作风建设的深入开展。

加强反腐倡廉建设

中检院认真贯彻中央和总局要求，加强纪律教育。组织党员干部认真学习《党内监督条例》《党内政治生活若干准则》和《纪律处分条例》，编印《中检院廉政手册》，组织知识测试并通报成绩，激发大家学纪、知纪、守纪的自觉性。针对招标采购、工程项目、经费管理等高风险岗位，建立健全阳光公开、审计审核、集中检查等制度机制，逐级严格把关，切实堵塞漏洞、消除隐患。加强信访线索核查，严格按照规定查处问题。

加强制度建设

中检院先后修订了《常委会工作规则》《全委会工作规则》，制定了《落实党风廉政建设党委主体责任纪委监督责任具体办法》《党风廉政建设责任考核细则》等制度，确保党建工作有章可循、有规可依。建立挂钩联系制度，结合院点多、线长、层级多的特点，为加强对各支部的管理，将17名党委委员分成5个小组，分别由5名常委带队，与3个党总支、38个党支部挂钩联系，进行面对面的指导帮助；7名纪委委员也与各总支、支部挂钩，每人包干五六个单位，进行具体帮带，并对他们的工作负责。细化“三会一课”内容，将支委会、支部大会、党小组会、组织生活会等工作，从时间、程序、要求等方面一一细化，并明确支部活动要达到有主题、有学习、有讨论、有行动、有结果的“五有”要求。在此基础上，编写印发《中检院党支部工作手册》，全院党务干部人手一册，使大家工作有参考，检查有依据，考核有标准。同时加强督促检查，年初院党委、各支部认真制订党建工作计划，编印形成《党建工作要点》手册。年中由院党委常委带队，带领两委委员深入38个支部对党建工作落实情况进行交叉检查。并召开汇报交流会，听取各组检查情况汇报，总结交流支部开展的经验，查找问题，督促支部工作。

统战工作和工青妇工作

1月19日，中检院举办2017年“新起点、新征程、新希望”新春联欢会，全院各部门140多名演员纷纷登台献艺。总局机关工会主席金国英同志到会指导。党委书记、院长李波同志总结了我院2016年取得的成绩，对一年来在各个岗位上坚守职责，敬业奉献的领导干部职工表示感谢，指出要坚决贯彻中央和总局机关党委的要求部署，不断深化药品医疗器械审评审批制度改革，切实保障人民群众饮食用药安全，并希望全体干部职工，共同站在新年“新起点”上，借搬迁新址之东风，扬帆踏上检验检测“新征程”，不忘初心，直面困难，奔向我院2017“新希望”。

3月8日，院妇委会在多功能厅组织举办了妇女健康知识专题讲座，全院100余名女职工参加了活动。活动特邀了中日友好医院两位妇科专家，结合多年的临床经验，通俗易懂、深入浅出地讲解了妇科肿瘤的防治，引导女职工树立健康科学的生活理念。专题讲座活动后，院妇委会还向参加活动的女职工赠送了《只有医生知道》系列丛书。

9月22日，中检院举办了以“颂歌献祖国、喜迎十九大”为主题的歌咏比赛活动。参加比赛的20个代表队满怀豪情、精神饱满，有的身穿红军服，有的身穿民族服装，大家以清唱、领唱、表演唱、诗朗诵等形式，用嘹亮的歌声、饱满的热情、优美的旋律，抒发了爱党爱国的高尚情怀，展现了我院广大干部职工积极进取的精神风貌。

2017年11月16日，中检院以“学习贯彻十九大精神，助力推进全面深化改革”为主题举办民主党派智库论坛活动。6个民主党派代表和部分中共党员代表围绕我国经济社会发展中的热点难点问题和国家食药监管总局工作的中心任务，结合工作实际，提出了一系列对中检院业务发展有关方面的政策制定具有思想性、参考性、创新性的意见和建议，大家凝心聚力，建言献策，助推食品药品监管事业发展。

纪检监察

第一次纪委扩大会

2017年1月17日，中检院召开纪委扩大会，传达中央纪委七次全会精神，学习李五四同志“在全国食品药品监督管理工作和表彰先进会议暨党风廉政建设工作会议上的讲话”。党委副书记、纪委书记姚雪良主持会议。院纪委委员，各总支、支部纪检委员参加会议。

姚雪良书记总结了纪委2016年的工作，并对2017年纪委工作进行了布置。明确了2017年纪委的重点工作，一是加强监督检查，确保中央决策部署落到实处；二是加强纪律检查，严肃查处违规违纪问题；三是坚持挺纪在前，做好监督执纪“四种形态”工作；四是完善制度机制，着力做好预防腐败工作；五是加强廉政教育，打牢拒腐防变的思想基础；六是加强组织协调，认真落实党风廉政建设责任制；七是加强纪委自身建设。会议要求与会同志深入学习贯彻十八届六中全会和中央纪委七次全会精神，带头廉洁自律，切实发挥表率作用，为做好检验检测中心工作保驾护航。

第二次纪委扩大会

2017年6月14日，党委副书记、纪委书记姚雪良主持召开院第2次纪委全体（扩大）会议。

与会同志集体学习了陈超英同志在中央国家机关纪检组织聚焦监督执纪问责推进会上的讲话精神。会议提出，一是要理清工作关系，找准在全面从严治党中的职责定位。二是强化“两个责任”，落实有关工作。三是落实“两个为主”，加强对信访举报和问题线索的集中统一管理。四是用好“四种形态”，保持惩治腐败的高压态势。五是坚持依规依纪，充分发挥审理把关和引领作用。六是加强自身建设，打造忠诚干净担当的纪检干部队伍。

会议听取了院纪委上半年工作情况的汇报。上半年，院纪委深入贯彻中央和总局党风廉政工作精神，全面落实从严治党要求，加强制度机制建设。一是传达学习中央纪委七次全会精神，制定印发《2017年党风廉政建设工作要点》。二是加强廉政教育，编辑印发《中检院廉政手册》和《中检院廉政风险防控手册》，组织全院干部职工学习。三是完善工作制度，防范廉政风险，加强审计监督工作。四是畅通信访渠道，加强案件调查核实。2017年上半年共收到群众来信13件，其中总局转来9件，院本级收到4件。目前，已初查核实12件，已了结5件，正在调查核实8件。五是加强纪委自身建设。

会议听取了纪检监察室关于《标准物质公开征集若干规定（试行）》的介绍并就相关内容进行讨论。会议要求纪检监察室根据会议讨论意见，对其内容进行修改后发布。

纪委书记姚雪良指出，在院党委的领导下，纪委上半年的工作取得了一定成绩，但是当前我院党风廉政工作依然存在问题，一是我院少数党员干部主体责任意识不强。二是少数党员干部法规意识薄弱。三是发生问题的土壤条件依然存在。四是监督工作离全面从严治党要求还有差距。要求全体纪委委员和纪检委员一定要充分认识、深刻理解，加强学习。

下半年要认真抓好七项工作。

第一，加强作风建设。抓令行禁止；抓厉行节约反对浪费；弘扬正气，狠刹歪风邪气。第二，加强党风廉政教育。开一个专题组织生活会；学一个警示教育材料；看一个警示教育片；参观一个警示教育基地；组织一次廉政讲座；开展一次廉政测试。第三，完善制度机制。践行监督执纪“四种形态”；完善招标审核委员会；整合招标采购专家库。第四，加强监督检查。进一步抓好审核审计监督工作，对数额较大的项目，专门聘请外部审计公司开展专项审计。第五，抓好信访审查工作。做好信访线索的登记，加强信访分析，完善办案工作制度，明确工作程序，把握工作要求，落实工作责任。第六，加强主体责任的落实。加强各级领导干部落实党风廉政责任制情况的监督检查。第七，加强纪委自身建设。做好党委、纪委换届工作；开展支部书记培训；加强政治理论学习，不断强化纪委委员、纪检委员的政治意识、忧患意识和责任意识；注重相互配合，共同努力做好全院的纪检监察工作。

第三次纪委扩大会

2017 年 11 月 15 日，党委副书记、纪委书记姚雪良同志主持召开院第 3 次纪委全体（扩大）会议。

与会同志集体学习了《习近平同志在中国共产党第十九次全国代表大会上的报告》节选及《十八届中央纪律检查委员会向中国共产党第十九次全国代表大会的工作报告》精神。

会议听取了宁保明同志赴中国纪检监察学院北戴河校区培训情况的报告。

会议讨论了《关于落实监督执纪“四种形态”工作的实施办法（试行）》相关内容。会议应到纪委委员 7 人，实到 6 人。到会委员全票通过。

为加强纪委自身建设，推动全院党风廉政建设深入开展，会议布置了纪委委员分片挂钩联系单位相关情况。

姚雪良同志指出，今后的纪委工作要注重五个方面。一是深入贯彻学习十九大精神，以十九大大精神武装头脑，指导实践，并强调学习贯彻党的十九大精神是当前的重要政治任务；二是强化政治纪律、政治规矩，进一步抓好中央八项规定的落实；三是落实监督执纪四种形态，提高监督执纪水平；四是加强纪委自身建设，认真履行纪委工作职责，杜绝腐败问题的发生；五是要做好年终总结，制订明年工作计划。

中检院召开党风廉政教育专题培训班

按照 2017 年院党风廉政建设工作要点要求，2017 年 9 月 20 日，院纪委邀请总局机关纪委书记肖学文同志为广大党员干部及群众上了一堂生动的党风廉政教育课。培训由党委副书记、纪委书记姚雪良主持，广大党员及部分群众共 388 人参加了培训。

肖学文同志首先介绍了党的十八届三中、四中、五中、六中全会精神，介绍了全面深化改革、全面依法治国、全面建设小康社会、全面从严治党的时代背景及重要意义，要求我们作为食品药品监管人员，必须要明确自己的使命，敢于承担责任，努力做好本职工作。

肖学文同志分析了在新的形势下，我们党面

临的四大考验、四大风险，介绍了四种腐败的形态。告诫我们一是要加强党性修养，坚定理想信念，树立正确的人生观、世界观、价值观。二是要强化纪律意识，慎用手中权力，尤其要正确处理好与服务对象的关系，不为经济所困，不为人情所动，防止一不小心误入歧途。三是要充分认识中央抓组织建设的决心，认真贯彻执行中央各项规定精神，尤其是在住房、用车、公务接待等方面，要严格守规矩，绝不能心存侥幸。四是要完善制度机制，严格按制度规定办事，尤其要严格党内政治生活，积极开展批评与自我批评，使咬耳、扯袖、红脸、出汗成为常态。五是要坚持自律，从小事做起，严格要求自己，领导干部要严格要求自己的家人和亲属。

最后姚雪良要求我们进一步领会肖学文同志的讲话精神，贯彻执行肖学文同志提出的工作要求，努力提高我们的廉政水平，不断推进我院党风廉政建设。

干部工作

领导干部任免

中共国家食品药品监督管理总局党组 2017 年 9 月 20 日决定，任命邹健同志为中检院（国家食品药品监督管理总局医疗器械标准管理中心）副院长，终止其中国健康传媒集团有限公司监事会主席试用期（食药监党任〔2017〕43 号）。

经 2017 年 12 月 15 日院党委常委会研究并经请示国家食品药品监督管理总局分管领导及人事司同意，聘任陈为为党委办公室主任；李静莉为仪器设备管理中心主任；粟晓黎为包装材料与药用辅料检定所副所长；李秀记为信息中心（档案室）副主任；高泽诚为信息中心（档案室）副主任。解聘以上同志原任职务（中检人〔2018〕1 号）。

经 2017 年 2 月 23 日第 2 次院党委常委会研究决定：聘任尹利辉为化学药品检定所抗生素室副主任；辛晓芳为生物制品检定所呼吸道细菌疫苗室副主任。解聘以上同志原任职务（中检人函〔2017〕93 号）。经 2017 年 3 月 12 日第 3 次院党委常委会研究决定：聘任南楠为仿制药质量研究中心评价研究一室主任，马玲云为仿制药质量研究中心评价研究二室副主任，免去以上同志原任职务。聘任牛剑钊为仿制药质量研究中心综合管理室副主任（中检人函〔2017〕145 号）。

经 2017 年 9 月 28 日第 15 次院党委常委会研究决定：免去李晓东标准物质与标准化研究所分析测试室副主任职务（中检人函〔2017〕520 号）。

干部挂职

2017 年 7 月，根据国家食品药品监督管理总局通知精神，经院党委常委研究确认，中检院推荐余振喜同志赴新疆工作，任新疆维吾尔自治区食品药品检验所副所长。

2017 年 9 月，按照中央开展“组团式援疆任务”有关部署，中检院选派化学药品检定所麻醉与精神药品室马迅同志到新疆维吾尔自治区食品药品检验所工作 3 个月。

干部管理

2017 年 1 月，根据国家食品药品监督管理总局人事司《关于做好 2017 年领导干部报告个人有关事项工作的通知》（食药监人便函〔2017〕33 号）相关要求，中检院以《关于报送 2016 年度中检院领导干部个人有关事项报告材料汇总综合报告的函》（中检人函〔2017〕221 号）报送了 2016 年度有关情况总结。

2017 年 7 月 13 日，以《关于报送〈中国食品药品检定研究院 2016 年领导干部个人有关事项报告随机抽查核实工作方案〉的函》（中检人函〔2017〕354 号）呈报了 2016 年度随机抽查工作方案。2017 年 9 月 13 日，以《关于报送〈中国食品药品检定研究院 2017 年个人有关事项随时抽查核实情况〉的函》（中检人函〔2017〕

471 号)，向总局人事司报告了核查结果。收集录入副处级以上中层干部 2017 年《个人重大事项报告》59 份，按照方案随机抽查 6 人，报送《中国食品药品检定研究院 2017 年领导干部重大事项核查结果报告》，其中 2 人核查结果与本人填报内容基本一致，3 人查核结果与本人填报情况不相符，1 人存在瞒报行为，院党委根据具体情况，已对相关人员做出批评教育和诫勉谈话的处理。

根据工作需要，2017 年重点核查干部个人事项报告情况共计 24 人，经核查比对，14 人查核结果与填报内容一致，10 人查核结果与本人填报情况不相符，存在漏报或严重漏报情况，经院党委常委会研究，已对相关人员做出批评教育和诫勉谈话的处理。相关被抽查人做出了书面说明并及时补报相关内容，并表示在今后的工作中，引以为戒、避免类似情况发生。

第十部分　综合保障

综合业务

建立稳态化的两地办公机制

2017年是中检院新址搬迁的重点年和集中年，全年根据各实验室搬迁进程，随时动态调整新旧址样品受理和报告制发人力资源，并于2017年8月底进行了集体搬迁，将大部分人员和办公设施搬迁至新址，留少部分人员在旧址满足食化所、中药所、诊断试剂所、包材所和生检所单抗室的检验检测业务需求。形成了现阶段“新址为主、旧址为辅、统筹兼顾、按需调整”的稳态化的两地办公机制。

开通内网“综合业务管理”专栏和新旧址报告校对微信群

2017年是中检院“新址搬迁、两地办公”最重要的一年，为保证在搬迁和两地办公过程中检验业务的正常开展，加强各检验科室和业务所之间的业务动态信息沟通和交流，更好地服务于检验检测业务，经院领导的同意，在中检院内网主页面开通了“业务管理”专栏，制定了相关信息发布SOP，主要发布与全院业务管理相关的各类通知、纪要、业务动态等内容。自2017年6月15日建立专栏以来，共发布了80条业务管理动态和相关信息，收到了很好的效果。

另外，为方便检验科室，提高工作效率，中检院组织建立了新旧址报告校对微信群，将各业务所综办人员、各实验室主任和检验人员纳入群中，报告打印人员通过微信的方式通知报告校对，极大地提高了工作效率。

业务咨询工作

2017年，中检院共完成了12期业务咨询日的活动，每期咨询人数约20人次，主要咨询内容为药品包装材料和辅料的审评审批工作，其他咨询内容包括仿制药一致性评价、药品进口注册检验。药包材和辅料的审评审批工作已划归至审评中心，目前咨询的多为中检院以前审评审批的品种。

药品补充检验方法系统平台建设

根据《药品补充检验方法管理工作规程》（食药监科〔2016〕155号）的要求，中检院于2016年3月启动系统平台建设工作，2017年1月1日已正式上线运行。目前已分配账号414个，涵盖总局相关司局，中检院各相关部门，各省局、各省级及地市级检验机构，已有83个方法在线上传资料。2017年4月7日中检院组织全国各省所药品补充检验方法项目联系人共计45人，对《工作规程》及管理系统进行了宣贯和培训，并要求各省所组织辖区内各地市所进行相应的宣贯和培训。

仪器设备

设备搬迁工作

2017年，按照搬迁领导小组安排与部署，中检院相关部门完成了药检、生检、器械、标化、动物资源5所26科室仪器设备搬迁工作。搬迁仪器设备4380余台（套），完成计量719台（套）。

总局系统工作

受国家食品药品监督管理总局规财司委托，

中检院承担了牵头组织药品和医疗器械检验检测中心（院、所）建设标准的编制工作。经过两年多的调研和编写工作，已经通过住建部和发改委联合会签，并发布2个药品监管系统首批国家级实验室建设和仪器设备配备标准。

仪器设备“十三五”规划和三年配备计划

中检院组织相关部门编制“十三五”仪器设备发展规划和三年配备计划。发展规划在分析取得的成绩、存在的问题的基础上，提出了以完善制度为基础，实施三年配备计划为主线，加强设备配备水平、推进共享平台建设等为配套的工作任务，符合我院实际，具有较强的可行性。三年配备计划拟于2018年开始，分三年实施，初步统计仪器设备共计500余台（套），预算达6亿余元。

全周期管理

2017年，中检院采购仪器设备2258台（套），合同金额20400万元；完成计划计量1022台（套），应急计量432台（套）；期间核查48台（套）；维修486台（套），金额980万元；验收1578台（套），金额7948万元；报废鉴定235台（套），金额527万元；报废仪器设备331台（套），金额943.3万元；拟报废处置173台（套），金额764.9万元；新增固定资产1269台（套），金额5855.6万元。供应商评审共14家，13家通过评审。全年共完成4次（每季度一次）实验室仪器设备运行管理检查，并配合完成实验设备管理专项监督检查和相关实验室内审工作。

人事教育

薪资管理

2017年9月，根据北京市人力资源和社会保障局《关于调整北京市最低工资标准的通知》（京人社劳发〔2017〕149号）精神，对中检院编外派遣员工每人每月增加岗位补助110元，为退休返聘人员每人每月增加劳务费55元。

根据《国务院办公厅转发人力资源社会保障部、财政部关于调整机关事业单位工作人员基本工资标准和增加机关事业单位离休人员离休费三个实施办法的通知》（国办发〔2016〕62号）和国家食品药品监督管理总局人事司《转发关于调整事业单位工作人员基本工资标准和增加机关事业单位离休人员离休费等实施方案的通知》（食药监人便函〔2016〕255号），自2017年1月起，对10名离休人员的离休费进行了调整，增资约7000元；自2017年3月起，对771在职的人员的岗位工资和薪级工资进行了调整，增资约45万元。

按照中央国家机关养老保险管理中心要求，我院积极做好养老保险参保登记相关工作，于2017年将老人、中人、在职人员基础信息上报养老保险管理中心，并按时完成了2016和2017年度缴费工资申报、人员增减变更、退休人员信息确认、退休人员银行账号确认等若干项工作，为下一步实时征缴养老保险做好准备。

公开招聘

经国家食品药品监督管理总局人事司同意，中检院2017年度公开招聘工作，经过公布招聘职位信息、资格审查、笔试、面试、考核与体检、外调、办理落户报到等环节，确定尤飒飒等31人为中检院录用人员。

2017年度编外人员招聘工作分三批进行，先后公布了25个岗位的招聘工作三次，共有1275人报名应聘，按照招聘计划，经过资格审核、笔试、面试、体检等程序，最终共招聘编外人员184名，均与劳务派遣公司签订聘用合同，再由派遣公司派往我院各个需求岗位。

技术职务评审

按照《关于开展2017年专业技术职务任职

资格评审工作的通知》（食药监人便函〔2017〕157号）的有关要求，依据《总局直属单位专业技术职务任职资格评审办法》（食药监办人〔2016〕162号），配合国家食品药品监督管理总局人事司开展了2017年度总局在京直属单位专业技术职务任职资格评审工作。2017年度申报材料开始对计算机和英语水平不作要求，并首次推行业绩成果替代论文工作，共计在参评人员中出现18人次合计28项成果代替论文。共收到专业技术职务任职资格申报材料116份，审核后符合申报要求的112份。其中申报研究员22人（中检院19人），副研究员28人（中检院21人），助理研究员4人（中检院3人）；申报主任药师21人（中检院11人），副主任药师20人（中检院10人），主管药师3人（中检院1人）；申报主任技师7人（中检院7人），副主任技师3人（中检院3人）；申报高级工程师4人（中检院2人）。2017年12月15日经国家食品药品监督管理总局领导批准成立了研究员、副研究员、药师系列、技师工程师系列以及审评专业等5个评审委员会，2017年12月20日~21日召开了专业技术职务任职资格评审会议。通过评审，中检院获研究员资格16人，主任药师资格9人，主任技师资格5人；副研究员资格15人，副主任药师资格6人，副主任技师资格3人，高级工程师资格2人；助理研究员资格3人（其中1人为编外派遣员工）；主管药师资格1人。

专业技术职务调整、竞聘工作

《中检院2016年度专业技术岗位调整、竞聘工作方案》经过内网2次征求意见，中检院学术委员会2次讨论，于2017年11月29日实施，截止到2016年12月16日共计收到460份申报材料。经过对材料进行审核、复核、公布材料得分，成立答辩委员会，二级、三级、四级现场答辩、计算综合得分等程序，截止到2017年9月13日，共完成总计235人的专业技术岗位调整。

表彰奖励

2017年5月中华人民共和国人力资源和社会保障部、中国科学协术协会、中华人民共和国科学技术部、国务院国有资产监督管理委员会联合授予王军志同志“全国创新争先奖”。

2017年授予生物制品检定所等7个部门“2017年度中国食品药品检定研究院先进集体”荣誉称号，授予食品化妆品检定所理化检测室等18个科室“2017年度中国食品药品检定研究院优秀科室”荣誉称号，授予肖妍等64名同志“2017年度中国食品药品检定研究院先进个人”荣誉称号，授予李璐璐等35名同志“2017年度中国食品药品检定研究院优秀员工”荣誉称号。

人才培养

国家食品药品监督管理总局人事司食药监人便函〔2016〕158号，根据《中共中央组织部办公厅关于印发第二批国家“万人计划”领军人才入选名单的通知》（组厅字〔2016〕37号），中检院马双成同志入选第二批“万人计划”科技创新领军人才。

研究生管理

2017年，中检院完成2017年研究生招生工作，共录取18名硕士研究生，2名与协和医学院联合招收的博士研究生。组织完成2015级18名硕士研究生开题报告，分别进入相应实验室。同时，组织完成2014级18名硕士研究生毕业答辩，并举行毕业典礼暨学位授予仪式。完成与中国药科大学合作招收的7名研究生分别进入相应实验室。

经全国药学专业学位研究生教育指导委员会评选，中检院被授予全国药学专业学位研究生培养示范基地（药教指委〔2017〕16号），全国共10家。

中检院制定了《学生管理规定（试行）》

《学生违纪处分实施细则（试行）》《学生申诉实施细则（试行）》《硕士学位授予工作细则（试行）》四个办法。

博士后管理

2017 年，中检院新招收博士后 5 人，并有 8 名博士后完成研究任务出站。组织 5 名博士后完成开题报告和 6 名博士后完成中期考核。

提高在院博士后工资待遇：工资标准提高至每人每月 1 万元，并提供博士后研究人员在站期间每人 1 套博士后公寓。

员工培训

组织全院工作人员（共 1137 人）通过内网上报 2016 年度应参加相应时间的在职教育活动情况。

组织开展新员工入职培训，2017 年 10 月 10 ~ 12 日对 2016 年下半年至 2017 年入职的全体人员共 160 余人进行入职培训，由我院各业务及职能管理部门的负责人和业务骨干进行授课，并专门编印了《新员工手册》。

2017 年，中检院员职工外出培训审批 110 人次。

外来进修人员管理

2017 年，修订《接收外来进修人员管理办法》，共接待办理来院进修学习 96 人次。

人员情况

截至 2017 年底，中检院在职职工 781 人，编外聘用人员 492 人，离退休人员 442 人，在院学生 180 人，进修、合作等其他人员 222 人。

财务管理

年度收支情况

2017 年，中检院总收入 12 亿元，其中，财政补助收入 3.05 亿元，事业收入 9 亿元。

2017 年，中检院总支出 10.8 亿元。

完善制度，规范管理

制定《中检院项目库管理办法》《中检院会计档案管理办法》《中检院项目支出绩效评价管理办法》《货币资金管理办法》《固定资产管理办法》《无形资产管理办法》，修订《国有资产管理办法》《中检院票据管理办法》《预算管理办法》《收支管理办法》。

积极推进内部控制建设，利用信息化手段防范经济活动风险。

完成 2016 年度行政事业单位内部控制报告，推进 2017 年内部控制体系建设工作。我处作为内部控制体系建设办公室，负责方案制定、组织实施、跟踪进度、沟通协调等事宜。

加强财务进信息化建设，搭建内部控制平台。不断完善网上预约报销系统，实现财务审批由“人控”变为“机控”；上线项目库系统、全面预算系统，保证数据准确及时；升级药费报销系统，落实医改要求；与信息中心共同研发出国经费预算审核系统，解决异地审批；逐步实现金税三期开票系统与业务的对接，打造业财平台；借税务部门金税三期上线，实现开票系统网络化管理。

认真落实停征检验费相关工作，积极反映停征后的相关问题

根据《关于清理规范一批行政事业性收费有关政策》的要求，中检院及时响应并转发通知，3 月底集中清理打印已经完成检验但未出具收费通知单的项目 700 多份，及时通知缴款单位；4 月 1 日起停征药品检验费收费，同时对以前欠费加大清理力度，按所进行催缴。

安全保障

加强日常检查监管

2017 年，中检院组织全院进行了安全责任书

续签，由法人（院长）与分管院领导、分管院领导与部门主要负责人、部门主要负责人与科室主要负责人、科室主要负责人与工作人员层层签订安全责任书，并报安全保卫处备案。加强了所有工作人员的安全责任，落实责任倒追机制，真正做到“谁主管、谁负责”，责任落实到岗、落实到人，完善了管理机制。

2017 年，中检院召开安全工作专题会议 2 次，传达了国家食品药品监督管理总局机关和有关安全监管部门对于安全管理工作的要求，对安全形势进行了分析，对近期安全工作进行了部署。李波院长等陪同总局孙咸泽副局长、机关服务中心沈传勇主任安全检查 2 次，邹健副院长带队安全检查 2 次，姚雪良副书记带队安全检查 2 次，安保处完成与国家药典委员会、国家食品药品监督管理总局审核查验中心的安全互查工作。安保处迎接公安、消防、环保、环境监察等部门检查 20 余次。

根据每日巡查情况，相关部门出具安全检查情况通知单 83 份，收回落实整改 51 份。巡查中发现大兴新址漏水事件 36 次、安全指示牌故障 30 次，督促有关部门进行了处置。根据安全管理工作实际，在内网发布安全管理通知 8 次。

提高安全防范等级，提供可靠保障服务

按照公安部门要求，结合中检院安全管理实际，现两址已配备拒马桩、防弹背心、钢叉、盾牌等反恐设备设施，教育有关人员熟悉应急预案，有针对性地开展相关科目训练。为天坛院区各科室、新址院区、动物繁育场、安全评价中心共购置水基型 3 千克灭火器 136 个，5 千克干粉灭火器 25 个；增加灭火器箱 68 个，防毒面具 136 个，灭火毯 178 个。年检 5 千克干粉灭火器 475 个，二氧化碳灭火器 42 个；在大兴址实验区域每个消防栓旁墙上逐一配置灭火毯（110 个），便于应急取拿；组织对安评中心消防设施维修检测；组织 9 号楼报警阀间加装保温设施；对天坛院区 200 个摄像头、20 台监控主机、35 套门禁系统、各类报警系统进行了维护保养；为标准物质楼业务大厅加装电磁锁，控制下班后业务大厅区域的安全；为标物中心标准物质制备室、动物所大兴址办公区、后勤服务中心新办公区加装门禁，限制无关人员进出；组织签署了大兴址安防消防维保服务合同。

加强对工作人员的安全教育，外来人员和车辆的管理；严格病原微生物、放射源、麻醉和精神药品、易制毒化学品及易燃易爆危险品等危险品的管理，严格控制相关标准物质的对外销售和实验活动的开展。先后接受北京市卫计委、北京市公安局内保局及东城区公安局、环保局、药监局等多个部门的安全检查，未发现重大隐患。高标准、高质量完成“两会”、“五一”、国庆、十九大等重点时段的安保工作。

组织签订生物安全实验室和洁净实验室维护服务合同；对天坛院区在用 20 套生物安全实验室、4 套洁净实验室、45 台生物安全柜、19 台超净工作台定期巡检和维护保养，续签维保合同（26 万元）；组织签订大兴址净化实验室代维合同，每月服务费 3 万元；对新址 62 套净化实验室定期巡检，包括温度、湿度、压力测定仪器及初中效过滤器等维护保养，共计更换初中效过滤器 2230 个；对天坛院区生物安全实验室、洁净实验室等第三方检测 72 台次；新址实验室第三方检测 20 次。

完成新址病原微生物实验活动备案汇总；完成危险化学品整治方案；完善辐射应急预案及辐射安全工作小组；提出生物安全楼后续管理意见建议；调查危险化学品底数清查数据；向国家食品药品监督管理总局科标司上报 2018 年度生物安全风险评估报告；修订院内实验室安全手册；完成院科技周安全保卫工作；完成生物安全委员会组成及其职责调整。

制作 16 块安全知识宣传展板，轮流展览，加强宣传教育。安保处部门内部外出专业知识培训

10 人次，参加院内培训 9 人次。组织天坛址职工参加东城区安全生产管理培训 36 人次。组织新入职员工进行消防安全培训 108 人次。组织有关科室进行病原微生物样本包装培训。组织院内生物安全培训共 3 次，参训共计 108 人次。组织院内职工危险化学品安全知识培训 1 次，参训 35 人次。

后勤保障

完成实验技术支撑体系信息化平台建设

为全面系统支撑检测工作，中检院在全院推行实验器具集中洗刷工作，首先调研新旧两址洗涮间分布情况，根据相关业务所的洗刷需求，召集全院相关部门研讨集中洗刷方案和具体需求，根据新旧两址的实际情况设计工作方案，提出了自助式服务模式，并根据工作模式构建了信息化体系。全院集中洗刷信息化管理系统于 2017 年 12 月正式上线，实现实验器具集中洗刷、集中管理。

全面实现现代化物业管理

为加快家属区物业服务社会化改革，中检院经过调研，分析了当前物业管理中存在的突出问题和矛盾，设计了改革方案。2017 年 3 月初启动物业招标工作，与中央国家机关政府采购中心沟通，完成标书和招标公告的撰写，同年 5 月份完成现场踏勘，6 月份开标，8 月份与北京瑞赢酒店物业管理有限公司签订合同，中检院家属区和办公区的保洁、绿化、锅炉、配电等运行保障工作都交由物业公司管理，至此顺利完成了物业管理社会化改革。

科学规划实验用房

自 2016 年始，新址搬迁工作历时近 2 年，中检院根据“十三五”整体规划，对位于大兴区华佗路 31 号中检院新址的 16 个处、所、中心所属的 39 个科室开展了 244 项改造规划工程，涉及通风系统改造、空调系统改造、地下空间改造、标准物质制备室改造、光机电室集装箱安装、原 3 米法实验室改造及院整体锅炉改造。对位于天坛西里 2 号的中检院旧址所属共 11 个处、室、中心的 463 间办公室进行了调配，调配面积 6312m^2。其中较大型改造为微生物实验室改造、人防空间治理等。根据中检院总体安排，后勤服务中心从检验、节能、环保、高效、发展等多角度设计了实际可行的实验室分配方案，既保障了各业务科室的发展空间，又合理利用了现有设备设施资源。

持续推进公务用车改革工作

2017 年，中检院制定了适合工作实际的切实可行的改革方案，并逐一落实了公务交通补贴方案、司勤人员安置方案、车辆处置方案、上下班交通补贴方案，同时根据中检院工作人员的实际情况出台了《中国食品药品检定研究院公务用车改革办法》。保证此项改革把真正的实惠落到实处，解决真正的不公平，创新了一整套公务交通保障机制。

成立政府采购工作组

2017 年，中检院成立了政府采购工作组，主要修订了《中国食品药品检定研究院政府采购管理办法》。通过“政府采购计划管理系统”上报月度和季度政府采购计划、执行情况和统计汇总结果。起草《中国食品药品检定研究院标准物质原料公开采购管理办法》；建立中检院标准物质原料专家库；起草内部标准物质原料采购程序等。同时完成了中检院 3 项政府采购项目《标物中心泡沫盒和冰排招标项目》《食化所课题实验材料招标项目》和《安保处净化实验室过滤器、安防和消防系统维保比选项目》。2017 年支出合同备案共计 2240 份，完成支出合同的电子台账、档案整理、合同签订主体情况合同履行情况抽查工作。修订《中国食品药品检定研究院合同管理办法》。

第十一部分　部门建设

食品化妆品检定所

内部质量控制活动

2017年，食品化妆品检定所制订一系列内部质量控制计划并有效实施，具体包括：结合检验业务工作特定组织制订并督促完成2016年质量控制活动计划，包括8人次人员比对，1次使用标准物质，2次留样再测，1次仪器比对。完成2017年质量监督任务并向质量管理处提供监督报告。接受质量管理处组织的检验报告及记录专项检查、实验室仪器设备专项检查和内审，并按要求完成整改。

外部质量控制活动

2017年，食品化妆品检定所完成了年初制订的外部质控计划工作，参加13项外部能力验证活动，其中11项取得满意结果，2项为通过。2017年度食品化妆品检定所共组织能力验证31项共1683家机构参加；组织盲样考核9项，共263家机构参加；组织实验室比对8项，共491家机构参加；发放测量审核样品2种，18家检验机构使用。参加机构涉及系统内外食品、保健食品和化妆品检验机构和企业，通过组织能力验证活动，扩大了中检院在食保化检测实验室中的影响力。

参与化妆品多方联席会议

自2017年4月开始，国家食品药品监督管理总局药化注册司、中保委、中检院和上海市药监局多方建立了进口非特殊用途化妆品备案工作联席会议机制，定期举行多方会议，就进口非特殊用途化妆品备案及化妆品审评工作相关的技术问题进行讨论。

2017年，中检院组织化妆品标委会专家共召开了7次联席会议，与药化注册司、中保委、上海市局共同研讨了47项化妆品审评相关事项，为进口化妆品备案工作提供了技术支持。

国家化妆品监督抽检工作

根据以往化妆品监督抽检以及主动专项风险监测发现的问题及线索，食品化妆品检定所起草《2017年国家化妆品抽检监测工作方案》，编制《2017年化妆品监督抽检工作手册》；组织召开2017年化妆品监督抽检工作部署会，共完成13982批次样品的抽检。收集、汇总、分析研制2017年全国31省化妆品监督抽检数据，完成《2017年国家化妆品监督抽检工作总结报告》。汇总、分析各省上报的不合格化妆品样品信息，共上报10期，共1096批不合格样品，并协助国家食品药品监督管理总局核实不合格化妆品样品信息及检验信息，配合信息发布工作。主要不合格原因为染发类、防晒类化妆品中染发剂、防晒剂检验结果与标签标识或批件配方不一致，面膜类化妆品中违法添加糖皮质激素，祛斑/美白类化妆品中汞超标以及违法添加糖皮质激素，婴幼儿化妆品中菌落总数超标，祛痘类化妆品中违法添加抗生素类。

化妆品主动监测专项抽检工作

食品化妆品检定所组织完成网络销售化妆品专项风险监测工作，检测祛斑/美白类、祛痘/抗粉刺类、面膜类三类样品共616批，发现不合格样品122批，完成《网络销售化妆品专项风险监测工作总结报告》。组织开展化妆品专项风险工作，针对进口化妆品中微生物指标、纳米防晒剂的使用及虚假宣传等问题；国产非特殊用途化妆品、牙膏类产品以及网络销售化妆品安全性问题。针对优恪网“十款畅销洗发水仅两款为优”测评报告事件，向总局提交风险研判意见、开展监测工作、向总局提交研判报告。

食品安全抽检监测培训工作

食品化妆品检定所编制了食品安全抽检监测相关培训材料，对参加国家食品安全抽检监测工作的120余家食承检机构、250余人进行培训，内容包括抽检监测计划及工作要求、承检机构考核要求、食品安全标准、检验技术等。

食品安全抽检监测计划及配套文件的制修订工作

食品化妆品检定所完成了2017年国家食品药品监督管理总局食品安全抽检监测计划及配套文件的制修订工作，2017年抽检计划覆盖33个食品大类和203个食品细类，涉及抽检项目400余项，监测项目270余项，总任务量127万余批次；制订了2017年评价性抽检计划，覆盖11个食品大类，48个食品细类，涉及样本量1.4万余批次，同时研究建立评价性抽检结果计算数据模型，综合评价示范城市的食品安全状况；制定了总局本级四个季度抽检监测实施方案、粽子专项、月饼专项、两节专项和大型农产品批发市场专项等多个方案。组织制定了《2017年食品安全抽检监测实施细则》《2017年食品安全风险监测检验方案》，规定了抽检监测的适用范围、检验方法、判定依据、抽样方法、检验要求和判定原则等内容。

研究制订2018年食品安全抽检监测计划，计划覆盖33个食品大类和218个食品细类，涉及抽检项目440余项，监测项目280余项，任务总量135.05万批次；研究起草《2018年食品安全抽检监测实施细则》和《2018年食品安全风险监测检验方案》。

食品安全抽检监测报告撰写工作

食品化妆品检定所编写2016年国家食品安全抽检监测总结报告，包括32个大类257449批次监督抽检样品，以及30个大类23955批次风险监测样品，统计约1200万条数据，共计2.6万余字；完成2017年上半年国家食品安全抽检监测工作总结报告及相关统计报表和分析报告的编写工作，涉及32个大类77150批次监督抽检样品，以及30个大类55773批次风险监测，统计约1400万条数据，共计2.8万余字；撰写2017年国家食品安全抽检监测总结报告，涉及32个大类208796批次监督抽检样品，以及30个大类149538批次风险监测样品，并与历年的抽检监测结果进行比较，统计数据近3000万条，共计11.6万余字。

组织完成了2017年评价性抽检阶段和全年总结报告。其中，阶段报告共分析了6个大类7618批次食品监督抽检的监督抽检情况；全年报告中分析了11个大类14148批次食品的监督抽检工作，以及9个大类10000批次食品的风险监测工作。

针对舆情监测、日常监管、食品安全事件、社会关注问题，组织撰写了专项报告，如：《2016年天津市食品安全抽检监测情况分析报告》《2017年一季度食用农产品抽检情况分析（与农业部通报对比）》等80余份分析报告，涉及样品1600余万批次，报告及报表合计近50万字。

食品安全抽检信息公布及通报工作

2017年，食品化妆品检定所组织完成了53期、25000余批次食品抽检信息公布工作，负责数据整理、信息核对、编写公告、样品标记等相关工作。

完成了全国食品安全抽检信息公布月度统计

工作，对国家食品药品监督管理总局以及32个省、361个市和2004个县级食品安全监管部门的236.4万批次食品安全抽检公布信息进行统计分析，形成12期月报。

完成了食品安全抽检信息季度发布工作，配合国家食品药品监督管理总局发布3次季度食品安全监督抽检情况分析通告，涉及样品总量127万余批次。

食品安全舆情应对

2017年，食品化妆品检定所共整理每日舆情晨报和每日舆情监测报告335期，收集热点舆情，发现潜在的食品安全风险，为食品安全抽检监测工作计划、方案的制定提供了思路；协助国家食品药品监督管理总局及时应对食品安全相关舆情报道，如“毒鸡蛋”检出氟虫腈、“葱叶毒死羊”“‘铝’禁不止”“普洱茶致癌”“金枪鱼中毒”“董酒抗癌”等事件，及时梳理标准和管理法规及近年来抽检监测情况，进行分析研判，形成分析报告报送国家食品药品监督管理总局。

中药民族药检定所

中药化学对照品研制和标定工作

2017年，中药民族药检定所主要完成《中国药典》（2015年版）及第一、第二增补本和其他国家标准中中药化学对照品的保障和疑难品种的研制工作，保证老品种的正常供应，基本药物100%全覆盖，全年供应率95.0%以上。原料收集、分装160批，标化完成123批，新品种11批。研制了“乌头双酯型生物碱对照提取物”和“马钱子总生物碱对照提取物”两个对照提取物，解决了乌头碱、马钱子碱及士的宁三个剧毒化学对照品的发放问题。

中药化学对照品的期间核查

2017年，中药民族药检定所组织深圳市药品检验研究院、青岛市食品药品检验研究院、鄂尔多斯市食品药品医疗器械检验研究中心等5家省市级药品检验机构对中药民族药检定所48种中药化学对照品进行期间核查，结果发现苯甲酰乌头原碱（111794－201304）、夏佛塔苷（111912－201302）两个品种纯度下降，已在中检院外网网站发出停用通知，同时开展新批次的标化，全部供应。

中药对照药材

2017年，中药民族药检定所共完成45种对照药材标准的起草和整理工作。完成83种对照药材品种标化工作，其中首批5种，生药理化全检品种4个。共完成77种对照药材稳定性核查工作，其中6种稳定性有问题。2017年保障供应率96.3%。

对照提取物

2017年，中药民族药检定所完成人参对照提取物、铅镉砷汞铜混合对照溶液2个品种的首批标化，完成薄荷素油、木香油、注射用益气复脉对照提取物、薏苡仁油等4个品种换批工作。

人参对照提取物适用于中药药品标准中人参皂苷类成分的薄层色谱及液相色谱鉴别，与人参对照药材色谱高度一致。由于不需提取，因此使用更加方便，制备成本较低，且便于实现薄层色谱的标准化，推进高效液相指纹图谱鉴别工作。在实现中药整体质量控制的技术发展过程中，对照提取物将发挥越来越重要的作用。

针对外源性有害物质检测，随着铅镉砷汞铜混合对照溶液标化工作的完成，中检院完成了有机氯农药混合对照溶液、黄曲霉毒素对照溶液、重金属及有害元素铅镉砷汞铜混合对照溶液的标定及供应工作，将有力保证法定标准的执行。

民族药对照药材的研发、制备

完成鸡蛋参、白花丹茎叶、大火草、鸡根、

蔓菁 5 个对照药材的制备发放，均为首批制备。

《中国药典》药品质量标准提高工作

2017 年，中药民族药检定所牵头负责的阿胶特征肽成分含量测定方法研究项目、冬虫夏草 PCR 鉴别方法研究项目完成了方法起草和复核工作，并已报送药典委员会。新修订的标准在方法的专属性、准确性方面大有提高，将进一步提高该类药品的质量控制水平。

数字化标准物质平台建设

中药民族药检定所利用中药标准物质替代测定法，提出将药品标准物质进行数字化。数字标准物质为标准物质和药品质量控制的发展提供了新的思路与方法。中检院中药所现已开发数字化标准物质的雏形——DRS ORIGIN 软件，多家药品检验机构积极为该软件补充检验数据并已开展线上实践测试工作。

数字标准物质软件的开发、启动顺应了国家"互联网+"的战略目标，及世界范围内各领域信息化、数据化的潮流趋势和中药质量安全控制的发展方向，利用此研究成果可以突破药品质量控制中标准物质发放和使用的瓶颈问题，具有较大的研究意义、实用价值和应用前景。

数字化标本馆

中药民族药数字标本平台是由中检院牵头，在中检院信息中心的支持和软件公司的配合下，药检系统数字标本团队共同搭建的一个以服务药品监督检验人员为主，同时兼具科普、教学、生产研发等作用的中药民族药标本数字化方法技术应用与成果展示平台。它的上线不仅为药品监督检验人员提供了技术支撑，为科研人员提供了交流平台，更将为普通大众提供中药民族药科普、宣传和教育等公益性服务。目前已经完成冬虫夏草、黄芪、淫羊藿等 7 项数字标本的示范性建设，并通过了信息系统验收。其主要功能包含数字标本检索展示、数字标本审核导入、数字标本加工录入；涉及汇交存储、加工审核、上传下载、分类导航等 14 项重要功能点。目前平台内已导入标本数据 892 份，图片类附件 2094 张，文献资料数据 583 条。在软件公司的配合下，标本馆内搭建了测试环境，实现了该系统在标本馆区域内局域网络的访问使用，待软件验收后可进行发布。

药品评价性抽验

1. 骨刺片

完成骨刺片 106 批次样品，涉及 10 家生产企业、10 个批准文号；3 批抽自生产企业，103 批抽自经营企业。标准检验结果：依据执行标准检验，2 批次样品不合格，不合格率 1.9%，不合格项目为士的宁含量测定项；104 批次样品合格，合格率为 98.1%。

经安全性、真实性、有效性、均一性等方面探索性研究，结果按拟补充和修订的检验方法和标准检验，18 批次样品合格率为 27.8%。发现的主要问题包括：执行标准限度设定及个别方法不当、质量控制项目不够全面、个别生产企业少投料或不投料问题等。建议统一完善质量标准，修订制剂标准；加强生产监管，严把原辅料关，优化生产工艺参数。

2. 白及、青黛

本次专项抽验共抽取白及样品 152 批次，其中药材 17 批次，中药饮片 135 批次。合格样品 139 批次，合格率为 91%。其中 2 批白及饮片性状不合格，显微鉴别不合格 13 批，其中 1 批为白及药材，其余均为白及饮片。经探索性研究，建议现有标准修订薄层色谱，增加特征图谱与含量测定项，增加 PCR 鉴别方法研究或专属性强的鉴别方法。

共抽取青黛样品 76 批次，覆盖全国 26 个地区。合格样品 72 批次，合格率为 95%。不合格样品问题包括性状、薄层鉴别。分析质量问题原因：在加工炮制过程中，由于精制不够使得青黛成品中混入过多的石灰，同四十年前相比问题更加严重；少部分不合格的青黛样品系人为造假，这些样品多数不含靛蓝和靛玉红，经《中国药典》TLC 鉴别即可检出。另外，标准对青黛的加工炮制环节的规定十分模糊，标准中缺乏对含石灰量的直接或间接控制，使得存在过多的石灰。

3. 人参、黄芪

2017 年组织开展了人参中农药残留国家评价性检验，全国市场人参合格率仅为 39.3%，30% 的样品五氯硝基苯超过《中国药典》标准 10 倍以上，最高超标达 640 倍，安全风险较大。通过此次国评，共发出不合格报告书 48 份，涉及生产企业 30 余家，相关样品召回、处罚等监管工作已全面展开，国家食品药品监督管理总局也即将向社会发出通报。

4. 草乌、制草乌、草乌叶

中药民族药检定所民族药室承担草乌、制草乌和草乌叶 3 个品种。本次专项抽验共抽取样品 133 批，其中生草乌 4 批；制草乌样品 129 批次；未收到草乌叶的抽样，抽样地域覆盖了全国 29 个省级行政区。

经检验，结果生草乌 4 批次均合格，合格率为 100%；制草乌 119 批次合格，总合格率为 92%，10 批次不合格，总不合格率为 8%，不合格项目为【含量测定】，其中有 1 批除含量不合格外，【检查】双酯型生物碱也不合格。

能力验证项目

组织完成川贝母 PCR－RFLP 鉴别能力验证项目（NIFDC－PT－102），来自 20 个省、自治区、直辖市的 50 家单位参加了此次能力验证项目。结果通过 27 家，未通过 23 家。主要问题是实验技能欠缺造成实验结果不准确。另外，还发现有实验数据造假嫌疑，交叉污染带来的假阳性结果，标准理解不到位等问题。

组织完成了六味安消胶囊含量测定能力验证项目（NIFDC－PT－094）。242 个反馈结果中 190 家实验室的检测结果为“满意”，满意率为 78.51%；34 家实验室结果为“不满意”，不满意率为 14.05%，其中地市级食品药品检验机构 23 家，县区级食品药品检验机构 4 家，企业实验室 6 家，其他实验室 1 家；另有 18 家实验室的结果为“可疑”占总反馈结果的 7.44%，其中地市级食品药品检验机构 15 家，企业实验室 3 家。

药监智慧点亮科普之光
——“2017 年全国科学实验展演汇演”

2017 年 11 月 29 日～30 日，“2017 年全国科学实验展演汇演”在北京举行，中检院中药民族药检定所 5 名科研人员组成国家食品药品监督管理总局代表队，聚智出力，展现了娴熟的操作技能和良好的精神风貌，经过两轮激烈的角逐，凭借“浙贝母和党参的硫熏鉴别方法”等科学实验，在内地 20 多个省市和澳门特别行政区的 69 组科学实验秀队伍中脱颖而出，荣获“2017 年全国科学实验展演汇演”二等奖。

本次活动以“科技强国　创新圆梦”为主题，通过向全社会广泛普及科学知识的形式，倡导科学方法，为全国科技人员搭建展示科研能力和学习交流的平台，推动我国科普事业持续健康发展。

展演汇演活动中，国家食品药品监督管理总局代表队精心设计实验过程，对中药材品质鉴定的简便方法进行了规范演示，既展示了食品药品监管的技术保障手段，又传播了食品药品安全的科学知识。

参赛队员一致表示，习近平总书记在党的十九大报告中提出：弘扬科学精神，普及科学知识。作为食品药品监管系统工作人员，要全面深刻学习领会党的十九大精神，加强学习，努力提升专业素养和监管能力，为食品药品监管提供有效手段和技术支撑。同时，努力投身食品药品科普工作，积极探索人民群众喜闻乐见的传播方式，推动食品药品科普知识深入人心。

人参中有机氯农残测定能力验证计划总结分析会

2017年6月29日，由中检院中药所主办，新疆维吾尔自治区食品药品检定所协办的“人参中有机氯农残测定能力验证计划总结分析会”在乌鲁木齐召开，来自全国38个省地市药品检验机构的90余位代表参加了会议。

会上介绍了中检院能力验证体系情况；对此次能力验证计划的背景、流程、评价原则和统计结果进行了讲解，并对不满意结果进行了技术分析。3家药检所代表进行了农残检测的经验交流。中检院相关专家作了“中药中有机氯农残分析技术要点和分析质量控制”的专题报告；会议还邀请中检院化药所专家就“数据化思维在药品质量研究中的应用”进行了学术报告。

中药中有害残留物检测技术复杂，检测难度较大，参加相关能力验证计划是保证分析质量的必要措施，已得到国内外公认，并成为实验室认可工作中的重要评价依据。中检院作为合格的能力验证计划提供者，将继续增加在中药外源性有害残留检测领域能力验证中的检测项目，为药检系统整体检验能力的提升做出努力。

中华中医药分析分会第十次中药分析学术交流会

2017年8月3日~5日，由中华中医药学会主办，中检院中药民族药检定所、中华中医药学会中药分析分会、北京中医药大学中药学院、山东省中医药研究院联合承办的第十次中药分析学术交流会在山东烟台召开。

会议由中华中医药学会中药分会主任委员卢建秋教授主持，中华中医药学会中药分会副主任委员、中检院中药民族药检定所马双成研究员，就本次交流会召开的意义及中药的质量安全问题与检测关键技术和方法作了报告。本次会议特别邀请了西安交通大学医学部副部长贺浪冲教授、山东省中医药研究院党委书记赵渤年研究员、原国家自然科学基金医学部中医学与中药学学科主任王昌恩教授、上海中医药大学中药研究所王峥涛教授、湖北省药品监督检验研究院副院长聂晶主任药师等知名专家学者作了有关中药分析学科建设、自然基金申报、中药新药研发和中药质量标准提升等方面的精彩报告。在学术交流报告环节，中药民族药检定所刘越助理研究员作了题为“Chemical analysis of Polygonummultiflorum Thunb：A critical review”的报告；在青年优秀报告交流环节，中药民族药检定所郭晓晗硕士研究生作了题为“UPLC－Q－TOF－MS结合主成分分析法鉴别鹿茸及其混伪品种”的报告，并获得大会优秀论文三等奖。

来自全国高等院校、研究院所、药检系统、医药企业等单位的近200位代表参加了此次会议。本次会议的主题是中药质量标准研究的现状、问题及发展趋势，会议征文共计106篇。中检院中药所所长、副所长、中药材室、天然药物室、中成药室相关人员参加了会议。

2017年中国药品质量安全年会中药分会场

2017年11月28日~29日，中国药品质量安全年会在深圳召开。中药分会场共进行了20个大会报告，包括3个主题报告和17个专题报告。来自全国各级食品药品检验检测机构的中药检验人员，全国各中药生产企业及科研单位的质量管理、研究人员共计300多人参加了此次中药分会场报告。本次报告依托国家药品监督抽验工作成果，围绕“确保药品安全，维护公众健康”的主题，从宏观的中药行业发展角度出发，结合具体实际问题，全方位解读中药质量安全状况、剖析共性问题，并阐述了中药质量控制及未来发展方向。

本次中药分会场演讲报告内容安排丰富、全

面，从宏观中药行业发展的角度，结合监管者和制药企业进行了不同层面的共同探讨。

主题报告从中医药学理论出发，指出中药材及饮片的质量是中药质量的根本，也是保证中医临床用药安全有效的关键。

专题报告的设立从中药材及饮片、中药提取物和中成药制剂、补充检验方法制定等角度全方位地报告了我国目前中药质量的具体情况、质量标准制定和存在的问题。17 个专题报告中，来自中检院中药民族药检定所和各省市药品检验机构的专家，对国家药品评价抽验品种的质量状况进行解析并对现行标准存在问题进行探讨。

中药分会场汇聚了药品检验检测机构、生产企业、研发单位及行业协会的专业技术人员。分会场演讲嘉宾对各自报告进行了精心准备，演讲报告内容全面、创新、实效性和吸引力强，达到了预期的成果。此次的中药分会场的报告涉及了时下业内乃至社会比较关注的检验问题，如人参中农药残留的专题报告、土鳖虫霉变质量问题等。与会人员反响强烈，特别是在会后答疑阶段，由于本次药品质量安全年会有许多中药生产企业的代表参加，所以对于我国中药生产、监管政策和在检验新技术与新方法以及质量风险控制等方面进行了深入的探讨和交流，达到了会议预期目的。

中药民族药检定所所长马双成在总结发言中肯定了此次会议达到的预期效果，对于我国中药事业的发展表示了极大的信心。同时也表示，中药事业的持续健康发展需要监管者和生产单位、研究单位共同努力。中药生产企业更应对药品标准提高以及原料管理和生产工艺研究等方面加以重视，一方面加强内源性有效成分或组分的控制，加强内源性有毒成分的研究及限量标准的制定，另一方面加强重金属、农残、黄曲霉毒素、辐照、二氧化硫残留、色素等外源性有害残留的风险研究，共同努力，确保药品安全，维护公众健康！

中国科协第 334 次青年科学家论坛在北京召开

2017 年 11 月 15 日 ~17 日，由中国科学技术协会主办，中国药学会承办，中检院、山东省食品药品检验研究院、河北省药品检验院、安徽省食品药品检验研究院、中国中药协会中药质量与安全专业委员会协办的中国科协第 334 次青年科学家中药质量与安全关键检测技术论坛在北京召开。

中检院副院长张志军在开幕式上对到会青年学者表示了热烈欢迎，并对青年学者提出了三点要求：一是不忘初心，牢记使命，为中药检定事业发展做出新贡献；二是要深入研究，勇于创新，在创新研究中成长成才；三是要刻苦钻研，希望青年学者畅所欲言、集思广益，求真务实，大力弘扬科学精神。最后，殷切地希望静学者为中药质量与安全建言献策，为维护公共健康贡献力量。

中检院中药所所长介绍了论坛背景，本论坛是由中国科学技术协会于 1995 年 4 月设立的论坛，意在培养和造就一批进入世界科技前沿的跨世纪的学术和技术带头人，为广大优秀青年科技工作者开办一项长期的、高水平的学术交流活动。论坛宗旨是为在国内工作并已取得突出成就的优秀青年科技工作者提供一个学术交流园地。贯彻百花齐放、百家争鸣的方针，坚持实事求是的科学态度，倡导学术民主、学术自由的风尚。本次论坛由四位分别来自中国食品药品检定研究院、山东省食品药品检验研究院、河北省药品检验院和安徽省食品药品检验研究院的执行主席联合向“青年科学家论坛”秘书处提出以“中药质量与安全关键检测技术”为主题召开，经青年科学家论坛组委会审核后批准。共有来自全国 32 家高校、科研院所、药品检验机构、药品生产企业的 70 多位青年学者参加了论坛。

与会青年学者围绕中药质量控制新技术新方

法、中药质量评价新思路、中药标准制定新思路和新方法、中药安全性检测技术和评价方法、中药质量等级评价技术和方法等五个专题各抒己见、踊跃发言。讨论焦点涉及中药材基原鉴定、中药材及饮片等级标准、中药品质鉴定、质量标志物、快速检测技术、网络药理学等问题。通过整整两天的精彩报告和激烈讨论，与会代表形成了以下共识：一是加强中药基原方面研究的力度，提高研究品种基原的可靠性；二是加强新技术新方法在中药质量评价的应用转化，让方法“落地”，更好地为中药质量评价及药品监管服务；三是在继承传统的基础上，要注重创新，重视中药质量评价中的科研创新，为中药质量控制提供思路。此外论坛进行了全程直播，吸引了6000余名观众在线收看。

此次论坛让与会青年学者了解到中药研究的发展动态，在交流中促进学科交叉和融合，启迪新的学术思想，树立新的学术观点；促进优秀青年科技工作者的成长，使他们置身于高层次的学术讨论环境之中，拓宽视野，增长知识和才干，提高学术水平。

支持香港筹建中药标本馆

协助香港特区政府筹建中药标本馆并赠送部分中药标本是国家食品药品监督管理总局领导2016年访问香港后续工作的重点内容之一，是国家食品药品监督管理总局推进内地与香港在药品监管领域合作的一项重要工作。该项工作体现了总局对香港中医药事业的高度重视和支持，必将提升双方在中药检测及标准研究领域交流与合作的水平，也将为香港特区中医药事业的发展提供重要技术支撑。

国家食品药品监督管理总局拟赠送香港特区政府的中药标本由中检院和国家药典委员会会同相关省级药品检验所及有关单位提供。此批标本有珍稀贵细中药材4套，药典品种242种，地方习用草药86种，以及由中检院标定和生产的中药对照药材1套。除此以外，还提供了标本收集、鉴定和管理等方面的规范和方法。

与香港中医药研究发展中心举行学术交流会暨合作签约仪式

2017年3月17日中检院中药所与香港中文大学李达三叶耀珍中医药研究发展中心在中检院举行学术交流，并签订了今后双方学术交流与合作协议。中检院中药所负责人主持了学术交流会，香港中文大学生命科学学院生物化学学系主任、中医中药研究所副所长邵鹏柱教授作了“分子生物学在中药检定中的应用研究”专题报告。

随后，双方签署了学术交流协议以促进今后学术交流与合作。协议拟定通过学者及研究人员互相访问、合办学术及培训活动、委托港方进行鉴定质控草案的复核和DNA试剂盒的研发等科研合作，加强数据共享，促进中药检测新技术在中药质量控制及监管方面的应用。

赴香港特区参加香港中药材标准第10次国际专家委员会会议

经国家食品药品监督管理总局批准，应香港卫生署邀请，中检院马双成一行于2017年6月11日~15日赴香港参加了香港中药材标准第10次国际专家委员会会议。马双成和魏锋作为香港中药材标准国际专家委员会委员，会议期间对全部的研究报告及研究计划进行了审议，并提出了修改意见和建议。辽宁省院副院长孙苓苓也应邀出席了此次会议。胡敏副主任药师、孔令锋副主任药师、康帅助理研究员就中检院承担药材标准研究工作进行了汇报。

会议由香港卫生署署长陈汉仪医生主持，共有来自中国内地、中国香港、德国、奥地利、澳大利亚、日本、泰国、美国、英国、加拿大等地从事传统药物研究的专家和代表70余人参加。会议审议了由中检院、香港中文大学、香港大学、香港科技大学、香港理工大学、香港城市大学、香港浸会大学、中国医药大学8所研究机构承担起草的25种中药材标准的研究工作。由中检院承担的3个品种（三棱、灵芝和藤黄）较为顺利地通过了专家审议。会议就饮片先导性研究进展、中药重金属和二氧化硫残留风险评估，以及二氧化硫检测方法等内容进行了报告，并征求了与会代表的意见和建议，还对下一期准备研究品种进行了讨论。

赴香港特区参加《香港中药材标准》第49次科学委员会会议

经国家食品药品监督管理总局批准，应香港卫生署邀请，中检院马双成带队于2017年10月16日～20日赴香港参加了《香港中药材标准》第49次科学委员会会议。马双成作为《香港中药材标准》国际专家委员会（IAB）委员，会议期间对全部的研究报告及研究计划进行了审议，并提出了修改意见和建议。项目负责人就中检院承担中药材及饮片标准研究工作进行了汇报。会议在香港卫生署公共卫生检测中心举行，共有来自中国内地、中国香港、中国台湾、美国、英国等地从事传统药物研究的专家和代表50余人参加。中检院、香港中文大学、香港大学、香港科技大学、香港理工大学、香港城市大学、香港浸会大学、中国医药大学（台湾）8所研究机构分别汇报了承担起草的24种中药材根据2017年6月第十次国际专家委员会专家意见修改的研究内容。中检院汇报了承担的3个中药材品种（三棱、灵芝和藤黄）的补充研究情况。会议审议了8所研究机构承担起草的17种中药材及8种中药饮片先导性研究工作。中检院汇报了承担的黄芩饮片先导性研究样品检测工作进展。会议就港标各品种研究工作遇到的问题，包括标准制定过程中是否采用超高效液相，二氧化硫的检测，冬虫夏草砷的问题，水分限度制定的原则问题以及千里光中吡咯里西啶类生物碱毒性、风险评估和标准制定进行了广泛讨论和交流。会后参观了位于沙田香港科学园区的香港特区政府中药检测中心。

化学药品检定所

对新增药品进口口岸进行评估

按照“增设允许药品进口口岸工作评估考核方案”的要求，国家食品药品监督管理总局委托中检院对药品进口口岸评估工作进行资料审核和现场评估的组织安排。2016年4月～2017年11月，对总局转来的8个口岸的增设（或变更）申请进行了审核，其中5个口岸申请安排的现场考核评估，累计派出观察员5人次，组织口岸考核评估专家25人次。5次现场评估的结论均为通过，已将报告上报国家食品药品监督管理总局。苏州、深圳口岸的变更口岸检验机构的申请分别于2016年8月和2017年5月获国家食品药品监督管理总局批准，苏州市食品药品检验所自8月承担药品口岸检验工作后，完成74个批次涉及货值2365万美元药品进口检验任务。山东济南、湖南长沙、辽宁沈阳的新增口岸申请由于涉及开放口岸需经国务院批准，目前国家食品药品监督管理总局正与海关总局进行会签中。目前我国已有20家药品口岸检验机构。

其余3个新增口岸申请：就广东中山新增口岸的申请是否符合设置标准的问题专门向总局发出请示报告，待回复后确定；湖北省口岸、湖北宜昌口岸的新增申请经审核不符合设置标准的要求，待向国家食品药品监督管理总局发送审核报告。

已通过现场考核的口岸药品检验机构实现了跨越式发展，能力明显提升：各项药品检验能力实现《中国药典》2015年版收载的全项覆盖，国际通用药典（《美国药典》《欧洲药典》和《日本药局方》）中全部项目、进口需求品种的检验资质全覆盖；实验室设施环境明显改善，人均实验室面积超过100m^2，进口药品留样均设置了专门区域，各检验机构均已配备适合口岸检验的大型仪器设备；实验室人员结构明显合理，中级以上药学专业职称超过总人数的75%，本科学历以上人员超过总人数的75%，有药学专业背景、从事药品检验的业务技术人员超过总人数的60%。

新增口岸的评估工作为已有口岸检验机构再评估积累了经验。通过药品进口口岸的考核评估，实现口岸检验机构的跨越式发展。

与 WHO 开展深入合作

近年来中检院共承担了 WHO 70 个国际药典起草的品种任务，其中 43 个品种已正式收载入最新版国际药典中（其中 2017 年收载了 11 个品种）。

2017 年 12 月 6 日 ~11 日，中检院成功举办 WHO 药品质量保证相关工作规范培训班。培训班设三个会场，分别由中检院、湖北省药品监督检验研究院、苏州市药品检验检测中心承办。全国 60 余家药品检验机构的 450 余人参加了培训。

培训班邀请了 WHO 药品质量保证专家 Dr. Sabine KOPP、Dr. Herbert SCHMIDT、Mr. Rutendo Kuwana，就 WHO 主要的工作、国际药典起草要求、WHO 外部质量评估、WHO PQ 预认证工作介绍、良好药典起草规范以及中检院与 WHO 在药品质量保证方面合作的概况等 6 个方面作了专题技术报告。

中检院自 1980 年成为 WHO 药品质量保证合作中心，2016 年被再次认定为 WHO 药品质量保证合作中心。此次培训班的举办标志着中检院与 WHO 卓有成效的合作得到进一步深化，为提高我国药品检验检测能力和水平，搭建加强药品质量保证方面的国际交流与合作的平台，加强药品监管提供了强有力的技术支撑。

纠正 WHO 药品标准物质量值

2015 年中检院在对欧洲药品质量管理局（EDQM）提出的“硫酸卷曲霉素”和“注射用硫酸卷曲霉素”国际药典征求意见稿进行审核时，发现虽然标准中已采用 HPLC 法替代了传统的效价法，但其采用的生物效价值与化学值转换的方法不合理，依据我们建立的转换模型，推测 HPLC 含量可能较原效价法含量约低 20%，这将导致临床用药剂量发生明显改变，进而影响治疗效果。为此，中检院一方面向 WHO 提出问题，另一方面与 EDQM 进行技术沟通，促使 WHO 决定由中检院在中国牵头组织硫酸卷曲霉素 HPLC 法替代效价法进行含量测定的研究。2017 年 10 月，中检院代表在瑞士 WHO 举行的讨论会上对结果进行了汇报，结果得到与会专家的肯定；并确定采用中国的转换值，在中国的卷曲霉素国家标准品上赋 HPLC 含量值，作为 WHO 的对照品供全球使用。

进口药品标准复核管理

为解决化学药品注册检验积压的问题，一是对进口药品注册检验统一规范复核的技术要求和时限，与综合业务处建立信息交换机制；二是全面梳理进口药品注册检验的遗留任务，落实承担单位的责任人，对各口岸检验机构超时限的品种进行督查督办；三是对新增口岸药品检验机构进行培训和指导，扩大承担机构的数量，苏州、深圳批准为口岸检验机构后陆续承担进口药品注册检验 16 个品种，48 个批次的注册检验工作。

2016 年 12 月 ~2017 年 11 月共受理化药药品进口注册检验 439 件，完成注册检验并将结果发送审评中心 555 件，完成率超过为 126%。

化药标准物质研制

化学药品检定所克服实验室搬迁带来的种种困难和问题，齐心协力，实际完成 32 个首批、155 个换批和 289 个质量监测任务，完成首批研制任务超计划近 15%，完成质量监测任务比去年增加近 60%。化学药品检定所共完成标准物质研制技术报告 187 份，保证了化学药品标准物质的供应。

赴澳门特区参加 2017 年度亚洲吸入制剂大会

应亚洲吸入联盟邀请，中检院魏宁漪于 2017 年 9 月 13 日 ~16 日，赴澳门特区参加 2017 年度亚洲吸入制剂大会（Inhalation Asia 2017，IA 17）并在大会上进行学术报告。亚洲吸入大会历时 3 天，大会分为大会报告、研讨会及壁报交流三种方式分时段进行。来自亚洲、欧洲、美洲和澳洲的数百位从事吸入制剂工艺制剂、质量控制、药理毒理和临床应用等领域的专家学者参加了会议。大会邀请多位著名专家进行大会报告，魏宁漪副研究员应邀在大会作了题为“国家药品检测机构在吸入制剂质量控制和体外评价方法中的地位及作用”的报告，介绍中检院在吸入制剂方面的实验室建设和人员技术建设，以及在吸入制剂质量控制和工艺参数、吸入装置筛选方面做的大量工作，主要涉及定量吸入气雾剂、吸入粉雾剂和吸入溶液剂。质量控制方面对空气动力学粒径分布（APSD）和递送剂量均一性等项目进行方法建立和验证，采用喷雾模式和喷射形态评估仿制吸入药物的体外行为，考察辅料及装置对吸入有效性的影响。对于吸入制剂的体内外相关性正在研究过程中，并考察设计阶段撞击器的相关能力验证计划。通过参加会议，充分展示了我国吸入给药科学的发展和技术研究水平，对推动国际药学学术交流具有积极的作用。

生物制品检定所

自主研发的国产 EV71 疫苗的质量控制和评价

继 2016 年我国自主研发的 EV71 疫苗注册获批，2017 年，第三家国产疫苗企业申报 EV71 疫苗批签发。在该疫苗的研发和注册检验过程中，生物制品检定所系统建立了疫苗质量控制和标准化平台，首次成功主导研制了 WHO EV71 抗体国际标准品，制定并发布了《EV71 疫苗质量控制和评价技术要点》，为保证疫苗研发和生产阶段中疫苗质控和评价方法及标准的衔接起到重要作用。该范例为在未来创新生物制品研发和注册中中检院的定位提供了示范和参考。

接受临床试验数据现场核查

根据《药品注册管理办法》及有关规定，为了规范药物临床试验，2017 年国家食品药品监督管理总局核查中心对生物制品检定所 6 个科室承担的 18 个疫苗临床试验检测项目进行临床数据现场核查。核查结果认为，上述临床试验数据真实性和科学性没有问题，在规范性上应进一步完善。作为生物制品注册临床样本检验的主要机构，生物制品检定所承担了大部分注册疫苗等生物制品的临床试验样本检验和相关方法研究工作，是临床试验数据真实性、完整性和可溯源性的关键环节，因此，也在临床试验数据现场核查范围之内。通过核查，一方面考察了中检院作为国家生物制品注册法定检验机构的水平和能力，同时，按照国家食品药品监督管理总局发布的《药物临床试验数据现场核查要点》，进一步规范临床样本检验为了进一步提高临床试验检验等委托、合同检验的质量，提高检验体系的规范性和一致性，确保试验数据真实、完整和可溯源，生物制品检定所及时梳理相关问题并总结经验，为后续检查制定工作方案，组织相关科室工作人员开展培训，规范检验工作。同时加强与检查组的有效沟通，确保核查工作更有序、高效地开展。

疫苗批签发工作

2017 年，申请签发的疫苗有 50 个品种，共计 4404 批，其中 4388 批（约计 7.12 亿人份）符合规定，16 批（约计 80.68 万人份）不符合规定；申请签发的血液制品有 12 个品种，共计 4388 批，其中 4387 批（约计 0.71 亿瓶）符合规定，1 批（1 万瓶）不符合规定。目前，实施批签发的疫苗和血筛试剂以国产制品为主，进口制品少于5%。批签发制品的生产规范性较好，质量稳定可控。2017年有2批国产疫苗、14批进口疫苗和1批进口人血白蛋白不符合规定，不合格批次多于2016年，主要是进口疫苗不合格批次增多所致。

为加强批签发管理，国家食品药品监督管理总局多年前启动了《生物制品批签发管理办法》（以下简称《办法》）的修订工作，通过深入调研并公开征求社会各界意见，于2017年12月29日发布了修订后的《生物制品批签发管理办法》（总局令第39号）。新《办法》于2018年2月1日起正式实施。此次修订以问题为导向，结合近年来批签发工作实践及问题，完善相关程序和要求，以达到最大限度控制风险、弥补漏洞的目的。生物制品检定所为配合新修订《生物制品批签发管理办法》的实施，对批签发相关的程序文件进行了修订，并对批签发相关药品监管机构以及批签发相关企业进行了宣贯培训。

医疗器械检定所

通过实验室认可

2017年，医疗器械检定所新址接受CNAS、资质认定二合一扩项现场评审检查，完成大兴新址的实验室认可工作，确保正常检验工作的开展。无源器械检验获得CNAS推荐认可的检测能力范围129项，获得CMA资质认定能力范围381项，有源器械检验获得CNAS推荐认可的检测能力范围362项，获得CMA资质认定能力范围526项，通过认证的检验项目数量位居全国榜首。经过2017年的扩项，医疗器械检定所光机电室具备电磁兼容的全项检测能力，新增有源植入物、左心室辅助设备等新的检测能力，有源器械检验能力得到进一步提高。

标准制修订工作

2017年，医疗器械检定所共组织及参与医疗器械标准制修订项目7项。其中，组织工程标准1项即《组织工程医疗器械产品 壳聚糖》，同种异体修复材料标准4项，即《同种异体修复材料组织库基本要求》《同种异体修复材料 深低温冷冻骨和冷冻干燥骨》《同种异体修复材料 脱矿骨、同种异体修复材料》《脱矿骨材料的体内成骨诱导性能评价》，体外辅助生殖标准2项，即《人类体外辅助生殖技术用医疗器械 穿刺取卵针》和《人类体外辅助生殖技术用医疗器械 胚胎移植导管》。

为保证2018年医疗器械标准立项工作的顺利开展，在充分预研和标准验证的基础上，医疗器械检定所组织提出预立项计划含2项国家标准，即《心血管植入物 人工心脏瓣膜 第1部分 通用要求》《心血管植入物 人工心脏瓣膜 第2部分 经外科植入式人工心脏瓣膜》，13项行业标准即《组织工程皮肤通用技术标准》《组织工程骨修复材料中BMP－2含量检测方法》《组织工程骨修复材料中BMP－2生物活性检测方法》《生物角膜原位植入试验（家兔模型）》《同种异体修复材料疝修补补片》《同种异体修复材料 乳房补片》《外科植入物Ⅰ型胶原硬脑（脊）膜补片》《外科植入物 脱细胞真皮基质疝修补片》《人类辅助生殖技术用液中氨基酸检测方法》《人类体外辅助生殖技术用医疗器械 囊胚染色和计数法》《人类体外辅助生殖技术用医疗器械 氨基酸分析法》《医疗器械生物学评价 医疗器械潜在神经毒性评价试验选择》《心血管植入物 可吸收心血管植入物》，并于11月初完成申报工作。

为保证所承担技术领域新发布标准的顺利实施，2017年，医疗器械检定所组织2次标准宣贯和培训，针对2017年度发布的以下标准进行宣贯，即YY/T 1561—2017《组织工程医疗器械产品 动物源性支架材料残留α－Gal抗原检测》、YY/T 1562—2017《组织工程医疗器械产品 生物材料支架细胞活性试验指南》、YY/T 1570—2017《组织工程医疗器械产品 皮肤替代品（物）的术语和分类》、YY/T 1571—2017《组织工程医疗器械产品 透明质酸钠》、YY/T 1574—2017《组织工程医疗器械产品 海藻酸盐凝胶固定或微囊化指南》、YY/T 1575—2017《组织工程医疗器械产品 修复和替代骨组织植入物骨形成活性的评价指南》、YY/T 1576—2017《组织工程医疗器械产品 可吸收材料植入试验》、YY/T 1577—2017《组织工程医疗器械产品 聚合物支架微结构评价指南》、YY/T 1532—2017《医疗器械生物学评价 纳米材料 溶血试验》。

标准化管理工作

2017 年，组织 1 项国际标准的正式立项申请，参加国际标准化工作网络视频讨论。10 月 22 日 ~23 日，全国外科植入物和矫形器械标准化技术委员会组织工程医疗器械产品分技术委员会（SAC/TC 110/SC 3）年会暨医疗器械标准评审会在北京召开，近 50 人参加了会议。围绕《组织工程医疗器械产品 壳聚糖》标准草案送审稿进行审查，会上为 2 名积极参与技委会标准化活动，有突出贡献的委员及观察员授予“突出贡献奖”。10 月 13 日 ~14 日在北京组织与会专家及代表对 2017 年度完成的 4 项同种异体修复材料标准草案送审稿进行审查，并对 2018 年的标准立项计划征求意见且投票通过。11 月 14 日 ~15 日，人类体外辅助生殖技术用医疗器械工作组年会暨《人类体外辅助生殖用医疗器械 穿刺取卵针》和《人类体外辅助生殖用医疗器械 胚胎移植导管》行业标准审定会在京召开，工作组进行年度工作汇报并对 2 项行业标准进行讨论和完善，投票表决形成报批稿。会议还对 2018 年度标准立项计划进行讨论并全票表决通过。

医疗器械检定所组织申请的“纳米医疗器械生物学评价分技术委员会”获国家标准委正式批复筹建（标委办综合函〔2016〕257 号）。2017 年，收到国家食品药品监管总局科技标准司《关于转发国家标准委办公室有关复函的函》（食药监科便函〔2017〕127 号），同意中检院按照要求筹建全国医疗器械生物学评价标准化技术委员会纳米医疗器械生物学评价分技术委员会。已完成技委会章程、秘书处工作细则等文件的起草和委员的征集，正式提交筹建报批资料。

医疗器械检定所继续申请筹建标准化技术委员会 2 个，分别是“全国生物三维打印技术标准化技术委员会”（3D 打印）和“手术机器人技委会”。

标准物质研制工作

医疗器械检定所正在组织研制 4 项国家标准品，已完成“螺钉检测用模拟骨”标准品的研制、加工、定值工作，准备开始进行标准品协作标定。已完成 Gal 抗原阳性及阴性生物材料参考品研制。BMP-2 标准品因等待国际标准品购买将延期申报。完成环氧乙烷、多元素混合标准溶液稳定性考察。完成“多元素混合标准溶液”剩余包装的清点工作，保证货品持续供应。完成中检院药品标准物质生产者质量管理体系内审。

拓宽检验技术研究领域

2017 年，医疗器械检定所全面建立医疗器械生殖毒性试验体系，包括早期胚胎发育毒性、致畸、围产期毒性试验，医疗器械病毒灭活、细胞质量检验、医疗器械溶出物毒代动力学试验、药物相容性试验、医疗器械临床前动物实验（防粘连产品）等正在开发和验证中，并开始出具报告。

开展临床前大动物实验，包括可吸收止血产品肝脏出血和子宫出血大动物实验等，并已完成 7 批相关试验工作。

研究新材料和产品测试方法，正在进行铁磁性材料 MRI 安全性测试方法、全降解冠脉血管支架体外疲劳测试方法的研发工作。

完善生物源性医疗器械质量评价平台，具体包括病毒去除与灭活工艺验证研究和技术服务平台建设；体内及体外免疫学评价平台建设。提高对生物源性医疗器械全面质量评价的能力。

完善动物源性医疗器械质量评价方法，建立动物源医疗器械的体内免疫学评价模式小鼠，基本完成模式小鼠的评价和验证。正在开展模式小鼠的应用示范研究，推动动物源医疗器械的脱细胞工艺验证方法和标准的实施。

加强有源优势项目建设，推进医疗器械检定所光学优势项目研究，依托课题开展有源植入设备、人工智能设备检验评价方法和平台的建设。

2017年，医疗器械检定所成功研制辅助测试装置3项：第四代内窥镜自动化检测装置、激光分类装置和眼底照相机检测装置。这些测试装置能有效降低人为因素带来的测量误差，提高检测效率，实现更有效的监管。

组织高校教材编写工作

为顺应我国当前医学高校学科发展需要，落实“十三五”规划教材编写工作，国家卫计委牵头组织生物医学工程专业（临床工程方向）第一轮规划教材——《医疗设备质量检测与校准》的编写。杨昭鹏所长被聘为主编，负责组织编写该教材。2017年，教材正式出版。

参与医疗器械蓝皮书编写工作

受中国药品监督研究会委托，医疗器械检定所负责《2017年医疗器械蓝皮书》中“医疗器械发展现状”的编写工作。医疗器械检定所向全国所有具有医疗器械检验资质的检验机构发出问卷调研，并完成了信息收集整理和报告的编写工作。

开展实验室间比对和能力验证工作

医疗器械检定所第十二年持续组织开展全国医疗器械检验机构实验室间比对工作。2017年度医疗器械检验机构比对试验有源项目为端子骚扰电压，无源项目为输注器具铅镉含量，其中NIFDC－PT－096输注器具铅镉含量项目被列为国家食品药品监督管理总局医疗器械能力验证项目。项目根据我院17043管理体系和国食药监械〔2012〕92号《关于规范医疗器械检测机构比对试验管理工作的通知》的要求进行。组织完成方案策划、样品制备、稳定性均匀性检验及统计分析、结果汇总及判定、整改情况汇总及效果判定和总结上报等工作。本次能力验证工作首次引入了新领域项目，对方案策划、统计技术和结果评价等关键技术要素的掌握都更加深入。端子骚扰电压项目为医疗器械系统内首次实施的电磁兼容领域能力验证项目，创新通过过程合规性结合试验数值结果，制定评分体系评价参加者能力，取得了很好的效果。铅镉含量项目为我院能力认可范围内项目，并且为第二轮次实施，本轮次在方案策划中加强了统计技术的应用，指定值采用专家实验室公议值，能力评定标准差采用上一轮次结果数列分散系数，均匀性评价采用0.3倍σ准则，稳定性评价采用t检验法。铅镉含量项目扩大了参加者范围，包含具有资质的全部医疗器械检验机构36家、部分药品检验机构18家和第三方检验机构4家。最终结果为：无源项目参加机构共58家，判定结果为32家满意，16家不满意；有源项目参加机构共16家，判定结果为15家满意，1家可疑。

体外诊断试剂检定所

诊断试剂国家标准物质第三期目录更新

2017年5月16日，为了加强落实《体外诊断试剂注册管理办法》（国家食品药品监督管理总局令第5号），体外诊断试剂检定所发布了第三期《注册检验用体外诊断试剂国家标准品和参考品目录》（以下简称《目录》），新版《目录》将中检院体外诊断试剂标准物质品种从原来的61

个增加到了93个。当前，市场使用量大、涉及面广的传染病相关标准物质已达到基本覆盖。体外诊断试剂检定所还研发了适应新一代测序技术的测序仪性能评价用脱氧核糖核酸国家参考品、高通量测序用外周血胎儿染色体非整倍体（T21、T18和T13）国家参考品、胚胎植入前染色体非整倍体国家参考品等品种，同时将17个可用于体外诊断试剂检验的化学对照品纳入目录。

新版《目录》的出台，进一步丰富了我国体外诊断试剂标准物质的品种，在技术水平层面上对把控诊断试剂产品的质量和提高产业的整体水平起到了良好的作用。

第四期注册检验用体外诊断试剂国家标准品和参考品目录发布

经中检院多个部门共同努力和协同配合，11月1日，第四期注册检验用体外诊断试剂国家标准品和参考品目录在中检院标准物质与标准化管理中心二级网站公布，本期目录在第三期目录的基础上，新增了20个品种，同时将第三期目录中7个限制供应品种中的4个品种调整为正常供应品种，目前，中检院可对外供应的体外诊断试剂国家标准品和参考品达到了113个品种，较好地解决了体外诊断试剂品种较少、供给不足的状态，特别是本次新增品种中乙肝五项快速诊断试剂国家参考品、血型相关国家参考品、高通量测序检测相关国家参考品以及耳聋基因、地贫等基因检测国家参考品等均为首次发布，品种包括了当前市场上使用量大面广的血筛产品和新技术新产品标准物质，新目录将对这些产品的质量评价和上市后的监管发挥重要作用。

包装材料与药用辅料检定所

检验工作

2017年包装材料与药用辅料检定所共收检各类样品273批，包括注册检验36批、监督检验108批、委托检验67批、合同检验51批、复验11批，已发170份报告：收缴检验费用（交中央财务汇缴专户）45万元；全年共签订合同26份，合同额度达2000余万元，已超额完成年初制定的创收任务。

对照品工作

2017年包装材料与药用辅料检定所共计发放对照品175个，其中120个为《中国药典》（2015版）必供品种。完成药用辅料对照品研制及换批计划，首批新研制品种为32个，换批为8个，全年保供率100%；药用辅料对照品共销售612万，比2016年同比增加20%。

2017年研制完成19种药包材对照物质，包括玻璃材质的标准玻璃棒（12种）、透氧透湿标准膜（6种）、金属穿刺器（1种）药包材标准物质，全年药包材对照物质销售额60余万元。完成院外专家对药用辅料标准物质生产者的评审及药用辅料标准物质的标准物质生产者（RMP）内审工作。

进口注册检验工作

面对检验停止收费的新形势，继续按照检测时限完成了注册检验任务。全年包装材料与药用辅料检定所共完成10个品种36批进口辅料注册检验工作，收到并审核省所注册检验报告书及标准共涉及54个品种；审核提交进口注册标准共42份。

仿制药质量一致性评价中国产辅料质量评估工作

包装材料与药用辅料检定所与国内12家高校、药检机构和企业成功申请国家科技重大新药创制专项“药物一致性评价关键技术与标准研究”课题子课题“药用辅料关键质量属性的评价技术与功能性指标数据库的建立”，课题着眼于对仿制药一致性评价目录中的仿制药品种使用的药用辅料进行质量研究，探索药用辅料对仿制药质量和疗效一致性的影响，建立药用辅料的功能性指标和评价的新方法。

包装材料与药用辅料检定所选择仿制药市场用量较大的三种缓控释制剂用辅料（羟丙甲基纤维素、乙基纤维素、羧甲基纤维素钠）为研究目标，通过建立辅料功能性指标与仿制药体外溶出关系，找出影响仿制药体外溶出的质量关键属性指标（如分子量及分布、粒度、凝胶化温度、黏度、结晶度、取代度、分子取代基位点等），引导仿制药制剂企业科学选择药用辅料。

为完善大分子药用辅料的质量控制方法，包装材料与药用辅料检定所承担了国家药典委员会“大分子药用辅料分子量及分子量分布测定”课题，通过总结羟丙甲基纤维素、玻璃酸钠、聚乙二醇系列药用辅料、普鲁兰多糖、海藻酸钠、壳聚糖等多种大分子药用辅料的分子量及分布的检测方法，配合国家药典委员会撰写完成了《大分子药用辅料分子量及分子量分布的指导原则》和《药用辅料与药物相容性研究指导原则》，通过了国家药典委员会专家委员的审评，计划收载于2020年版《中国药典》通则，此指导原则为制定所有大分子药用辅料相容性研究和分子量及其分布检测提供了技术指导。

在总结国内外药用辅料的分子量、粒度、聚合度等功能性指标的基础上，包装材料与药用辅料检定所初步建立了“药用辅料管理系统及功能性数据库”，数据库收录了包材辅料所历年来制定了进口药用辅料标准及各国药典标准，对比国内外辅料标准项目及限度，找出国内外药用辅料质量差距，并收录了药用辅料功能性指标检测方法，为国家食品药品监督管理总局科学监管药用辅料，引导企业逐步提高国产辅料的质量提供了技术支持。

选择仿制药用常用的大分子药用辅料，如乙基纤维素、羟丙基倍他环糊精、聚维酮、聚乙二醇400、透明质酸、羟丙甲纤维素、普鲁兰多糖、海藻酸钠、壳聚糖等国产重点大分子药用辅料进行研究，找出其质量关键属性指标，与同类进口产品质量关键属性指标比较，找出了国产药用辅料与国外产品的质量差距，并将研究成果通过适当渠道告知国产企业，引导国产企业注意其质量关键属性指标的研究。

根据国家食品药品监督管理总局领导和中检院领导的指示，为做好仿制药质量和疗效一致性评价工作，加快推进企业参比制剂备案信息梳理工作进度，包装材料与药用辅料检定所派员协助仿制药一致性评价办公室参与参比制剂备案信息梳理及7个仿制药品种相关参比制剂的遴选等工作。

药包材与药品共同审评审批改革及移交工作

根据《关于药包材药用辅料与药品关联审评审批有关事项的公告》（2016年第134号）有关规定，药包材审评审批工作已从单独审评审批调整为由总局药品审评中心与药品一并审评审批。为推进药包材审评审批改革工作，包装材料与药用辅料检定所制定了《药包材技术审评工作转交方案》，将药包材技术审评审批相关的技术文件和电子档案进行了汇总整理，形成《药包材注册技术资料档案库（一）目录汇编》和《药包材审评工作交接清单》，并陆续将1052条剩余药包材品种信息汇总成药包材公示信息表，全部移交给药品审评中心。

此外，为保证药包材审评审批改革期间的顺利过渡，包装材料与药用辅料检定所加快依据原注册法规已受理的药包材品种的审评进度，清理累积品种，2017年共组织药包材注册资料技术审评会5次，共审评注册资料1802份，做到了收到资料全部进行审评，没有品种积压现象，并先后撰写了《中检院关于药包材注册审评工作开展及关联审评审批推进情况的报告》和《关于药包材注册技术审评预计完结时间的报告》，圆满完成国家食品药品监督管理总局委托的药包材注册技术审评工作。

全国药用辅料和药包材能力验证工作

2017 年，包装材料与药用辅料检定所在全国范围内组织了药用辅料和药包材检验检测能力验证工作。190 家实验室报名参加药用辅料（苯甲醇含量测定项目）能力验证，满意 182 家，满意率 95.8%；4 家可疑，4 家不满意，不满意率 2.1%；38 家单位参与了药包材（复合膜的氧气透过量测定项目）能力验证，满意 34 家，满意率 89.5%；1 家可疑，3 家不满意，不满意率 7.9%。12 月 25 日，包装材料与药用辅料检定所在京组织召开了 2017 年度药用辅料和药包材检验实验室能力验证工作总结会，通报了能力验证试验数据结果，对各参加单位的试验结论进行了判定。此项工作的开展为总局真实客观地了解全国药用辅料、检验检测机构的实验室检验能力和质量保证水平提供了数据支持。

实验动物资源研究所

新址通过实验动物使用许可证和生产许可证评审验收

2017 年 3 月 29 日和 8 月 3 日，北京市实验动物管理办公室组织评审专家组分别对中检院新址动物实验和生产屏障设施进行实验动物使用许可证和生产许可证现场评审。经质询和答辩，专家组评定：院实验动物屏障设施和生产设施的所有技术指标符合国家标准要求，同意该设施通过验收，并于 3 月 31 日颁发使用许可证，8 月 8 日颁发生产许可证。

新址实验动物质量检测通过 CNAS 认可评定

2017 年 6 月 28 日 ~29 日，经过 CNAS 现场评审，新址实验动物质量检测室实验室通过认可评定，于 8 月 8 日正式对外收检。其中 CNAS 总计 146 项，本次新扩项目 13 项。计量认证 CMA 总计 191 项，本次新扩项目 59 项。

国家中心的工作

2017 年，国家实验动物质量（微生物、遗传）检测中心向国内 10 个省市 20 个单位检测实验室提供实验动物质量诊断试剂盒 678 个。其中小鼠 496 个，大鼠 119 个，豚鼠 36 个，地鼠 9 个，兔 13 个，猴 5 个。

2017 年，国家啮齿类实验动物种子中心为 9 个省市 15 个单位提供实验动物种子 677 份；各类模式动物 133 只；向生产群供应（KM、ICR、ddY、B6、SD、BALB/c – Nu）3120 只种子。履行国家种子中心职责，发挥技术优势，不但提供动物种子，还向各科研院所提供资源冻存、动物快繁、代养、资源挽救、种群生物净化等服务。为 5 个单位提供冻存配子的复苏和体外受精（IVF）工作。

实验动物供应服务

2017 年共销售动物数量 25.3 万只，对外销售 15.25 万只，内部供应 9.99 万只。保证了科研检定和应急检验对动物的需要。与 2016 年同期（销售数量 25.9 万只）相比持平。从动物供应品种和数量上看，基本满足了中检院食品药品检定工作的需求。

保种能力得到加强

2017 年共保存有 4 个品种，212 个品系的实验动物，其中包括大鼠 7 个品系，小鼠 203 个品系，豚鼠 1 个品系，兔 1 个品系。

2017 年收集遗传修饰小鼠品系 38 个（2 种活体保存，36 种冷冻保存）；新增冻精 1119 支脉管，总数达到 7616 根脉管；新增冷冻胚胎 510 枚，总数达到 24865 枚。

动物实验服务能力

2017 年，为加强实验室服务管理，实验动物资源研究所动物实验室在维持天坛现址正常工作的前提下，逐步将工作重心向新址转移，并通过多次召开协调会，保障实验服务顺利进行。4 月 5 日，组织相关业务所、中心（室）负责人和相关业务室的代表，召开了新址动物实验设施启用专题会，对新址动物实验设施认证前期的准备工作，及动物订购程序、新设施使用培训等问题进行了沟通，同时明确新设施自 4 月 10 日起可以提供动物实验服务。10 月 12 日组织召开动物实验服务专题协调会，对大兴新址动物实验设施启用后运行的总体情况以及动物所在提升动物实验服务方面所做出的具体工作进行了通报，并就日常动物实验工作中常见的问题，以及中检院动物实验平台的规划方案与各参会代表进行交流。

2017 年动物实验期饲养量共计 89161 只，其中小鼠 76329 只，大鼠 5579 只，地鼠 130 只，豚鼠 3033 只，家兔 4090 只。与 2016 年同期饲养动物数量减少 3497 只（减少比例 3.77%），因对外业务及科室搬迁等原因导致降低。

实验动物质量检测

2017 年，实验动物资源研究所对中检院生产和实验用的小鼠、大鼠、豚鼠和家兔 770 只进行了质量检测，微生物和寄生虫检测结果，个别种群检出细小病毒、嗜肺军团菌、金葡菌、铜绿假单胞菌等阳性。

对国内 20 多个不同单位送检的 1800 只/份动物及动物血清进行检测，主要检出仙台病毒、细小病毒、嗜肺军团菌等阳性。

北京地区实验动物质量抽检

2017 年完成 2 次北京地区 35 家生产单位 1330 只实验动物质量的监督检测，包括清洁级及 SPF 级大、小鼠，清洁级和普通级豚鼠、兔、地鼠、犬、猴和小型猪等 17 个品种品系。

实验动物资源研究所检出 3 个单位细小病毒阳性，20 多个单位的家兔、犬免疫滴度不达标。下半年重点对哨兵动物进行监督抽验，抽检 7 个单位 4 个品系哨兵大小鼠，检出小鼠细小病毒阳性。

此项工作为北京科委发布质量公告提供了技术支持，锻炼了队伍，提高了中检院实验动物工作在北京的地位和影响。

动物源性生物制品检测

2017 年，实验动物资源研究所完成 41 个单位的细胞株、鼠神经生长因子等外源病毒检测，为企业生产、审评注册和相关科室检验任务的完成提供了可靠数据和技术保障。完成 54 个厂家送检 69 个项目，共 384 批次检品的病毒灭活/去除工艺验证工作，为该类产品申报、审评提供依据。完成 7 个单位 14 项目流感病毒毒种进行禽源性病毒检测。为流感疫苗的批签发工作提供数据支持。发放报告 594 份，均按期完成，没有超出时限情况。

实验室能力验证活动

2017 年上半年，实验动物资源研究所组织了 3 个项目的能力验证项目，向全国 30 余家单位发放了 2017 年能力验证样品。报名参与实验小鼠肾匀浆中肽酶 -3、动物样品中支气管鲍特杆菌、兔血清中仙台病毒抗体项目的分别有 11 家、25 家、23 家，发样总数达 177 份。所有参加单位均进行了结果反馈，完成了总结报告和证书发放。

2017 年 6 月，实验动物资源研究所就环境检测中的照度和噪声参数进行内部人员比对，获得了良好效果。

2017 年完成了 ICLAS 实验动物检测实验室能力验证计划（20 项）。

2017 年完成了国家认监委实验室能力验证计划“猴 B 病毒 ELISA 检测”，结果满意。

2017 年完成了广东省实验动物检测所的实验

动物病原检测比对实验（9 项），结果满意。

举办实验动物繁育管理培训班

2017 年 5 月 9 日 ~ 11 日，受北京市实验动物管理办公室委托，中检院实验动物资源研究所成功举办实验动物繁育管理培训班，来自 9 个省市 28 个单位，共计 50 余人参加培训。培训内容涉及：实验动物新资源创建与标准化研究；非人灵长类动物繁育与管理；Beagle 犬的饲养管理；实验禽类（含水禽）的繁育与管理；啮齿类实验动物的饲养管理；实验树鼩繁育与管理；斑马鱼：新兴的模式动物、人类疾病研究模型和药物筛选工具；实验用小型猪的繁育与管理；实验动物生产过程中的数据化管理；基因工程动物应用过程的质量管理；实验用大型动物的繁育与管理；影响实验动物生产和质量的相关因素等方面，培训结束后获得了北京实验动物行业协会颁发的培训证书。

召开第四届全国药检系统实验动物学术交流会

2017 年 9 月 6 日，中检院实验动物资源研究所在北京召开“第四届全国药检系统实验动物学术交流会”。会议介绍了先进实验动物工作经验与前沿技术，展示了实验动物工作服务检验检测的新资源、新设施、新技术方面的一系列成果和成效，并对实际工作中存在的问题提出了有效解决办法，来自全国 42 个省市、55 个省级和市级食品药品、医疗器械检验检测等机构的共计 125 位代表参加了此次会议。

安全评价研究所

第七届药物毒理学年会成功召开

第七届药物毒理学年会于 2017 年 7 月 4 日 ~ 7 日在山西省太原市成功召开。本届大会由中国毒理学会毒理研究质量保证专业委员会等九个专委会联合主办，由中检院国家药物安全评价监测中心及中国辐射防护研究院共同承办。来自全国各研究院所、安全评价机构的 350 余名代表参加了本届大会。

本届大会邀请了国内药物毒理学界多位知名专家作大会特邀报告。同时还设立了法规和管理、评价方法和研究案例、分析和诊断、青年优秀论文评选四个分会场。70 余位行业内学科带头人、技术骨干在分会场中与参会代表们分享了各自的研究成果、交流了管理经验。本届大会期间，举行了第 2 次全国 GLP 质量保证专业能力考试。共有 47 名来自全国各非临床安全评价研究机构的质量保证工作人员报名参加了考试。

通过本届大会，我国药物毒理学及其相关领域工作者展示了自己的研究成果，了解了国内外药物毒理学研究的最新进展、政策法规和技术指南、发展动向，加强了业内的协作与沟通。本届大会为提高我国药物毒理学研究和应用水平、建高水平的学术交流平台、推进我国药物毒理学后备人才的成长发挥了积极的作用。

第三届药物非临床安全性评价专题负责人（SD）高级培训班在哈尔滨召开

2017 年 8 月 19 日 ~ 20 日，由中国药学会药物安全评价研究专业委员会主办，中检院国家药物安全评价监测中心（安全评价研究所）承办，黑龙江中医药大学药物安全性评价中心协办的第三届药物非临床安全性评价专题负责人高级培训班在哈尔滨召开。中国药学会药物安全评价研究专业委员会秘书长沈连忠研究员，中国食品药品检定研究院安全评价研究所所长张河战和黑龙江中医药大学副校长王喜军教授出席会议并致辞。来自全国省、市、自治区药检院所及高校、企业的药物非临床安全评价机构等200余名代表参加了本次培训班。

本次培训班针对药物非临床研究中创新药物品种的试验设计、病理检查负责人与专题负责人（SD）的沟通要点、儿科用药的试验设计与结果讨论、毒性试验NOAEL的确定、创新药物非临床研究讨论关注浅析等方面，邀请了来自全国13位从事药物非临床研究的一线SD和审评专家，结合实际案例进行了深入浅出的讲解与分析，与会代表积极参与提问并进行了热烈的讨论。

科技部召开新闻发布会介绍重大新药创制专项“药物非临床安全评价技术平台”研究成果

2017年2月22日，科技部重大专项办公室召开重大新药创制国家科技重大专项新闻发布会，新药专项技术总师、中国工程院院士桑国卫详细介绍了在新药专项支持下，我国药物非临床安全性评价平台（GLP）建设取得系列重要突破，目前我国新药临床前安全评价工作已与国际接轨，GLP平台核心关键技术达到国际先进水平，为我国新药研发和公众用药安全提供了重要技术支撑。中检院院长李波研究员出席发布会，并就媒体关注的药品一致性评价热点问题和GLP平台如何发挥作用回答了记者提问。李波院长介绍了我国开展一致性评价的目的和意义，国家的总体工作部署和要求，国内一致性评价的研究现状，以及重大新药专项发挥的重要支持作用。李波院长指出，依托新药专项建立的GLP平台技术优势，一方面能为新药仿制药一致性评价工作中需要的关键技术保驾护航，另一方面可以在国内重大的科研院所和专项支持的平台以及企业间搭建桥梁，加快推进一致性评价工作。

本次新闻发布会是对GLP平台建设成果的极大肯定，今后安评所将再接再厉，继续跟踪国际药物临床前安全性评价领域的最新进展，运用生物医学前沿科学技术，建立具有安全性评价前瞻性、关键性，拥有自主知识产权的新技术、新模型。进一步规范和完善药物非临床安全性评价领域薄弱项目，全面满足我国新药研发需求，促进我国新药安全评价资料获得国际认可。提升专业领域创新能力、技术服务水平和行业规范性，支撑我国医药研发，提升我国医药产业的国际地位。

医疗器械标准管理研究所

医疗器械标准法规支撑体系建设工作

2017年，根据国家食品药品监督管理总局部署，医疗器械标准管理研究所组织起草的《医疗器械标准管理办法》（以下简称《办法》）已于7月1日实施。为配合《办法》的发布实施，组织起草上报了《医疗器械标准制修订工作管理规范》（以下简称《规范》）并于12月12日发布实施。《办法》及《规范》的发布实施，进一步理顺了医疗器械标准体系，规范、细化了医疗器械标准制修订各环节的程序、要求和时限，建立了标准复审制度，强化了标准的实施和监督，改进了医疗器械标准制修订的工作机制，夯实了医疗器械标准化工作的法规基础。

医疗器械标准的宏观规划工作

根据国家食品药品监督管理总局的部署，医疗器械标准管理研究所组织起草了《医疗器械标准规划（2018—2020年）》，并根据国家食品药品监督管理总局要求和专题会议精神，对《医疗器械标准规划（2018—2020年）》进行多次修改完善后，上报国家食品药品监督管理总局。《医疗器械标准规划（2018—2020年）》对今后3年医疗器械标准化做出了顶层设计，规划了今后3年医疗器械标准化工作的总体目标、主要任务，提出了标准化重点发展领域，有利于强化医疗器械标准体系的宏观指导，发挥标准管理的基础保障作用，进一步落实“十三五”国家药品安全规划要求。

组织开展医疗器械标准关键技术研究

2017年，医疗器械标准管理研究所继续坚持以科技引领技术标准水平提升，健全技术标准创新协同推进机制，组织开展医疗器械标准关键技术研究。组织6个标准化技术委员会申请并承担了国家科技计划后补助项目“战略性新兴医疗器械产业关键技术标准研究”，完成了《远程医用影像设备的功能性和兼容性检验方法》等9份行业标准的研究制定。成功申请国家标准化管理委员会“有源医疗器械能源利用效率评价”研究项目，前瞻性开展有源医疗器械关键节能标准研究，填补相关领域空白，对提升医疗器械行业效能、引导产业绿色发展具有积极带动作用。同时还承担了863子课题“腹胸腔微创手术机器人型式检验及标准研究”和“新型动物源性材料——贻贝黏蛋白材料和产品的标准化研究”。

医疗器械标准化知识培训

2017年9月19日~20日，医疗器械标准管理研究所在江苏南京举办2017年医疗器械标准化综合知识培训班。培训班邀请国家食品药品监督管理总局器械注册司和国标委有关领导对《医疗器械标准管理办法》和国家标准审核要求进行详细介绍，邀请IEEE标准协会技术战略专家介绍了IEEE在移动医疗和医用机器人已开展的标准化工作。同时，重点选取部分基础标准进行深入解读，邀请有关单位介绍标准化工作的经验和体会。培训进一步提高了参训人员对医疗器械标准化工作的认识，为进一步推动医疗器械标准化人才队伍建设、提升医疗器械标准管理水平奠定了基础。

完成新《医疗器械分类目录》编制

2017年，按照国家食品药品监督管理总局医疗器械分类管理改革工作总体部署，医疗器械标准管理研究所组织分类技术委员会16个专业组，对《医疗器械分类目录》送审稿进行审议，形成《医疗器械分类目录》报批稿，经国家食品药品监督管理总局局长办公会审议通过，新《医疗器械分类目录》于2017年8月31日发布，2018年8月1日起正式实施。新《医疗器械分类目录》将原来的260个产品类别细化扩充为206个一级类别和1157个二级类别，增加了二级类别的“产品描述和预期用途”，将品名举例由1008个增加至6609个，降低了40个小类管理类别，规范了206个小类的管理类别，全面扩充和更新了目录内容，新《医疗器械分类目录》架构更科学、层级更细化、内容更规范、覆盖更广泛，更具指导性和操作性。

推进分类技术委员会建设

根据国家食品药品监督管理总局医疗器械分类管理改革工作总体安排，医疗器械标准管理研究所作为医疗器械分类技术委员会（以下简称“分类委员会”）秘书处的承担单位，积极推进医疗器械分类技术委员会建设。按分类技术委员会执委会要求，依托《医疗器械分类目录》框架，设置16个专业组，制定遴选方案，遴选了来自监管部门、科研院所和临床单位专家共288人，其中药监系统人员占比42%，有效保证医疗器械分类与审评审批尺度的统一。起草并上报了《医疗器械分类技术委员会工作规则》，明确了分类技术委员会组织架构、工作职责及纪律要求。积极开展秘书处组建工作，搭建秘书处组织架构，初步明确了各岗位职责、拟定相关制度及工作流程，以保证新《医疗器械分类目录》实施前后分类工作的顺利过渡和衔接。分类技术委员会的运行将为医疗器械分类工作提供技术支撑，提高分类决策管理水平。

新《医疗器械分类目录》技术支持工作

为配合新《医疗器械分类目录》的发布实施，医疗器械标准管理研究所系统总结梳理新《医疗器械分类目录》修订思路和依据，做好目录释义、重点问答、实施要求等文件的起草和准备工作，为国家食品药品监督管理总局开展新《医疗器械分类目录》的新闻发布、解释及答疑工作等提供技术支持。同时，根据国家食品药品监督管理总局工作部署，对2016年1.5万条医疗器械产品注册和备案数据进行深入分析，做好注册及备案数据和新《医疗器械分类目录》对接。梳理历年发布的不作为医疗器械产品，开展新旧目录第一类医疗器械产品信息对比分析，对新目录中40个降低类别的和206个规范产品类别的小类产品涉及的注册证进行汇总，形成分析报告报送国家食品药品监督管理总局，为新《医疗器械分类目录》的实施和管理类别动态调整提供基本数据支持。

新《医疗器械分类目录》培训工作

按照国家食品药品监督管理总局“统一教材、统一师资、统一课程”要求，依据“分层次、分对象、分领域”的原则，提出覆盖全国、以点带面的分类目录培训方案计划建议。根据国家食品药品监督管理总局印发的《分类目录培训工作方案》，医疗器械标准管理研究所于2017年9月、10月、11月和12月，分别在苏州、深圳、北京和江西组织开展了4期新《医疗器械分类目录》实施政策解读及综合知识培训班。培训对象包括分类技术委员会委员、监管人员，注册、生产、经营、使用单位人员，共计500余人次。通过培训及时宣贯了分类改革思路和《医疗器械分类目录》修订情况，解答了基层单位在新《医疗器械分类目录》实施中可能会遇到的问题，为新《医疗器械分类目录》的顺利实施澄清了概念、统一了思想、明确了要求。

第十二部分　大事记

中国食品药品检定研究院2017年大事记

1月4日

中检院学术委员会组织召开院级科技评优活动，以中检院学术委员会委员为主的23位专家担任评委，听取了25个报告人的汇报并评审打分，中检院学术委员会对评分表进行统计处理，形成“2016年度院科技评优活动奖励建议方案”，报院领导审议。审议决定给予院级一等奖1人、二等奖4人、三等奖10人，以表彰和奖励。

1月5日

WHO生物制品标准化和评价合作中心（WHO CC）通过WHO再认定（re－designation），自2017年1月1日～2021年1月1日，为期4年。王军志和王佑春将共同作为该中心主任承担相应工作。WHO总部的Dr. Ivana Knezevic继续作为该中心协调官。

1月6日

2016年中药材及饮片专项抽验（国家食品药品监督管理总局本级项目）质量分析报告现场评议会在杭州召开。邀请42家承检单位、国家药典委员会、部分省局、中检院国家药品抽验工作相关人员130余人参加。为期3天。

1月9日

根据国家食品药品监督管理总局《食品药品监管总局办公厅关于同意中国食品药品检定研究院公务用车制度改革实施方案的复函》（食药监〔2016〕957号），执行中检院公务用车制度改革相关工作。

1月10日

2016年国家医疗器械抽验产品质量评估报告评议会在重庆召开。35家医疗器械检验机构，承担检验和质量评估工作的130余名代表参加。国家食品药品监督管理总局医疗器械标准管理中心、北京市医疗器械审评中心、部分省局医疗器械监管部门专家作为评议组成员出席。为期3天。

1月11日

科研处组织开展了首届暨“打假”工作科技成果奖评选活动。王佑春、王军志、胡昌勤等12位学委会委员担任评委，听取了10个项目的汇报，并审评打分，评选出特别奖1项、一等奖1项、二等奖3项、三等奖5项。

1月12日

开展大兴5万平方米工作住房配租选房工作。为期4天。

1月15日

2016年国家药品抽验品种质量分析报告现场交流评议会在昆明召开。中检院副院长张志军出席会议并作重要讲话。国家食品药品监管总局药品化妆品监管司、中检院4个承检部门及41家承检单位380余名代表参加。为期3天。

1月18日

2017年全国食品药品医疗器械检验工作电视电话会议在北京召开。国家食品药品监督管理总局副局长、党组成员、药品安全总监孙咸泽出席会议并讲话。中检院院长、党委书记李波作工作报告。各省（区、市）局分管食品药品医疗器械检验检测工作的局领导，各省食品、药品、医疗器械、药用包材、辅料检验所（院、中心），及各省所辖地市食品、药品检验所的会议代表在31个分会场共同参加本次会议。

2月12日

经国务院批准，应香港食物及卫生局以及澳门卫生局邀请，中检院院长李波、中药民族药检定所所长马双成随国家食品药品监督管理总局副局长孙咸泽一行 8 人赴香港、澳门就深化药品安全监管领域的合作开展访问。李波院长先后在香港特区卫生署、香港特区政府化验所、澳门大学以及澳门特区卫生局作“中国食品药品检定研究院概况”的报告。马双成所长在香港特区卫生署作“中药民族药质量控制的新技术和新方法”的报告。为期 6 天。

2 月 19 日

医疗器械标准管理研究所所长李静莉和郑佳副研究员应德国电工委员会和国际电工委员会邀请，赴德国、瑞士参加医疗器械标准化工作交流会和国际医疗器械监管者论坛工作组会议。李静莉所长应邀作主题发言。为期 7 天。

2 月 23 日

2017 年国家药品抽检工作会在成都召开。国家食品药品监督管理总局党组成员、副局长吴浈出席并讲话。中检院副院长张志军作工作报告。国家食品药品监督管理总局稽查局、科技标准司、新闻宣传司、规划财务司、国家药典委员会、审核查验中心、评价中心部分领导及相关人员，各省（自治区、直辖市）食品药品监督管理局相关负责人，各省（区、市）承检机构负责人等 200 余人参加。为期 3 天。

根据机构职能调整需要，经第 2 期中检院党委常委会研究决定：聘任尹利辉为化学药品检定所抗生素室副主任；辛晓芳为生物制品检定所呼吸道细菌疫苗室副主任。解聘以上同志原任职务。

2 月 24 日

中检院 2016 年度总结大会在京召开。国家食品药品监督管理总局副局长、党组成员、药品安全总监孙咸泽出席会议并讲话。中检院党委书记、院长李波作工作报告。中检院院领导及干部职工 500 余人参加会议。

3 月 1 日

化学药品检定所马仕洪、肖璜参与的“药物制剂中抑菌效力检查标准的构建与研究”项目获陕西省人民政府 2017 年度科学技术奖励二等奖。

3 月 12 日

根据工作需要，经第 3 期中检院党委常委会研究决定：聘任南楠为仿制药质量研究中心评价研究一室主任，马玲云为仿制药质量研究中心评价研究二室副主任，免去以上同志原任职务。聘任牛剑钊为仿制药质量研究中心综合管理室副主任。

3 月 20 日

2017 年国家中药饮片专项抽检工作会议在江西召开。专项承检部门甘肃省食品药品监督管理局、吉林省药品检验所、辽宁省药品检验检测院、浙江省食品药品检验研究院、江苏省食品药品监督检验研究院的专家及中检究院国家药品抽检工作相关人员 30 余人参加。为期 3 天。

3 月 22 日

动物源性生物材料的风险控制策略和 Gal 抗原检测培训班在京举办。来自各企业、大学、研究机构、检测机构、监管机构的 100 余人参加。

3 月 28 日

英国国家生物制品检定所所长 Christian Schneider 一行 5 人访问中检院，共同讨论生物制品质量控制合作研究及 EV71 国际标准品合作分发事宜。中检院院长李波与英国国家生物制品检定所 Christian Schneider 所长代表双方签订了 EV71 国际标准品的共同分发协议。中检院生物制品检定所、计划财务处、标准物质与标准化管理中心相关负责同志和有关人员参加会见。为期 3 天。

综合业务处副处长许明哲应亚太经合组织生命科学论坛和美国药典会邀请，随国家食品药品监督管理总局团组赴美国参加 APEC 药品供应链安全工作组会议。许明哲代表亚太经合组织生命科学论坛（APEC LSIF）药品检测技术工作组主席王佑春副院长在大会上作报告并主持分组讨论。为期 4 天。

3 月 31 日

中检院新址通过实验动物使用许可证评审验收，取得实验动物使用许可资质。

4 月 2 日

包装材料与药用辅料检定所所长孙会敏、副研究员谢兰桂应国际制药工程协会邀请随中国食品药品国际交流中心团组赴西班牙参加国际制药工程协会 2017 欧洲年会。所长孙会敏向与会代表介绍中国药用辅料的现状以及管理模式。为期 5 天。

4 月 6 日

受国家食品药品监督管理总局科标司委派，中检院组织成立中国药检（三品一械检验检测系统）能力验证专家委员会，首次会议在广西南宁召开，讨论通过《中国药检（三品一械检验检测系统）能力验证专家委员会管理办法》。

4 月 8 日

与广东省疾病控制中心联合举办的“化妆品眼刺激和腐蚀性替代方法国际专家研讨会”在珠海召开。会议邀请了 OECD 测试指南项目工作组成员、欧盟和美国的国际毒理学替代研究领域专家学者，以及国家食品药品监督管理总局化妆品标委会的专家参会。国家食品药品监督管理总局药化注册司副调研员林庆斌、中检院副院长路勇和广东省疾病控制中心副主任杨杏芬出席了本次研讨会并致欢迎辞。

4 月 12 日

2017 年医疗器械检验机构比对试验工作会议在苏州召开，共 70 余人参加。医疗器械检定所所长杨昭鹏介绍医疗器械能力验证和实验室间比对工作的情况，并通报 2016 年相关工作的组织实施情况和比对结果。

4 月 18 日

体外诊断试剂检定所副主任张春涛、副研究员李丽莉应 WHO 和德国国家疫苗及血清研究所邀请，赴德国参加 WHO HIV 快检试剂批签发检验项目合作。交流期间副主任张春涛介绍我国 HIV 诊断试剂管理的法规要求和批签发流程，及试剂质量评价用参考盘情况等。为期 11 天。

5 月 4 日

国家食品药品监督管理总局与丹麦环境食品部、丹麦卫生部在中检院举行中丹食品药品监管合作中心启动仪式。丹麦首相拉斯穆森与中国全国人大常委会副委员长艾力更·依明巴海出席并致辞。国家食品药品监督管理总局局长毕井泉、副局长郭文奇与丹麦环境食品部部长拉尔森、卫生部代理部长克洛赫一道为中丹食品药品监管合作中心揭牌，并举行圆桌会谈。中丹食品药品监管合作中心依中检院建立，是国家食品药品监督管理总局与其他国家建立的第一个双边合作中心。

5 月 8 日

第三届疫苗研究及质量控制国际研讨会在中检院新址举办。本次研讨会由中检院、日本国立感染症研究所、韩国国家食品和药品安全评价所联合举办。除来自中、日、韩三国监管机构的疫苗专家外，英国和泰国的 3 位 WHO ECBS 委员、WHO 西太平洋地区办公室和 WHO 驻华办的专家代表也参加了本次研讨会，国家食品药品监督管理总局和药品审评中心的代表也应邀参会。中检院院长李波、副院长王佑春、研究员王军志、生物制品检定所副所长徐苗、疫苗科室主任和中青年技术骨干参加此次会议。院长李波致开幕辞，并与 NIID Ichiro Kurane 院长分别代表各自机构，共同签署双方合作备忘录，承诺双方将通过合作研究、人员培训、信息共享等方式进一步加强疫苗质量控制方面的合作与交流。为期 2 天。

生物制品检定所主任李长贵应 WHO 邀请赴瑞士参加 WHO 大流行流感疫苗生产、质控及生物安全评估指南修订研讨会。为期 5 天。

5 月 9 日

实验动物繁育管理培训班在京举办。来自国内 9 个省市 28 家单位的 50 名从事实验动物生产与管理相关工作的人员参加培训。为期 3 天。

5月10日

中检院副院长王佑春、研究员吴星应WHO邀请赴瑞士参加WHO戊肝疫苗质量、安全性与有效性研讨会。本次会议由英国国家生物制品检定所（NIBSC）专家Dr. Minor和副院长王佑春共同主持。副院长王佑春介绍了我国戊肝病毒的人群流行特征及戊肝疫苗效力标准品的研制、疫苗质控相关研究及国内戊肝疫苗研发进展等情况。为期5天。

按照国家食品药品监督管理总局对埃博拉病毒病疫苗应急检验的要求，中检院启动应急注册检验程序。接到中国人民解放军总后勤部卫生部药品监督管理局对康熙诺生物股份公司和军事医学科学院生物工程研究所抽取的3批注册检验样品，完成各项检验任务。

5月16日

中检院副院长王佑春会见来访的菲律宾食品药品管理局局长内拉·谢拉德·普诺一行。副院长王佑春向菲律宾代表团介绍中检院的职能、组织架构、国际合作等情况。中药民族药检定所和化学药品检定所相关负责人分别介绍我国中药检验检测工作情况以及中检院在快检技术方面开展的工作。

5月24日

中国合格评定国家认可委员会（CNAS）实验室专门委员会药品专业委员会，在北京召开2017年度第一次工作会议。

6月5日

中检院副院长张志军、化学药品检定所主任胡昌勤应葡萄牙国家药检所、法国克莱蒙奥弗涅大学邀请赴葡萄牙和法国执行药品、医疗器械技术交流合作。副院长张志军代表中检院与INFARMED签署新的合作备忘录。副院长张志军代表中检院与UCA签署总体合作协议。为期7天。

6月6日

医疗器械监管机构论坛国际标准研究工作组会议在上海召开。医疗器械监管机构国际论坛国际标准研究工作组成员、国家食品药品监督管理总局相关司局、医疗器械标准管理中心及上海市医疗器械检验所有关领导和相关工作人员共25人出席会议。为期3天。

6月20日

中检院学术委员会秘书处组织召开2017年度中检院中青年发展研究基金课题申报答辩评审会，25位课题申请人进行了现场答辩。通过申请人报告、专家提问、打分，给予17项课题以立项支持。

6月22日

全国药检系统财务工作会议在江苏省常州市召开。江苏省食品药品监督检验研究院、江苏省常州市食品药品监督检验中心协办。国家食品药品监督管理总局规划财务司王桂忠副巡视员、柯法业副处长参加了会议，各省、自治区、直辖市药品检验机构、各口岸、副省级药品检验机构及部分医疗器械检验机构共计58家单位，130余名代表参会。

6月26日

中检院副院长路勇、国家食品药品监督管理总局科技标准司综合处处长李云峰、中检院食品化妆品检定所副所长丁宏、国家食品药品监督管理总局特殊食品注册管理司注册一处主任科员靳发彬和主管药师张伟清应丹麦兽医与食品管理局邀请，赴丹麦开展中丹食品安全领域战略合作任务。为期5天。

6月27日

中药民族药检定所副主任魏锋、副研究员张文娟应WHO西太区草药合作论坛和越南国家药品质量控制研究院邀请，随国家食品药品监督管理总局团组赴越南参加WHO西太区草药合作论坛第2分委会会议。魏锋介绍了中检院中药对照物质的研制和供应情况。张文娟介绍了DNA分子鉴定技术在中药质量控制中的应用和质量标准研究情况。为期5天。

6月29日

古巴药品和医疗器械控制中心主任拉斐尔·佩雷兹·克里斯蒂亚一行6人来访。中检院副院长王佑春主持召开接待会，生物制品检定所副所长徐苗和相关科室主任参加了会议。

中国合格评定国家认可委员会（CNAS）派出评审组对中检院进行了实验室认可、资质认定二合一扩项现场评审检查。评审后大兴新址的检验能力已基本齐全，对大兴新址的化学药品、光机电及天坛本部体外诊断试剂相关参数进行了扩项。为期2天。

7月6日

中检院院长李波应德国联邦药品和医疗器械管理局和墨西哥联邦卫生风险保护局邀请，随国家食品药品监督管理总局团组赴德国和墨西哥执行药品监管合作任务。为期8天。

7月11日

中检院副院长张志军主持接待俄罗斯联邦卫生监督局局长米哈伊尔·穆拉什科一行6人，中俄双方就药品和器械监管等相关工作进行了较为深入的沟通交流。中检院办公室、化学药品检定所、质量管理中心、综合业务处相关负责人和有关科室主任参加会见。

中检院院学术委员会秘书处组织召开2017年度中检院学科带头人培养基金课题申报答辩评审会，13位课题申请人进行了现场答辩。通过申请人报告、专家提问、打分，给予6项课题以立项支持。

7月12日

生物制品检定所贺鹏飞副主任技师、徐康维助理研究员应英国国家生物制品检定所邀请赴英国参加第24届流感疫苗研讨会。为期4天。

7月18日

中药民族药检定所主任药师于健东和副研究员汪祺应WHO邀请赴瑞士参加WHO传统医药合作中心阶段会议。于健东向WHO传统医学及整合医学部报告中检院及中药所的整体概况、日常工作职责、检测新技术新方法在中药质量控制中的应用和研究进展、参与WHO及各区域合作组织植物药传统药技术交流和监管合作的活动情况及取得的成绩，以及中药所申请WHO传统医药合作中心的整体过程等。副研究员汪祺汇报中检院中药所成为WHO传统医药合作中心后的主要工作职责和工作计划。为期5天。

《中国食品药品检定研究院政府采购管理办法》正式执行。

7月19日

全国食品安全宣传周活动公众开放日活动在中检院举行，此次活动共有30余名中小学生参加，此次活动的主题是“关注学生健康，普及食品安全知识”。

2017年度国家实验动物种子中心会议在京举办。为期3天。

7月31日

中共中检院第二次代表大会隆重召开，120余名中共党员代表参加大会。会议以差额选举、无记名投票的形式选举产生了中检院第二届党的委员会及纪律检查委员会。新当选党委委员17人，分别为：马双成、王佑春、成双红、仲宣惟、孙会敏、李波、李冠民、张庆生、张志军、张河战、陈为、柳全明、饶春明、姚雪良、高泽诚、郭亚新、路勇；纪委委员7人，分别为：王金恒、宁保明、任海萍、刘增顺、李长贵、姚雪良、曹洪杰。

中共中检院党委一次全会和纪委一次全会召开，会议选举李波、张志军、王佑春、姚雪良、路勇为党委常委，李波为党委书记，姚雪良为党委副书记、纪委书记。

7月

根据国家食品药品监督管理总局通知精神，经中检院党委常委研究确认，推荐余振喜同志赴新疆维吾尔自治区食品药品检验所工作，时间暂定为18个月。

8月8日

中检院新址通过实验动物生产许可证评审验收，取得实验动物生产许可资质。

大兴新址实验动物质量检测实验室和环境检测实验室通过了CNAS认可评定。

8月10日

中国合格评定国家认可委员会（CNAS）药品专业委员会在吉林市举办药品行业质量管理培训班。为期3天。

8月28日

中检院学术委员会召开专题会议，研究确定了“打假技术研究”“快检技术研究”“风险评估研究”“替代技术研究”“新技术新方法研究”“数字化标准品研究”“假病毒技术应用研究”“干细胞质量评价研究”“细胞及组织工程产品质量控制研究”等9个院级学术发展方向。

8月31日

全国食品药品医疗器械检验工作座谈会在陕西省西安市召开。国家食品药品监督管理总局副局长孙咸泽出席会议并讲话。浙江省食品药品监督管理局局长朱志泉、陕西省食品药品监督管理局局长胡小平出席会议并致辞。中检院院长、党委书记李波作总结讲话。国家食品药品监督管理总局科技和标准司、药品化妆品注册管理司、食品安全监管三司、药品化妆品监管司、规划财务司相关领导及中检院部分领导班子成员出席会议。各省、自治区、直辖市、计划单列市食品、药品、医疗器械、药用包材及辅料检验所（院），后勤保障部、武警药检所，通过国家食品药品监督管理总局资格认可的有关医疗器械检验机构的主要负责人参加会议。为期2天。

8月

全面预算系统正式上线。

9月4日

包装材料与药用辅料洁净环境检测与评估学术研讨会在乌鲁木齐市召开。来自部分省市药检所、药包材与药用辅料检测机构及药品、药包材、药用辅料生产企业等的170余名代表参加。

9月5日

药包材标准与关联审评及相容性检验检测技术培训班在新疆举办，近230名学员参加。为期2天。

9月6日

第四届全国药检系统实验动物学术交流会在京举办。来自全国42个省市、55个省级和市级食品药品、医疗器械检验检测等机构的共计125位代表参加会议。为期3天。

9月10日

中检院副院长王佑春、体外诊断试剂检定所所长白东亭和生物制品检定所副所长徐苗应伦敦帝国学院、英国国家生物制品检定所邀请，赴英国进行疫苗及体外诊断产品质量和标准化研究合作交流。访问期间，副院长王佑春介绍了中检院在生物制品和诊断试剂质量监管方面的最新研究进展。为期5天。

中药民族药检定所所长马双成、副研究员聂黎行应国际植物药监管合作组织邀请，随国家食品药品监督管理总局团组赴德国参加WHO国际植物药监管合作组织（IRCH）第十届年会。所长马双成代表中国作IRCH成员报告，介绍了中国中药监管的最新进展。聂黎行代表国家食品药品监督管理总局汇报第二小组的工作进展。为期5天。

9月11日

全国食品药品检验检测系统质量管理工作研讨会在河南省许昌市召开。为期2天。

9月13日

化学药品检定所副研究员魏宁漪应亚洲吸入联盟邀请赴澳门参加2017年度亚洲吸入制剂大会，并应邀作题为“国家药品检测机构在吸入制剂质量控制和体外评价方法中的地位及作用”的报告。为期4天。

9月16日

中检院院长李波、所长张河战和研究员耿兴

超应2017年全球监管科学峰会大会组委会——全球监管科学研究机制美国FDA国家毒理研究中心和巴西国家卫生监督局邀请赴巴西参加2017全球监管科学峰会。院长李波应邀作中国监管科学发展状况和对GSRS/GCRSR的贡献的报告。为期7天。

9月19日

生物制品检定所副主任叶强应WHO和韩国食品药品安全局国家食品药品安全评价研究所邀请，赴韩国参加WHO第二届疫苗和生物制品国家质量控制实验室会议。副主任叶强代表中国报告中国的疫苗批签发情况。为期4天。

9月25日

举办院士工作站揭牌仪式暨科技周开幕式活动。院长李波宣布在中检院设立俞永新院士、桑国卫院士、程京院士工作站。为期4天。

9月28日

标准物质与标准化研究所分析测试室副主任李晓东，违反2002年9月1日起施行的《中华人民共和国人口与计划生育法》，超计划生育二胎，并长期对组织隐瞒，在组织发现后对其所犯错误没有正确的认识，在群众中造成了不良影响，情节较为严重。根据《事业单位工作人员处分暂行规定》第二十一条规定，经2017年9月28日第15次院党委常委会研究决定：免去李晓东标准物质与标准化研究所分析测试室副主任职务，其专业技术岗位等级由四级降为五级。

按照中央开展“组团式援疆任务”有关部署，中检院选派化学药品检定所麻醉与精神药品室马迅同志到新疆维吾尔自治区食品药品检验所工作3个月。

9月

根据工信部要求，重新对外网网站nifdc.org.cn、nicpbp.org.cn进行备案，备案号：京ICP备17052540号-1。

10月8日

化学药品检定所主任施亚琴和副研究员贾娟娟应国际原子能机构邀请赴奥地利参加国际原子能机构放射性药物监管技术会议。贾娟娟作关于中国放射性药品监管的报告。为期8天。

10月13日

同种异体修复材料标准化工作年度会议暨标准评审会在北京召开。共计60余人参会。为期2天。

10月16日

中检院研究员王军志作为WHO生物制品标准化专家委员会委员和生物制品检定所副所长徐苗、体外诊断试剂检定所副主任张春涛应WHO邀请，赴瑞士参加第68届WHO生物制品标准化专家委员会会议。为期5天。

10月18日

生物制品检定所副主任高凯应WHO邀请赴瑞士参加第65届WHO药品国际非专有名称咨询会。为期4天。

10月22日

全国外科植入物和矫形器械标准化技术委员会组织工程医疗器械产品分技术委员会（SAC/TC 110/SC 3，以下简称组织工程分技委）年会暨医疗器械标准评审会在北京召开。近50人参加了会议。为期2天。

中药民族药检定所副所长孙磊、副主任金红宇应西太区草药协调论坛和日本国立医药品食品卫生研究所邀请赴日本参加西太区草药协调论坛第十五届执委会会议。副所长孙磊报告了中国在对照品替代法和数字对照物质方面开展的工作。为期4天。

食品化妆品检定所实习研究员任秀应丹麦兽医与食品管理局邀请赴丹麦哥本哈根大学参加中丹食品药品监管合作中心食品安全奖学金项目（微生物质量和食品安全实验室课程培训）。为期21天。

10月25日

因工作需要，经院领导专题会研究决定，免去姚令文标准物质与标准化研究所标准物质供应室副主任职务。

10 月

《药物分析杂志》入选“第4届中国精品科技期刊”，即“中国精品科技期刊顶尖学术论文(F5000)”项目来源期刊。

《药物分析杂志》《中国药事》继续被收录为“中国科技核心期刊”（中国科技论文统计源期刊），证书编号：G 087－2017－1741，G 913－2017－2186。

11 月 6 日

2017 年医疗器械能力验证和比对试验结果分析研讨会在济南召开。医疗器械检定所所长杨昭鹏出席会议并讲话，山东中心、医疗器械比对试验专家组、CNAS 能力验证专家、上海市医疗器械检测所等 30 余人参加研讨会。为期 3 天。

11 月 7 日

保健食品监督抽检和风险监测工作研讨会在北京召开。会议由技术监督中心副主任朱炯主持。部分国家食品药品监督管理总局本级、转移地方保健食品抽检监测承检机构，部分省局以及北京市疾病预防控制中心等 17 家单位近 20 位专家参加。为期 1 天。

11 月 9 日

中检院学术委员会秘书处组织专家通过答辩评审的形式，对 2015 年度立项及 2014 年度延期的 14 个中检院中青年发展研究基金课题进行结题验收，13 个课题通过结题验收，1 个课题整改后通过验收。

11 月 16 日

中国合格评定国家认可委员会（CNAS）实验室专门委员会第三届药品专业委员会第五次会议在佛山召开。为期 2 天。

11 月 18 日

中检院副院长王佑春牵头负责的“新型戊肝病毒的发现、人畜传播研究及检测新技术的建立和推广应用”项目获中华预防医学会科学技术奖一等奖。

11 月 20 日

生物制品检定所副主任王斌应 WHO 邀请赴韩国参加 WHO 伤寒结合疫苗质量、安全性和有效性实施研讨会。为期 5 天。

11 月 28 日

2017 年中国药品质量安全年会暨药品质量技术培训会在深圳召开。国家食品药品监督管理总局副局长、党组成员、药品安全总监孙咸泽出席并讲话，中检院党委书记、院长李波致辞。会议期间，国家食品药品监督管理总局药化监管司副司长张培培、医疗器械监管司副司长张琪、中检院技术监督中心相关负责人在主会场进行了工作报告。中国药品质量安全年会设置中药、化药、生物制品、医疗器械、包装材料与药用辅料 5 个分会场。来自各地药品医疗器械检验检测机构、生产企业、研发单位、高等院校和科研院所及行业协会等的 1300 余人参加。为期 2 天。

11 月

中国药事网站 zhgysh. org 通过备案，备案号：京 ICP 备 17052540 号－2。

12 月 4 日

中检院副院长张志军、医疗器械标准管理研究所副所长余新华应电气电子工程师学会标准协会邀请，赴美国参加电气电子工程师学会标准协会理事会会议。张志军副院长应邀专题介绍了中检院的基本情况和在医疗器械标准管理方面的主要工作进展及成果、中国医疗器械标准化工作的现状、中国参与国际医疗器械标准化工作情况及和国际标准化组织交流与合作情况等。为期 5 天。

12 月 5 日

包装材料与药用辅料检定所所长孙会敏应美国药典委员会邀请，作为 USP 药用辅料专家委员会委员赴美国参加 2017 年度美国药典委员会专家委员会会议，并作为聚山梨酯类药用辅料标准更新组的第一负责人应邀作题为“Discussion on EG/DEG/TEG Limit Test in the Polysorbate 65 Monograph”的报告。为期5天。

国家卫计委公布了重点科研基地“十二五”评估结果。以中检院为依托单位，建立的“生物技术产品检定方法及其标准化重点实验室”，荣获国家卫计委重点科研基地“十二五”优秀类科研基地评估结果。

12月14日

重点实验室办公室秘书处受理第一份国家食品药品监督管理总局重点实验室申请材料。

12月15日

经中检院党委常委会研究并经请示国家食品药品监督管理总局分管领导及人事司同意，聘任陈为为党委办公室主任；李静莉为仪器设备管理中心主任；粟晓黎为包装材料与药用辅料检定所副所长；李秀记为信息中心（档案室）副主任；高泽诚为信息中心（档案室）副主任。解聘以上同志原任职务。

12月23日

中检院和国家纳米科学中心联合建立的医用纳米材料检测与评价联合实验室启动会暨揭牌仪式在京召开。

12月28日

中检院召开2017年度述职会议。院领导，党委委员，纪委委员，各所、处（室）、中心主要负责人、副职代表及职代会代表，总计150余人参加会议，并进行民主测评。

全年

共办理126人次赴美国、加拿大、英国、瑞士、法国、德国、意大利、奥地利、瑞典、丹麦、西班牙、葡萄牙、比利时、荷兰、挪威、芬兰、阿根廷、巴西、墨西哥、越南、菲律宾、印度、韩国、日本、澳大利亚、中国香港、中国澳门等27个国家及地区参加WHO（国际）会议、合作项目、学术交流及研修，在WHO（国际、学术）会议上中检院专家应邀作了38个大会报告。共接待来自美国、加拿大、英国、法国、德国、丹麦、俄罗斯、古巴、菲律宾、泰国、韩国、日本、印度、马来西亚、新加坡、柬埔寨、捷克、毛里求斯、巴拿马、塞舌尔、南苏丹、坦桑尼亚、乌干达、赞比亚、中国香港、世界卫生组织、全球网络售药安全联盟、欧盟等28个国家/地区及国际组织的技术官员、专家学者203人次来院访问、学术交流、授课讲座及参加中检院主/承办的各类国际（学术）会议，作专题报告67个；接待国（境）外政府重要官员代表团成员94人；组织举办及承办12次WHO（国际、学术）研讨会及双边会议培训班，累计培训1000余名全国技术骨干。

第十三部分　地方食品药品检验检测

北京大学口腔医学院口腔医疗器械检验中心

概　况

2017 年，北京大学口腔医学院口腔医疗器械检验中心（以下简称北大中心）深入贯彻党的十九大精神，按照全国食品药品监督管理暨党风廉政建设工作会议的部署要求，牢固树立科学监管理念，把“为民、求是、严谨、创新”的科学检验精神，作为北大中心的共同信念、价值标准和行为准则，较好地完成了国家食品药品监督管理总局和中国食品药品检定研究院布置的各项工作任务。北大中心现可承检医疗器械产品 143 类，检测项目 1076 个。北大中心作为全国口腔材料和器械设备标准化技术委员会 SAC/TC 99 秘书处所在单位，承担着国家和行业标准的制修订工作，并积极参与国际标准化组织 ISO 的标准制修订工作。2017 年，完成了 4 项行业标准的制修订工作。不断提升的标准制修订质量为严格控制产品质量、维护公众用械安全提供了保证，并为医疗器械监管部门提供了强有力的技术支撑和技术保障。北大中心不仅注重统筹安排好检验、科研、标准化工作这些硬任务，同时不忘加强文化建设，党支部和工会小组定期组织职工文体活动，注重科室文化建设，营造良好工作氛围。

检验检测

2017 年北大中心共接收送检样品 1002 份（其中监督抽验及复验 63 份）。发出检测报告 1080 份（其中监督抽验及复验 58 份）。相比 2016 年，接收送检样品数量下降 5%，发出报告数量下降 9%。

医疗器械抽检工作

根据《2017 年国家医疗器械抽检（总局本级项目）产品检验方案 10070 聚合物基修复材料》中的要求，北大中心牵头并承检“聚合物基修复材料”的国家抽检工作，预设抽样 35 批次，实际抽样 48 批次，有效样品 47 批次，法定检验结论均为符合。但通过本次抽检发现，注册产品标准/技术要求低于强制性行标规定的要求的问题依然存在，检验方法部分采用行标规定方法，但指标要求降低的问题也有发生。也存在说明书扩大适用范围，与申报注册检验用途不符的现象。探索研究发现聚合物基修复材料的聚合收缩率的分布范围在 0.60% ~1.60% 之间，流动复合树脂的聚合收缩率高于充填用复合树脂。本次抽样的样品涵盖面广，覆盖区域广泛，对我国该类产品的使用和生产现状具有较好代表性，通过本次抽检获得的数据值得借鉴。通过此次抽验，发现国产产品质量正在不断提升，与国际水平差距正在大大缩小。

2017 年北大中心还承担了部分省级委托的口腔材料市场监督抽检任务 15 批，承担北京检验检疫局委托的口岸抽查任务 9 批。

技术支撑体系建设

北大中心一贯重视检验质量和水平的提升，2017 年组织内部专业培训 14 次，累计 198 人次，参加国家级外部培训 22 次，涉及 54 人次，使检验人员的技术能力和素质不断提高，提高了中心的检验质量和水平。

另外，中心参加 8 次实验室间比对，其中 2 项内部人员比对，1 项国际比对，4 项能力验证，

1 项测量审核。6 项结果为满意，其他 2 项能力验证结果正在等待中。

SAC/TC 99 标准化工作

2017 年 10 月 30 日 ~11 月 2 日在浙江省宁波市，TC 99 及 TC 99/SC 1 召开了 2017 年年会暨标准审定会。出席会议的有国家食品药品监督管理总局医疗器械标准管理中心、总技委及齿科分技委、口腔医疗器械领域监管机构的领导、临床专家，生产企业及检测机构的委员、专家和代表，共 140 余人。与会代表对审定的每一项标准都进行了认真细致的讨论，对关键问题各抒己见，提出了中肯的意见和建议，审定会议气氛严肃，讨论热烈。最终，会议审定通过了 4 项由 TC 99 总技委归口的行业标准，6 项由分技委归口的标准。上述标准于 2017 年 12 月上报总局标管中心。

2017 年 7 月 23 日 ~25 日，TC 99 在南昌召开了口腔材料医药行业标准宣贯会。出席宣贯培训的有来自生产企业、代理机构、监督、检验部门等共 27 个单位的 50 余名代表。会上，《牙科学 正畸丝》等 15 项标准的起草人对标准进行了宣贯讲解。会议同时安排了对热点问题“口腔医疗器械生物学检测中的问题及注意事项”的专题宣贯，针对口腔医疗器械生物相容性评价过程中遇到的问题进行了深入浅出的剖析。另外，针对近期市场上的新型动物源性材料的“免疫学评价”问题也展开了讨论。与会代表一致反映本次宣贯会无论是对背景学科基础知识的介绍、标准检测方法的讲解，还是对如何依据检测结果对产品性能进行判定等方面的说明，都使参会代表感到收获颇丰。

TC 99 依靠秘书处所在单位北大口腔医学院的专业背景优势，组织专人深入开展口腔材料领域分类目录的修订工作。北大中心的两位同志被借调至国药总局标管中心，参与分类目录制修订的相关日常修订、征求意见及意见处理、目录编制以及培训教材的编写等工作。目前，修订后的新版医疗器械分类目录已经于 2017 年 8 月 31 日正式发布。

2017 年 ISO/TC 106 Dentistry 标准化年会

2017 年 8 月 20 日 ~25 日，由香港大学牙医学院承办的 ISO/TC 106 牙科学技术委员会第 53 届年会在中国香港召开。由北大中心林红教授带队的中国代表团一行 12 人参加了本次会议。国家食品药品监督管理总局医疗器械注册司王者雄司长出席了本次会议。出席会议的还有国家食品药品监督管理总局医疗器械注册司注册二处、国家食品药品监督管理总局医疗器械标准管理中心、国家食品药品监督管理总局医疗器械技术审评中心和分技委的代表。

本次会议参会人员分别来自中国、美国、德国、英国、日本等 25 个国家和 1 个地区（香港），共计 360 名。会议按照各分技委下设的 48 个工作组分别召开，共计 67 个会议。SAC/TC 99 作为 ISO/TC 106 的积极成员，多年来全面参与并积极跟踪 ISO/TC 106 国际标准化工作。

科研课题研究、发表论文及著作等

2017 年，北大中心共有科研项目 11 项。其中：新获批的科研项目 3 项，在研项目 5 项，结题项目 3 项。

发表学术论文 12 篇，其中 SCI 论文 9 篇，第一作者或通讯作者 9 篇。会议论文 4 篇，申请国家发明专利 4 项。由中国标准出版社出版的 TC 99 归口的医药行业标准 1 项。

北京市药品包装材料检验所

概　况

2017 年，北京市药品包装材料检验所紧紧围绕贯彻落实北京市食品药品监督管理局重点工作任务，以深入学习贯彻党的十九大精神和全面推进党风廉政建设为抓手，以立足科学检验、服从监管需要为核心，着力做好实验室的能力建设和队伍建设，不断强化科研技术能力，努力提升服务水平，为食品药品安全风险防控提供技术支撑，全面完成2017年工作任务。完成直接接触药品药包材的监督监测抽检95批次样品检验，合格率为98.9%；完成585批委托检验；组织完成2项棕色低硼硅玻璃安瓿标准提高起草任务、《3.3硼硅玻璃 性能》国家标准报批稿；顺利通过实验室迁址后国家实验室认可、检验检测机构资质认定评审，保持检验能力；参加由中检院实施的塑料薄膜的氧气透过量测定的国内能力验证并取得满意结果；强化队伍培训，提高综合素质，平均培训达到121学时。

基础设施建设

在北京市食品药品监督管理局党组的亲切关怀与领导下，在北京市财政局的大力支持下，北京市药品包装材料检验所顺利迁入北京市西城区水车胡同13号院，检验办公面积由2150m^{2}增加到约5000m^2，解决了北京市药品包装材料检验所自成立以来无永久性办公及检验场所的问题，为下一步发展奠定了良好基础，进入全面发展的一个转折点。

检验检测

北京市食品药品监督管理局为贯彻落实中央关于食品药品安全监管“四个最严”要求，2017年继续强化对直接接触药品包装材料的监管工作。作为技术支撑单位，北京市药品包装材料检验所承担玻璃药包材95批次样品检验，合格率为98.9%。不断强化的日常监管，使北京市直接接触药品的玻璃药包材总体质量保持在一个较高水准。2017年，北京市药品包装材料检验所因受年初搬迁及搬迁后实验室需重新认可、认证工作影响，完成委托检验585批，比2016年减少了13.84%，但检验项目完成4531项，比2016年增长了22.49%。受搬迁、认证工作的影响，还能取得这样的成绩已实属不易。

国家实验室认可及检验检测机构资质认定

北京市药品包装材料检验所整体搬迁后，通过北京市质量技术监督局资质认定评审组于2017年4月2日~3日的检验检测机构资质认定复评审现场审核，获证项目由384项增加至394项。通过国家实验室认可评审组于2017年4月15日的国家实验室认可（CNAS）地址变更评审，获新址认可项目365项，保持原有检测能力。

标准化

北京市药品包装材料检验所是全国玻璃仪器标准化技术委员会、全国包装标准化技术委员会玻璃容器分技术委员会秘书处所在单位。2017年，根据国家标准委及国家药典委的工作计划，完成《3.3硼硅玻璃 性能》国家标准报批稿；完成2项棕色低硼硅玻璃安瓿标准提高起草任务；上报《通用棒式温度计》等4项国家标准、《载玻片、盖玻片》等4项行业标准及2项国军标计划。批准发布3项国军标，上报计划2项，军标复审1项。

2017年，全国玻璃仪器标准化技术委员会秘书处选派两人参加了ISO 48年会，会议上争取到了2019年由中国举办ISO国际标准化会议的资格。通过标准化工作，不仅使北京市药品包装材料检验所在行业中树立了良好的服务形象，技术水平得到管理部门和社会的认可，为持续发展创造了良好的外部环境，而且使北京市药品包装材料检验所逐步走向世界，为推动我国标准化事业的发展贡献力量。

人员培训

2017年北京市药品包装材料检验所全员培训

率达 100%，累计培训 1152 学时，人均 105 学时。其中处级干部人均达 132 学时，具有高级职称的技术人员人均学时达 121 学时。不断强化的教育培训工作，使队伍的管理能力和检验技术能力不断提升，依法检验、廉洁从检的意识不断加强。

科研工作

北京市药品包装材料检验所始终坚持以科研引领检验，以检验促进科研的发展理念，不断强化科研能力建设。2017 年，北京市药品包装材料检验所与多家药企联合开展药物相容性研究工作，特别是与北京北生研生物制品股份有限公司签订了脊髓灰质炎灭活疫苗（Vero 细胞）用玻璃包装管制注射剂瓶和胶塞相容性研究协议。该研究项目的签订，使北京市药品包装材料检验所在承担相容性研究工作方面有了质的飞跃，从以往只承担药物相容性研究过程中的检验工作逐步向共同合作、独立承担此类科研工作过渡，逐步由配角向主角过渡。

能力建设

2017 年，北京市药品包装材料检验所参加了由中检院实施的塑料薄膜的氧气透过量测定的国内能力验证并取得满意结果。通过不断强化科研能力，锤炼技术队伍，北京市药品包装材料检验所初步具备了参与相关检验领域国际竞争的过硬技术能力。

党建工作

北京市药品包装材料检验所党支部继续以开展好“两学一做”学习教育活动为手段，以加强日常监督为措施，建设一支风清气正的检验队伍；继续开展“两个专项”活动，严肃查处发生在群众身边，损害群众利益、啃食群众获得感的不正之风和腐败问题；加强节点的监督工作，巩固“四风”工作成果，严防反弹回潮，树立了牢固的“四个意识”，保持了队伍的先进性和纯洁性。

河北省医疗器械与药品包装材料检验研究院

概　况

2017 年，河北省医疗器械与药品包装材料检验研究院深入学习贯彻党的十九大精神，落实全省食品药品监督管理暨党风廉政建设工作会议安排部署，围绕着全年工作目标任务，进一步加强检验检测能力和审评能力建设，加强检验队伍建设，完善服务措施提升服务质量和水平，有效推动了各项工作的开展。圆满完成了河北省医疗器械与药品包装材料监督检验、国家医疗器械监督检验、国家药品包装材料监督抽样和医疗器械技术审评工作任务；积极推动科研工作开展，科研工作取得新进展；实施医疗器械检验能力扩项工作，改善实验室装备条件，检验检测能力进一步提升；加强党风廉政建设，转变工作作风，为医疗器械与药品包装材料的监管，促进全省医疗器械、药包材产业的健康发展，发挥了有效的技术支撑作用。

检验检测

完成河北省食品药品监督管理局下达的医疗器械、药品包装材料监督抽验 946 批次检验任务，其中医疗器械 653 批次，合格 616 批，总合格率为 94.3%，不合格 37 批，不合格率 5.7%，总合格率比去年提高 3.2 个百分点；药品包装材料 198 批次，合格 195 批，不合格 3 批，合格率 98.5%，合格率比去年提高 0.4 个百分点。从监督抽验的结果分析看，医疗器械、药品包装材料整体质量稳定，合格率均较上一年度有所提升。完成 95 批次国家医疗器械（阴道扩张器、一次性使用无菌注射器）监督检验任务；完成河北省食品药品监督管理局委托的国家药包材 15 批次抽样任务；完成注册、委托检验 1162 批次，其中医疗器械605批次，药包材557批次。出具各类检验报告2128份。

为更好地服务医疗器械高新技术产品的发展，创造良好的营商环境，制定医疗器械技术审评绿色通道制度；接收二类医疗器械产品注册申报370件，完成技术审评561件，同比增长15.43%。首次承担并完成了国家《尿素检测试剂盒产品注册技术指导原则》的起草，参与并完成了国家《医用一次性防护服注册技术指导原则》的起草工作。

科研工作

开展了国家药包材《双面拉伸聚丙烯/铝/低密度聚乙烯药品包装用复合膜》标准的起草，完成国家药包材《聚酯/铝/流延聚丙烯药品包装用复合膜》标准复核工作；完成河北省食品药品监督管理局“聚氯乙烯包装材料和容器中邻苯二甲酸酯类的测定研究”“淀粉多糖在软胶囊胶皮制备中的应用研究”“空间电磁场对心脑电小信号的干扰抑制研究”“新型材料TPE输液器的安全性评价”“湿性敷料的透湿性方法研究”5项科研课题，通过了结题验收。

能力建设

购置电磁兼容抗扰度用功率放大器、化学发光免疫分析仪、傅里叶变换红外光谱仪、原子吸收分光光度计、离子溅射仪等检验仪器设备共18个品种20台套；完成了电子血压计、血糖仪两个产品检验项目扩项，并通过专家评审取得了检验能力资质认定。

党建工作

落实党委主体责任、纪检部门监督责任和“一岗双责”要求，院长与分管院长、分管院长与处室逐级签订党风廉政建设责任书；针对单位在外出检验、医疗器械技术审评、财务支出、招标采购、职称评定、干部任用等环节的党风廉政风险点，修订和完善了权力运行控制系统，进一步明确和细化了风险点、风险表现及危害、责任人、风险防范要求；结合顾客满意度调查，向客户发放“党风廉政建设问卷调查”，征求客户对单位党风廉政情况的意见和建议，主动接受社会各界和服务对象的监督；落实京津冀协同发展战略要求，对全省11个地市的医疗器械产业情况进行了调研，针对企业反映的检验能力不足、服务效率不高等突出问题，启动了检验能力建设和服务质量提升活动，制订了检验检测能力建设实施方案和相关服务措施完善工作计划。

内蒙古自治区药品检验研究院

概　况

始终把主要精力放在谋全局、抓大事和对干部队伍的监督管理上，并在思想、制度、环境上强化了党建和业务工作的“一体两面”，做到了以党建促业务，具体业务中也贯穿党建工作。并且为进一步全面提升人员队伍素质，组织院内业务类培训约200人次，外部培训约138人次，继续教育培训600人次。

2017年内蒙古自治区药品检验研究院成立60周年，从以前单一的药品检验能力，到现在范围覆盖六大领域，形成了药品质量标准研究、民族药品研究等特色品牌。并举办了“内蒙古自治区药品检验研究院成立60周年纪念”专题会议，区局杨玺局长、杨风屹副局长、闫同义副局长、杨云峰副巡视员以及局各处室领导、药检院全体职工、退休老干部参会。杨玺局长在会议上作了重要讲话，杨云峰副巡视员主持会议，刘文茹、老干部代表、先进职工代表均发言庆祝、祝贺。

扎实推进“两学一做”学习教育常态化制度化，以“双创双建”活动为载体，实施“北疆先锋”工程，有力推动党支部标准化建设，不断开创我院党建工作新局面。并被自治区局机关委员会授予“‘双建双创’优秀党总支部”的称号。

检验检测

2017年度检验完成各类检品共计1990批，其中药品1138批，化妆品540批，医疗器械277批，洁净检测14次，其他类检验21批。总计检验了27541项检验项目，发出的报告零差错。

2017年承担了药品国家评价性抽验3个品种任务。其中“消咳宁片”和“消炎退热颗粒”按现行标准检验合格率分别为100%和97.5%，按探索性研究方法检验后，合格率下降至18.8%、66.1%。2016年开展“复合维生素B片”的质量分析探索性研究试验时发现有企业存在违规投料情况，立即上报国家食品药品监督管理总局，国家食品药品监督管理总局于2017年6月2日对此进行通报表扬。（2017年度以上情况为自治区局在总局全国药品考核中共加0.4分）

2017年，自治区中药材及饮片评价抽验共14个品种，其中内蒙古药检院承担2个品种，各盟市药品检验机构共承担12个品种，总计抽检598批次，按现行标准检验，合格498批次，合格率为83.3%，并组织12个盟市药品检验机构对14个品种开展了探索性研究，并作了详细的分析报告和评估工作，对下一步监管工作奠定了好的基础。其中檀香、降香等6个品种按探索性研究统计了合格率情况，总计239批次，按探索性研究检验合格率为55.6%。

检验化妆品540批次，其中国家化妆品监督抽检400批次，自治区化妆品监督抽检120批次，自治区稽查抽检2批次，委托检验2批次，现场试验16批次。发出检验报告499批次，不合格或问题样品22批次，不合格率4.4%。

利用国家食品药品监督管理总局发布的补充检验方法为稽查处置查办案件提供了有力的技术支撑。采用上述方法检验稽查抽检15批次，刑事诉讼1批次，复验1批次，检出不合格样品13批次，不合格率76.5%。

科研工作

承担国家药典委员会下达的标准提高任务，完成了6个品种的立项任务等上报工作。

完成了国家食品药品监督管理总局药化注册司专题项目“草乌叶的示范性研究”，并荣获优秀奖。

完成了国家中医药管理局的行业专项“肉苁蓉的野生与繁育品的质量比较研究”。

完成了中检院课题“中药饮片微生物限度标准研究”“中药饮片耐热菌的研究及污染微生物数据库的扩建”。

完成了国家食品安全风险评估中心课题“肉鸡屠宰加工阶段弯曲菌污染定量监测方法”。

完成了自治区蒙药3年行动计划项目的5个品种的起草工作，并通过技术审评。

标准复核任务：①完成内蒙古医科大学蒙药炮制品29个品种84批次的标准复核工作；②完成盟市所承担的蒙药3年行动计划项目的23个品种54批次的标准复核工作。为各盟市提供技术指导和培训。

在锡林郭勒盟开办全区药检系统“中药检验技术培训班”检验机构和企业人员达百人。培训班邀请了中检院7位重要领域知名专家，对自治区中药检验技术整体提升、发展有极大的促进作用。

派专家在自治区食药监系统举办的各类培训班上作“制药企业化验室管理的基本要素和检查要点”“中药基础检验知识与检验方法”等各类报告、讲座。协助区局派遣各类专家分别对29家企业单位进行了监督检查、考核、现场技术指导等工作。派专家协助国家食药监总局进行为期2个月的仿制药参比制剂遴选项目工作。

持续对盟市药品检验所就资质认定相关内容提供指导和咨询，完成二连浩特、锡林郭勒等药品检验机构的指导调研工作。

职业技能培养

自治区食品药品监督管理局联合自治区总工会、自治区人力资源和社会保障厅举办的“中国美·劳动美”2017 全区药品检验检测系统职工职业技能比赛于 2017 年 11 月 26 日在我院举办，我院全程投入人员、设备、场地及试剂试药，保障比赛圆满成功。在本次比赛中，我院职工张建平荣获一等奖，郭宝凤、张欣华荣获二等奖，包揽前三名，同时获得自治区工会表彰，张建平获得五一劳动奖章一枚，郭宝凤、张欣华荣获自治区“技术能手”称号。

资质评审和能力验证

完成了 CNAS 复评审的相关工作，批复药品参数 87 个。完成资质认定复评审及扩项评审工作：扩项批复药品参数、方法各 1 个，化妆品参数 59 个、参数方法 28 个，医疗器械 7 个品种，包材 1 个方法、品种新增方法 22 个。复评批复情况包含药品参数 117 个，化妆品参数 246 个、器械参数 83 个（含 49 个品种）、药包材参数 122 个（含 83 个品种）、洁净参数 11 个。完成能力验证和比对六项能力验证。

辽宁省食品检验检测院

概　况

2017 年，辽宁省食品检验检测院紧紧围绕国家食品药品监督管理总局、省局及中检院的各项决策部署，围绕全省食品安全监管工作重点，坚持“稳中求进”的工作总基调，以党建工作为统领，以业务建设为中心，全面完成检验工作任务，全力规范质量管理，逐步提升检验检测能力，有力推进“五大”重点工作，切实加强党风廉政和干部队伍建设。在全院干部职工的共同努力下，较好地完成了各项工作任务，为全省食品安全监管提供了有力的技术支撑。

抽样检测

累计完成检验 4281 批次，包括国抽 1500 批次、省抽 289 批次和各类委托检验 2492 批次，涉及酒类、蔬菜制品和肉制品等 23 大类食品，过氧化值等近百项检验指标，总检验量约为 2016 年的 3 倍。

风险预警分析研判

一是开展全省食品安全抽检监测数据分析预警。分别对 2016 年度、2017 年上半年和第三季度全省范围内的食品安全抽检监测数据（涉及样品 8.1 万余批次，项目 79.4 万余项次），以及省局“一月一品”和麻辣烫专项抽检数据进行汇总分析，报送 13 份分析报告，全面分析食品抽检工作中发现的问题，并对食品中铝超标等主要问题进行了重点分析和预警提示，为政府和监管部门掌握全省食品安全形势，靶向开展食品安全风险管理提供了科学依据。二是开展食品安全风险监测问题食品风险隐患分析评价。对白酒、食用菌制品等 6 类 110 余批次问题食品中的 19 个问题项目进行风险隐患分析评价，为监管部门后期处置提供了参考。

快检工作

建立快检实验室，开展实地考察调研，制订食品安全快速检测车设计方案及详细参数标准，开展农残仪、一体机、PCR 仪等多家快检产品的技术质量评价工作，为食品快检车及快检设备提供技术服务。针对水产品中的孔雀石绿，对 5 个厂家的快检产品进行评价，及时完成了 750 例检验样品的采购、检验和数据上报工作。

社会服务

充分利用政府、企业、社会三个平台，加强信息报送，积极参与企业指导和专项检查，开展形式多样的社会宣传活动，全方位、多渠道、多角度地宣传食品检验检测工作，提高了社会公众对食品检验工作的认识和对食品安全监管工作的认可。

科研工作

2017年，新获批3项辽宁省自然科学基金项目，1项科技成果评价，发表论文10篇。此外，参与国家“十三五”规划内容重大专项课题子课题“散装即食食品微生物限量标准”和“食品纳米温控标签应用关键技术”的研究工作。参与食品补充检验方法制定和验证工作，其中，主持蜂蜜中吡咯里西啶类物质检测研究，参与肉制品中刚果红的测定等2项食品补充检验方法的研究；参与国家食品药品监督管理总局关于保健食品中75种非法添加物质的检测、北京市疾病预防控制中心关于豆制品中王金黄的测定等4项食品补充检验方法的验证工作。累计完成中检院关于化妆品中铜绿假单胞菌等80个质控样的标定工作。与沈阳药科大学合作开展药材中甲基汞、乙基汞的测定，为合作院校的毕业生提供了实习平台。帮助沈阳福宁药业有限公司建立了碳酸镧中铝测定的检测方法等。

系统业务能力建设指导

充分发挥全省食品检验机构的龙头带动作用，配合省局开展2016年度全省食品安全抽检监测承检机构考核、全省检验检测机构工作质量分类考核评价、2017年度全省食品抽检工作督导检查与调研等工作，对新增13家国抽、省抽承检机构进行资质筛查，客观评价全省承检机构的工作质量，推动全省系统检验机构能力建设。不断加强对全省系统食品检验机构的业务技术指导和检验人员的技术培训，举办2017年全省食品理化检验技术和食品微生物检验技术培训班，培训全省各市县（区）食品检验技术人员200余名；对锦州、灯塔等省内7家市、县级食品检验机构的26名专业技术人员开展6期实验室代培。积极参与国家食品药品监督管理总局、省局组织开展的各类活动，配合开展全省食品安全标准技能竞赛、全国食品安全监督抽检核查处置和全省食品安全示范城市创建工作检查等工作。

基础设施建设

3月顺利取得省发改委《关于辽宁省食品检验检测院检验业务用房项目可行性研究报告的批复》（辽发改投资〔2017〕175号），完成辽宁省食品检验检测业务大楼项目立项工作。到国内5家检验机构和2家实验室设计公司进行学习考察，顺利完成土地划拨、工程勘察、工程造价咨询招标和初步设计审查等工作。为加强基建建设工作的组织领导和纪律监督，确保建设工作规范有序实施，成立了检验业务用房建设工作领导小组，多次召开专题会议，推进相关工作。

党建工作

2017年，院党委及新一届领导班子认真贯彻落实党的十八大和十九大精神，以“服务中心、建设队伍”为目标，以“围绕发展抓党建，抓好党建促发展”为基本纲领，紧贴食品检验检测工作特点，深入学习宣传贯彻落实党的十九大精神，扎实推进“两学一做”学习教育向纵深开展；严格落实各项组织生活制度，有计划地开展民主生活会、支部书记讲党课、“在职党员进社区”党日活动等党内政治生活；深入开展规范化建设工作，接待省检察院铁路局机关党群工作部等单位来院观摩交流学习；高度重视党风廉政建设和纪检工作，提出与业务工作同研究、同部署、同检查、同落实的工作思路，组织开展理论学习、警示参观等活动，增强干部职工的拒腐防变意识；不断强化班子建设和干部队伍建设，科学把握发展大势，科学合理选拔、使用、激励人才；创新开展群团建设，不断丰富职工业余文化生活，努力打造特色食检文化。

吉林省医疗器械检验所

概 况

2017 年，吉林省医疗器械检验所全面学习贯彻落实党的十九大精神，紧密结合新的时代条件和实践要求，深入推进落实“两学一做”学习教育常态化制度化，贯彻落实国家食品药品监督管理总局、中检院、吉林省食品药品监督管理局的工作部署。工作中始终坚持两条主线，一是服务监管，保证公众用械安全；二是助力产业升级，促进经济发展。通过一年来的规范建设，队伍素质得到再提高，规范化、制度化建设再加强，检验能力进一步提升，以科研引领，推动了吉林省医疗器械检验事业的发展。

全所编制 34 人，现在编在岗 28 人，劳动合同制 20 人。全所研究生学历 12 人，本科学历 34 人；正高级工程师 6 人，高级工程师 10 人，工程师 3 人，助理工程师 4 人。现有检验仪器设备共 628 台（套）。

监督检验

2017 年，完成国家医疗器械质量监督抽验 5 种产品共 109 批次检验，分别为一次性使用无菌阴道扩张器、一次性使用滴定管式输液器、血液透析及相关治疗用浓缩物、医用超声雾化器、神经肌肉刺激器。其中 3 篇国抽质量评估报告获奖，分获国家食品药品监督管理总局授予的一等奖 1 个和二等奖 2 个。共完成省级抽验任务 622 批次，其中包括无源产品 431 批，有源产品 191 批。国抽共计 7 批样品不符合标准规定；省抽共计 17 批样品不符合标准规定，样品不符合率为 2.73% 。

能力建设

2017 年，着力加强能力建设，促进业务能力提升。各检验科室分别围绕超声雾化器粒径分布测试、细胞毒性、胀破强力 – 干态、抗渗水性、悬浮粒子和沉降菌等项目开展模拟试验，加深了对标准的理解，对操作环节的控制更加精准，检验能力得到进一步提升。目前，CNAS 认可产品项目、CMA 资质认定项目分别增加至 505 个和 604 个。

积极参与行业技术活动，培养技术复合型人才。新增国家 CNAS 评审员 1 名，至此，全所医疗器械国家评审员已达 3 名，技术领域覆盖化学及电气方向。派员参加了中检院组织的对全国 8 家医疗器械检验机构开展的监督检查工作，并按照检查细则要求开展了所内自查，促进检验检测工作更加规范化运行。参与中检院组织的“十三五”规划教材《医疗器械质量检测与校准》编写工作，为进一步规范和推动我国生物医学工程专业，尤其是临床工程教育发展，起到积极促进作用，教材已于 2017 年 8 月出版发行。利用一切机会及资源，走出去、请进来，强化多领域、多学科、多形式的学习和培训，促进业务技能的提升。2017 年外派人员学习培训共 83 人次，所内授课培训 11 期。

能力验证获满意结果。2017 年，吉林所参加中检院组织的“输注器具溶出液铅镉含量”能力验证，获得满意结果（通过率仅 67.31%）。2017 年 6 月以满分成绩通过国家食品药品监督管理总局省级医疗器械审评审批能力考核评估。

标准起草

2017 年，参与了 7 项医疗器械国家标准和行业标准的审定工作，提出 40 余项修改建议。多次参加由国家食品药品监督管理总局医疗器械标准管理中心组织的医疗器械分类界定会议，参与完成了近 200 个有源产品分类工作。

2017 年，参加了由国家食品药品监督管理总局提出、全国医用电器标准化技术委员会物理治疗设备分技术委员会归口的行业标准《振动叩击排痰机》（项目编号：A2017 – T – TJ）起草工作并形成报批稿。

完成了《定制式活动义齿》《电脑中药熏蒸洗治疗机》和《中波紫外线补钙理疗仪》3个吉林省地方标准制定工作，以上标准已于2017年正式实施，填补了吉林省医疗器械地方标准的空白。

项目调研

全面落实科学发展观，广泛开展项目调研，提供科学工作依据。围绕服务企业，促产业发展目标，开展电磁兼容检测项目调研、IVD检验问题及企业需求调研、环境监测调研等项目调研。为明确吉林所检验发展方向，开展了全国检验机构能力及基础建设情况调研、吉林省医疗器械产业调研、具备医疗器械检验能力的机构调研、所内实际检验能力调研等，并开展了动物实验室迁址调研，落实新址建设项目，为下一步能力提升的开展打下了坚实基础。

科研工作

2017年，申报了吉林省中医药管理局医疗器械促使中药效能最大化研究，已通过专家审核，研究工作顺利开展。提升了吉林所科研能力。

与吉林大学仪器科学与电气工程学院共同申报了吉林省科技发展计划项目“互联网+移动医疗仪器工程技术研究中心”项目，吉林所在该项目中承担标准化技术支持和仪器验证工作。项目已于2017年1月通过审批并下达任务，研究工作正在进行中。

上海市食品药品检验所

概　况

2017年，上海市食品药品检验所在上海市食品药品监督管理局统一领导下，凝心聚力，砥砺前行，为保障公众饮食用药安全，实现科学监管、智慧监管，发挥了食品药品检验检测的重要技术支撑作用。2017年，上海市食品药品检验所共完成样品检验71012件。进口药品50475件（含自贸区进口药品检验12326件），其中日常监管抽验2857件，企业委托检验1165件，生物制品批签发1612件。食品5817件，其中日常监管抽验5671件，企业委托检验146件。保健食品1578件，其中日常监管抽验1379件，企业委托检验199件。化妆品4518件，其中日常监管抽验3297件，企业委托检验58件，行政许可/备案1163件。

检验检测

2017年，广东某生物制品企业在国家食品药品监督管理总局飞行检查中曝出人血白蛋白中铝离子含量有关问题，上海市食品药品检验所一周内便作出专题报告呈中检院，为国家食品药品监督管理总局后续的工作部署提供了技术支撑。

2017年，上海市食品药品检验所承接了河豚毒素、小麦粉中呕吐毒素等涉案检验任务；有效应对央视“315”晚会曝光的极藻事件，8月份爆发的“毒鸡蛋”“毒大葱”等事件。任务的顺利完成体现了本所食品安全应急保障能力的进一步提高。

2017年，上海市食品药品检验所承担了国际滑联短道速滑世界杯上海站、国际滑联上海超级杯短道速滑及花样滑冰队列滑大奖赛食品安全保障工作并圆满完成任务。

上海市食品药品检验所为配合浦东新区进口非特殊用途化妆品备案试点工作，全面优化检验工作流程，建立了浦东试点样品从受理到报告完成的全程绿色通道。

能力建设

2017年，上海市食品药品所获得中国合格评定国家认可委员会颁发的《能力验证提供者认可证书》，意味着正式取得“国际、国家裁判员”的“执业资格”。

2017年，上海市食品药品检验所药理毒理室安评中心顺利完成GLP复查工作，为二期项目安评中心建设奠定了良好基础。

2017年，上海市食品药品检验所成为国家食品药品监督管理总局食品快检产品评价系统内的指定技术机构，完成硝基呋喃类代谢物和罂粟壳成分共12家企业的快检产品抽检、检测及结果汇总、上报和产品评价等工作。

2017年，上海市食品药品检验所成功中标国家食品药品监督管理总局本级食用农产品和保健食品安全抽检承检机构，充分展示上海所保持国家第一梯队和在食品检验检测领域的话语权。

科研工作

2017年，上海市食品药品检验职工作为第一作者/通讯作者共计发表科研论文42篇；参加中国药学会、上海市药学会等机构组织的论文交流会，全年共计获奖34人次；获得2项专利授权，另有9项专利正式提出申请，获得专利号；技术人员撰写专业著作《中药和天然药物有害残留物检测技术》；共计申请国家级、省部级及市级科研课题61项；共完成20项科技成果的登记；共计19项科技成果投入转化，服务16家企业29个品种质量提高工作。

上海市医疗器械检测所

概　况

2017年，上海市医疗器械检测所全面贯彻党的十九大和市第十一次党代会精神，按照中央全面增强“四个意识”要求，真抓实干落实“四个新作为”，根据上海市委、市政府及国家食品药品监督管理总局和上海市食品药品监督管理局的工作部署，结合本所工作计划，组织和推进各项工作任务，全年共受理检验任务6831批次；完成11项国家/行业标准的审定工作；完成6个医疗器械分类子目录修订研究工作。

检验检测

2017年上海市医疗器械检测所全年共受理检验任务6831批次。共完成检验任务5810批次，其中注册检验2664批次；监督检验1076批次；商检检验1444批次；委托检验626批次。

2017年上海市医疗器械检测所承检的国家监督抽验任务，涉及吻（缝）合器、电动手术台、心脏除颤器、医用制氧机等11个牵头品种以及体温计、DR等7个参与品种。检测共计341批次（无源213批次，有源128批次），不合格29批次。

2017年上海市医疗器械检测所根据上海市食品药品监督管理局监督抽验安排，2017年共受理1149批次（有源110批次，无源1039批次）。其中妇女儿童专项146批次，共完成检验报告735批次。其中合格696批次，不合格39批次（无源18批次，有源21批次）。

2017年上海市医疗器械检测所根据上海市食品药品监督管理局在用器械评价性抽验检验品种为CT、MR，共涉及22家医院，44台套设备。并对检验数据进行汇总及质量分析。

能力建设

2017年上海市医疗器械检测所通过CNAS、CMA换证复评审及扩项现场评审，获得认可的项目共计755项，其中金银花路总部683项（包括新扩项：39项涉及X射线、体外诊断试剂、急性全身毒性等），外高桥分部72项。换证工作的顺利完成，确保了实验室能持续有效开展工作。

2017年上海市医疗器械检测所牵头组织和申请参加共15项实验室比对、能力验证项目，其中牵头实施1项EMC（端子骚扰电压试验）全国实验室比对工作，4项国际实验室比对。目前均获满意结果。

2017年上海市医疗器械检测所通过UL年度

审核。本次年度审核重点对部分 17025 条款进行符合性检查，同时开展多项现场测试，全面地考核实验室人员的检测能力。经审核，UL 对上海市医疗器械检测所的技术能力和管理水平给予了肯定，确认上海市医疗器械检测所具备维持美国 UL 第三方数据交换（TPTDP）实验室的检测能力。

2017 年上海市医疗器械检测所在上海市食品药品监督管理局的支持和指导下，与健康医学院签订建立高水平专业实验室合作协议。通过设立“国家医疗器械质量监督检验中心（分部）”开展医疗器械科研和医疗器械标准化等领域合作，面向学院学生开展实训，建成产教融合、研用衔接、开放共享、协同创新、服务医疗器械行业发展的国家级平台。标志着上海健康医学院将与上海市食药监局在探索社会共治上走出坚实的一步。上海市医疗器械检测所将携手健康学院服务于上海医疗器械产业发展，服务于上海科创中心建设。

2017 年上海市医疗器械检测所根据国家食品药品监督管理总局发布的重点实验室管理办法，依照公布的医疗器械重点实验室分类设置，已提出申报医用电气设备和呼吸麻醉设备两项，目前申报材料已上报国家食品药品监督管理总局。

标准化工作

2017 年上海市医疗器械检测所着力提高标准化和科研管理力度，按计划推进标准化工作。其中 6 个专业标准化技术委员会完成了 11 项国家/行业标准的审定工作；完成了 6 个医疗器械分类子目录修订研究工作，并已正式发布，目前各牵头负责人处于后期培训教材制定阶段；由上海市医疗器械检测所担任起草的国际标准《ISO 19614：2017 脉搏波触力传感器》于 2017 年 5 月正式发布；上海市医疗器械检测所已获批准成立的第七个归口技委会“全国有源植入器械标准化分技术委员会”正在组建中。

科研工作

2017 年上海市医疗器械检测所加强科研课题申报及管理，积极参与科技部数字诊疗装备研发专项课题申报 13 项，其中“髋膝兼容、安全、高效微创关节置换手术机器人系统研发”“5.0 T 超导磁共振核心部件及系统研发”等四个数字医疗设备研发专项获科技部立项；2017 年 11 月“脉搏波触力传感器的测试方法及标准研究”课题顺利通过经上海市科委组织的专家组的验收；全面完成上海市食品药品监督管理局重点课题“有源植入式医疗器械在动车组环境下的电磁兼容性风险评估”以及“开展医疗器械遗传毒性试验的研究”等 14 项所级课题。

江苏省食品药品监督检验研究院

概　况

2017 年是江苏省食品药品监督检验研究院快速发展的关键之年，江苏省食品药品监督检验研究院以食品药品检验能力建设为发展主线，求真务实，开拓创新，通过人才培养、技术创新、科研发展等多种方式，实现食品药品检验能力持续协调向前发展。单位获“江苏省五一劳动奖状”表彰。

检验检测

江苏省食品药品监督检验研究院 2017 年共完成各类检验 10346 批次。其中，完成各类抽验、复验等 5335 批（药品监督及专项抽验 294 批，复验 11 批；保健食品安全风险监测及监督抽验 1147 批；化妆品安全风险监测 1266 批，复验 2 批；食品监督抽检 1679 批，风险监测 920 批，复检 16 批）；各类注册检验 1706 批（药品注册检验 1615 批，辅料注册检验 63 批，保健食品注册检验 28 批）；进口药品抽验 676 批；各类合同检验2491批（药品合同检验1340批，辅料合同检验20批，咨询检验1098批，化妆品备案检验26批，食品合同检验7批）；委托检验16批；能力验证、实验室间比对、扩项模拟试验和实验室资质认定评审现场试验122批。

食品质量监控工作：受理食品生产许可材料共711家，其中发证281家，换证284家，变更146家；受理食品添加剂生产许可309家，其中发证114家，换证103家，变更92家。

协助江苏省食品药品监督管理局下达食品国抽任务14169批次，省抽任务16757批次，评价性抽检任务2900批次；协助省局对承担食品国抽和省抽任务的承检机构进行考核；完成抽检任务总结报告3份，检验机构考核通报2份。

标准研究工作：完成国家药典委员会下达的化药、中药及辅料标准提高10个品种的起草和10个品种的复核工作；参与中检院下达的国家药品标准物质6个品种的稳定性核查工作；完成上报中药饮片微生物限度标准的研究及污染生物数据库的建立课题；起草上报《中国药典》（2015年版）30个新增品种注释编写工作；完成了礞石滚痰丸松香酸检查补充检验方法上报；参与戊酸雌二醇、阿莫西林、克拉维酸钾三个国际药典品种编修工作。

重要活动、举措、成果

2017年5月，江苏省食品药品监督检验研究院被国家食品药品监督管理总局表彰为“药品检验和质量分析工作表现突出单位”。

2017年6月6日，江苏省食品药品监督检验研究院开启搬迁工作，6月29日搬迁至新药品实验大楼，新楼位于建邺区康文路17号，共9层约23000m^2，包括独立理化实验室、动物房、微生物实验室等，增加了新风系统、污水处理系统等实验辅助设施，极大改善了实验条件。

2017年5月16日，江苏省局下发文件《关于同意调整省食品药品监督检验研究院（省食品质量安全监控中心）内设机构的批复》（苏食药监人函〔2017〕106号），部门调整如下：职能部门6个：院长办公室、党委办公室、计划财务科、人事教育科、信息中心、后勤服务中心；业务部门4个：综合业务科、质量管理科、仪器设备科、科研培训科；检验部门9个：食品检验室、中药和保健食品化妆品检验室、化学药品检验一室、化学药品检验二室、生物技术药品检验一室、生物技术药品检验二室（江苏省食品药品监督检验研究院泰州分院）、药品微生物检验室、药理毒理研究中心、检验技术研究中心；食品质量安全监控部门2个：食品质量审查室、食品质量监测室。

2017年7月，因异地启用新实验室，对实验室资质重新认定，共涉及药品、生物制品、洁净室（区）环境检测、化妆品、保健食品五大类共400项参数。

2017年8月，马秋林副省长到江苏省食品药品监督检验研究院调研指导工作，对技术监督工作给予肯定，并对今后能力发展进一步提出要求。

2017年12月6日，在苏州举行的2017年国家药品抽检品种质量分析报告现场交流评议会上，江苏省食品药品监督检验研究院硫酸核糖霉素片质量分析报告获现场交流评议专业组第一名，萘普生片质量分析研究取得专业组第五名。

2017年12月19日，顺利通过国家食品药品监督管理总局特殊食品验证评价技术机构备案（编号为TY12201183），意味着江苏省院具有保健食品功效成分或标志性成分检测、稳定性试验、卫生学试验，以及保健食品安全性毒理学试验、功能学动物实验等检验资质，必要时还可开展菌种鉴定和违禁药物成分检测。

2017年12月，和江苏大学联合申报的国家重点研发计划“食品污染违规操作行为智能化实时监测预警技术研究”所属项目“食品腐败变质以及霉变环境影响因素的智能化实时监测预警技术研究”（课题编号2017YFC1600806）申请成功，总金额2200万。

2017年12月，国家食品药品监督管理总局发布第一批通过仿制药质量和疗效一致性评价药品的公告，由江苏省食院负责复核的瑞舒伐他汀钙片（Rosuvastatin Calcium Tablets）通过审查。该药品由南京正大天晴制药有限公司生产，属于10 mg片剂，临床上适用于经饮食控制和其他非药物治疗（如：运动治疗、减轻体重）仍不能适当控制血脂异常的原发性高胆固醇血症（Ⅱa型，包括杂合子家族性高胆固醇血症）或混合型血脂异常症（Ⅱb型），也适用于纯合子家族性高胆固醇血症的患者，作为饮食控制和其他降脂措施（如：LDL去除疗法）的辅助治疗，或在这些方法不适用时使用。这是国家首次公布通过仿制药质量和疗效一致性评价品种目录。

浙江省医疗器械检验研究院

概　况

2017年，浙江省医疗器械检验研究院（以下简称器械院）在浙江省食品药品监督管理局的领导下，围绕“精准对接、精准服务”政策，秉持“科学公正、求实创新、尽责高效”的质量方针，完成了各项工作任务，未发生重大医疗器械安全事件。

2017年度共受理日常检验、监督检验业务8583份，其中各类注册检验4299份，委托检验2491份，监督抽验（包括国抽和省抽）1785份。完成体外诊断试剂注册抽样外出44次，抽样批次156批，涉及24家公司，6个地市。

检验统计数据

2017年，充分发挥检验检测职能，全年共受理日常检验、监督检验业务8583份，其中监督抽验（国抽、省抽、地市）受理1785份。

为促进网络销售医疗器械质量的提升，对线上抽验和监管提供技术保证并积累经验，2017年对天猫、京东商城、叮当快药和快方送药平台经营的三种器械共250批次进行质量监测。国家食品药品监督管理局医疗器械监管司指定器械院作为此次质量监测的唯一检验机构，为医疗器械的网络销售提供了强有力的技术支撑和保障。

突破区位限制，首次承担省外监管部门委托的在用设备检测。上半年接受厦门市市场监督管理局委托，完成其辖区内医疗机构的在用高频电刀、除颤仪和心电监护仪的检测，为后续跨省在用设备检测业务的展开提供借鉴。

能力建设

2017年新40项CNAS认可项目。目前共有CNAS认可项目609项，CMA资格认可项目730项，检验范围涵盖全部基础性医疗器械安全性检验能力，包括电气安全、生物安全、光辐射安全和医疗器械电磁兼容性（EMC）检验检测。检验能力覆盖归口全部三类医疗器械产品和省内大部分企业生产的医疗器械产品。

标准体系建设

申报YY 1298—2016《医用内窥镜 胶囊式内窥镜》等15项行业标准获得2017年度杭州市研制与采用先进技术标准资助，其中一等奖、二等奖各1项，其余项目获得“三等奖”。

做好国家标准化管理委员会秘书处工作，对发布实施5年以上的归口标准开展复审工作，确保了标准的有效性、适用性。组织召开YY 1298—2016《医用内窥镜 胶囊式内窥镜》等16项行业标准专题宣贯会议，完成浙江省标准化技术委员会换届报批工作。组织完成“SC 5显微镜和内窥镜分技术委员会”和ISO/TC 172/SC 7“眼科光学和仪器分技术委员会”10项国际标准的投票工作。

科研工作

完成“多孔腔镜手术机器人的研制及产业化

应用研究”11个项目合同书签订工作，其中参与国家重点研发计划2项。完成省科技厅、省局“医疗器械电磁兼容检测技术及规范研究”等5个项目验收。浙江省食品药品监督管理局科技项目“湿化人体呼吸气体的热湿交换器（HME）加湿性能测试方法研究”和“新型消毒剂消毒消化内镜的可行性研究和效果评价”获得立项。

分院建设

宁波实验室完成装修和20台大型实验设备的安装调试，正在安装实验室家具，即将进行验收；分院一期（海创园）建设合作协议正式签订，新招聘4名硕士研究生，正在进行家具采购和实验室修改整理，6月份获得国家发展和改革委员会《浙江杭州未来科技城双创示范基地重大项目建设》批复，项目资金已经到位，亟待分院公司成立后落实资金并开展后续工作。余杭分院二期（临平）完成土建安装工作，正在进行CT、核磁共振、PET－CT等专业检测实验室装修前期调研、设计需求编写和用人计划申报。

党建工作

党委狠抓四级责任制，逐层签订廉政责任书，强化第一责任人意识，严格落实党委主体责任。

开展“两学一做”常态化制度化学习教育活动，严明纪律，班子带头，全员参与。大力推进支部固定党日活动制度，在支部内广泛开展每月一次的党日活动，加强基层党支部建设，夯实基层组织基础。

开展党的十九大精神学习，以观看视频、开展大讨论、自学、集中学等形式强化党员的规矩意识、政治意识。

开展多种形式的党员教育：组织全体党员开展“七一”党日活动、重走“一大”路、传播党内反面案例、节假日发送廉政短信。

发挥党、团员的先进性和积极性：组织疗休养、小组活动、成立篮球队、开展友谊赛；组织参加五四青年节活动；开展志愿服务活动；参加省直机关诗词比赛等。

强化人才队伍建设

2017年度完成招聘15人，其中硕士9人，本科5人，进一步形成以本科为主，博士、硕士不断增加的检验研究工程师专业技术队伍。

重视领导干部素质提高，组织中层及以上干部赴嘉兴南湖现场教学，组织支部书记参加浙江省省直机关工委支部书记轮训。注重榜样效应，表彰了一批在科研创新工作中涌现的先进典型。

大型活动

启动实验室5S管理。引进国际通行模式，邀请美国知名管理培训机构举行5S及目视化管理培训，对5S及目视化管理予以详细说明，对在实验室环境和办公区域内实现管理的标准化、可视化、持续化、效率化进行作业指导。不断推进常规检测过程的规范管理、遇到技术难题的解决流程管理、科研项目的攻坚管理、团队人员培训的制度化管理，做到井然有序，权责明确。

注重提高办事效率，落实“最多跑一次”事项要求。重新整理收集送检受理要求及流程，修订委托检测技术服务及技术咨询合同书，编制第二类医疗器械注册检验及第二、三类医疗器械生产企业洁净室环境监测服务指南，执行注册检验预评审制度，降低企业办事成本，缩短业务办理流程。利用信息管理数据，提高办事效率，真正让数据多跑路，不让客户多跑腿。

所获奖励

牵头的2016年国家监督抽验品种质量评估报告现场评议，其中红外辐射治疗设备、掺钕钇铝石榴石激光治疗机获有源器械组二等奖，软性接触镜获无源器械组二等奖，人绒毛膜促性腺激素检测试纸获体外诊断试剂组三等奖。

申报的 YY 1298—2016《医用内窥镜 胶囊式内窥镜》等 15 项行业标准获得 2017 年度杭州市研制与采用先进技术标准资助，其中一等奖、二等奖各 1 项，其余项目获得“三等奖”。

江西省食品检验检测研究院

概　况

江西省食品检验检测研究院成立于 2014 年 8 月，是根据《江西省机构编制委员会办公室关于省级食品药品监督管理体制改革中有关机构编制调整的通知》（赣编办发〔2014〕2 号）的精神，整合组建“江西省食品检验检测研究院”，挂“江西国家果蔬产品及加工食品质量监督检验中心”牌子的新机构，隶属于江西省食品药品监督管理局，是全省唯一专门从事食品检验的正处级单位。

在江西省委省政府、省局领导的关心支持和帮助下，江西省食品检验检测研究院坚持业务能力建设和党风廉政建设两手抓，以“两年两大步”的“江西速度”完成了实验室改造建设、仪器设备采购、检验人员配备和检验检测资质获取等工作。现有实验室面积 4700m^2，职工 91 人，仪器设备共 480 台套，仪器设备总值 7000 多万元。江西省食品检验检测研究院于 2016 年和 2017 年分别取得检验检测机构资质认定 CMA 资质（证号：161400140198）和国家实验室认可 CNAS 资质（证号：CNAS L9603）。

2016 年 9 月，江西省食品检验检测研究院成功纳入由国家认证认可监督管理委员会、国家食品药品监督管理总局、国家卫生和计划生育委员会、农业部共同公布的“第三批食品复检机构”名录。

检验检测

2017 年，共完成国家监督抽检 4630 批次任务，完成率 101.4%，不合格率 3.5%，其中国抽风险监测检验 2661 批次。

完成江西省监督抽检 7304 批，完成率 104.4%，不合格率 3.9%。江西省级专项抽检 165 批次。

完成委托检验 5306 批次，人均完成 220 余批。与 2016 年相比增幅为 67.96%。

科研工作

2017 年，江西省食品检验检测研究院成功获批“食品安全国家标准”立项 6 项，且其中 5 项为主持单位，3 项为独立承担单位，是江西食药系统在该领域取得的历史性突破。

江西省食品检验检测研究院完成了国家食品药品监督管理总局补充检验方法《食品中高通量动物源性成分鉴定（膜芯片法）》的验证工作，参与起草研究的《常见动物源性成分快速测定 膜芯片法》已获国家标委会立项。

另获江西省科技厅课题 2 项，江西省局科研课题 6 项。技术人员在各级期刊发表论文 16 篇，其中 2 篇为 SCI 收录。此外还获得 4 项软件著作权。

能力建设

2017 年参加了国家认证认可监督管理委员会、中检院、中国检验检疫科学技术研究院等单位组织的国内能力验证 32 批次，英国 FAPAS、英国政府化学家实验室（LGC）、澳大利亚质量服务机构（IFM）等国际能力验证 9 批次，国家食品药品监督管理总局组织的盲样考核 2 批次，结果均为满意。

为了持续加强江西省食品检验检测研究院的能力建设，2017 年分别针对国抽检测、监测项目、食品标准变更、保健食品等方面组织了资质认定的扩项工作，涉及的产品和参数共 1611 项；目前江西省食品检验检测研究院的检验检测能力达到了 3126 项。检测项目参数覆盖普通食品、特殊食品、食用农产品、餐饮食品等类别。

为持续完善管理体系文件，江西省食品检验检测研究院针对 CL 09、CL 10 等相关要求，对质量管理体系进行改版，形成第二版管理体系文件。

党建工作

2017 年，江西省食品检验检测研究院认真学习贯彻党的十九大精神，坚持以习近平新时代中国特色社会主义思想武装头脑、指导工作，把政治建设摆在首位，党员干部牢固树立“四个意识”，不断坚定“四个自信”，思想行动上始终与习近平同志为核心的党中央保持高度一致，坚决贯彻执行党的路线方针政策和上级指示决定，有力地保证了本院检验检测中心工作沿着正确方向不断前行。

党支部“一班人”认真贯彻管党治党主体责任，深入推进“两学一做”学习教育常态化制度化，严格遵守党的各项纪律和中央八项规定精神，坚持落实中心组理论学习、“三重一大”和“一岗双责”等重要制度，对内制定发布了多项党建制度，积极组织党员干部参加江西干部网络学院理论课教学活动，举办了井冈山“两学一做”学习教育专题培训活动。自觉保持清正廉洁和风清气正的良好政治生态，为不断提升检验能力和服务水平奠定了思想和政治基础。

重要会议和活动

2017 年协助江西省局完成“江西省食品药品监检技能竞赛”活动中食品领域的相关出题、食品快检技能实操、实验室检测实操等工作。此次在“大比武”活动中产生出两位优胜者，获“江西省五一劳动奖章”殊荣，享受省劳模待遇。

为外交部“开放的中国：美丽江西秀天下”江西全球推介活动、江西省政协十一届五次全会、九江赣台经贸会、2017 年中国景德镇国际陶瓷博览会等重大活动的餐饮食品安全提供保障。

山东省食品药品检验研究院

概　况

山东省食品药品检验研究院创建于 1956 年 6 月，是山东省食品药品监督管理局下属事业单位。主要承担食品（包括保健食品）、药品、化妆品的检验检测和科研职责，开展监督检验、许可注册检验、评价性检验、风险检测、标准制修订以及科研工作，并作为技术龙头，承担全省食品药品检验机构的技术指导和专业技术培训工作。

现有事业编制 176 人，在职职工 306 人，其中高级职称资格 79 人，硕士以上学历占专业技术人员总数 70% 以上。目前设有办公室、人事科、科研管理科、化学药品室、中药室、抗生素室、保化室、微生物室、食品化学室等 24 个科室。

多年来，山东省院坚持“人才强院”不动摇，发展拥有了一支高学历、高层次的专业技术人才队伍，其中享受国务院特殊津贴的专家 2 人，有突出贡献的青年专家 1 人，各类国家级食品药品专业委员会委员 22 人。实施“引智”工程，先后聘请了中国工程院陈君实院士、沈建忠院士、美国食品药品监督管理局专家王功明博士等知名专家学者作为学科带头人。

全院占地 40 亩，现有药品检验楼 12000m^2，食品检验楼（借用）6000m^2，15770m^2 的食品药品检验大楼已经竣工，即将投入使用。检验和科研仪器设备价值 2.8 亿元，拥有高分辨率质谱联用仪等一批精密检验仪器。检验能力基本涵盖了所有食品（包括保健食品）、药品和化妆品。

经过多年技术积累和稳健发展，山东省院综合技术能力在全国名列前茅。在做好检验检测的同时，坚持“科技兴检”不动摇，不断研究新方法、新技术。先后承担国家重大专项、国家自然科学基金等项目课题 31 项，荣获省部级科技进步奖 10 项，主持参与食品药品标准制修订 400 余项等。目前是国家认定的食品复检机构，国家蔬菜和化学药品评价抽检技术牵头组长单位，国家第一家食品添加剂发证检验机构，首批 8 家婴幼儿配方乳粉发证检验机构之一，10 家承担国家级保健食品检验任务的机构之一，国内唯一正式挂牌的国家食品药品监督管理总局药品审评实践培训基地，山东大学优秀教学基地。

山东省院在 2010 年荣获“全国医药卫生系统先进集体”，2015 年被评为“全省食品药品监管系统先进集体”，院党委被评为“2013—2014 年度山东省省直机关先进基层党组织”。2009—2017 年连续 9 年被授予“省级文明单位”称号。

能力建设

2017 年，山东省院与 FAPAS、LGC、EDQM、中检院、国家认证认可监督管理委员会等国际国内权威机构保持密切联系，组织实验室全年报名参加国际能力验证包括牛奶中氯霉素检测、100% 玉米粉中玉米检测、药品微粒子污染检测等 9 项，国内能力验证 14 项，测量审核 1 项，实验室比对 1 个，收到满意结果 20 项。

2017 年 6 月 5 日经过国家食品药品监督管理总局检查组查看实验室、模拟进口药品抽样送检、模拟样品检验、笔试等多个环节检查，顺利通过了现场评估。

检验检测

截至 2017 年年底，山东省院完成检验工作 27097 批。其中食品检验 18035 批（其中委托检验 7352 批次，国家抽检监测 5404 批次，省抽检监测 5279 批次）；完成药品检验共计 5885 批（监督抽验 755 批，注册检验 708 批，委托检验 3599 批，风险排查 823 批）；完成保健食品 1801 批（包括抽验 653 批，委托检验 1124 批，注册检验 24 批）；完成化妆品 1373 批（包括抽验 760 批，委托检验 328 批，许可检验 285 批）。

在“染色橘子”“毒大葱”“毒鸡蛋”等食品安全突发事件中响应及时，每次接到任务后，都严格按规定积极应对，及时组织、协调抽样、检验工作，第一时间完成并上报国家食品药品监督管理总局、山东省局等监管部门相应结果和分析报告，为应对舆情提供强力支持，有效维护了执法处罚的震慑力。

完成国家药品抽验 569 批，检出不合格样品 4 批次。对承担的 3 个品种开展了大量探索性研究，在现场评议比赛中，女金丸获得全国中药组第一名、复方胃蛋白酶颗粒获得抗生素生化辅料组第四名，维生素 E 盐酸酯胶囊获得化学组第七名。

完成药品标准起草 15 个品种，复核 10 个品种；申报阿胶、止咳平喘类等食品药品保健食品补充检验方法 14 项；制修订《食品中叶酸的测定》等 3 项食品安全国家标准；被国家食品药品监督管理总局遴选为首批食品快检评价机构，并完成“蔬菜中敌敌畏、敌百虫、丙溴磷、克百威、灭多威的快速检测”方法学研究。

投入 3200 余万元购置仪器设备及软件，构建仿制药一致性评价平台。与山东省药学科学院、北京中日友好医院、齐鲁制药、CRO 等知名研发机构签订技术服务合同 10 余个。完成了 14 个品种仿制药一致性评价前期复核准备工作。目前，已完成 2 个品种技术复核任务。为建立完善的仿制药一致性评价体系，投资 1300 万元建立生物样本检测（BE）实验室，购置了包括 3 台液质在内的仪器设备，完善了独立的实验室管理体系和质量体系，现已完成 10 余个品种的方法学研究。

全年共派出抽样人员 2000 余人次、使用车辆 280 台次、行程 90 万公里，足迹遍布 21 个省市、75 个地级市、120 个县区及省内 17 市。截至 12 月 20 日，完成抽样任务共计 11298 批次，其中食品 5588 批次、药品 4951 批次、保健食品 301 批次、化妆品 458 批次。

培训工作

发挥“龙头”作用，全年举办对外培训班14期，培训人员1200余人次，内容涉及领导班子综合能力提升、食品安全、监督抽样、药物安全性评价等。免费为地市检测中心培训技术骨干20余人，接收山大实习生30余人次。

聘请陈君实院士、沈建忠院士、丁健院士等知名专家作为学科带头人。落实出访计划6次，出访人员15人次。其中2名食品骨干赴美国佛罗里达国际大学进修；1名药品骨干以国家公派访问学者身份，赴美国FDA国家毒理学中心留学。多渠道引进专家学者，给山东院带来了检验检测工作新理念和新构想，提供了强人才支持和保障，对科研工作和学科建设产生了重要影响。

科研工作

先后搭建起食品中有毒有害物质分离分析、分子生物学等7个研究平台；开展了肉及肉制品监管技术研究等2～3个重点实验室筹备工作。参与国家重大专项“溶出曲线库的建立”等2项；获得省科技厅批准立项山东省重点研发计划4项，参与合作2项；山东省自然科学基金1项。利用省发展类项目资金250万元，支持13项院自拟课题项目。“山东省中药材和饮片质量标准规范化研究”获得2017年度山东省科技进步二等奖；获得山东省药学会科学技术奖8项，其中一等奖3项。发表论文43篇，其中SCI收录4篇。获得国家发明专利2项，实用新型专利3项。

信息化建设

搭建实验室信息管理系统（LIMS），并配合完成色谱数据（CDS）软件、BE实验室WATSON LIMS软件等接入院网络工作。目前已实现食品、药品、保健食品、化妆品实验室信息管理系统全覆盖，使各项检验检测数据具有可溯源性，实现了实验室业务的规范化、自动化、数字化管理。

党建工作

增强党委班子自身建设，顺利完成班子交接和党委换届工作，选出新一届党委和纪委，理清发展思路和举措。明确“三项管理措施”（激发内生活力、推动精细化管理、严格落实工作责任），强化“三个保障”（政治保障、组织保障、制度保障），提升“三种意识”（服务意识、风险意识、创新意识）。在法人治理结构中，明确加强党对全院政治、思想和组织领导，保证改革正确方向。坚持做到理事会决策地位与坚持党的领导相统一，理事会重大业务决策与党组织职责作用发挥相统一，理事会用人权与党管干部原则相统一。党委班子战斗力和凝聚力进一步增强。

河南省食品药品检验所

概　况

河南省药品检验所现有实验室总建筑面积约15253m^2（其中东区13846m^2、西区1406m^2）。设有技术管理科室10个、质量管理科室1个、行政管理科室7个。拥有LC－MS、GC－MS、ICP－MS等各类检验检测仪器设备近2000台（套），总值1.2亿元。

现有人员编制151人，在岗人员170人，其中在编143人。享受国务院政府特殊津贴专家2名、国家药典委员会委员4名、国家保健食品和化妆品等评审专家6名、学术技术带头人4名、河南省检验检测机构资质认定主任评审员3人；正高职称9人（其中二级2人）、副高31人、中级39人；硕士研究生学历以上70人。拥有药品、药包材、化妆品、保健食品、洁净环境检测等五个领域808项参数。是国家食品药品监督管理总局批准的餐饮服务食品检验机构、保健食品注册复核检验机构、国产非特殊用途化妆品备案许可检验机构、香港中成药注册申请检测服务机构。

2017 年，全所深入学习贯彻党的十八大和十八届三中、四中、五中、六中全会精神及习近平总书记系列讲话精神，积极学习贯彻党的十九大会议精神，扎实推进“两学一做”学习教育常态化制度化，坚持“严谨·求实·公正，廉洁·高效·奉献”的省所精神，以“服从食药监管、服务食药安全”为中心，立足“思想筑基、技术立身，打造中原食品药品安全监管技术精兵”的发展思路，以口岸药检所申报为契机，以基层党支部建设和党风廉政建设为抓手，进一步解放思想，开拓创新，大力加强干部队伍建设，狠抓能力建设，推进精神文明建设，持续改进工作作风，取得新成效。

检验检测

2017 年完成各类抽样 4116 批（其中国家药品抽样计划抽样 1107 批）。发出报告 9872 批：按样品类别分，保健食品 2097 批、药品 4478 批、药包材 285 批、化妆品 2937 批、洁净度等 75 批；按检验目的分，抽样类 8092、委托检验 1190 批、注册类 521 批、复验等 69 批。全年发现不合格/问题样品不合格数 144 批（药品 108 批、药包材 16 批、化妆品 13 批、保健食品 7 批）。国抽发现涉嫌使用不合格原料、制剂返回重新加工、原料染色、标准检验结果假阳性等 4 个问题，上报国家食品药品监督管理总局药化监管司，其中 4 批次的硫酸庆大霉素片涉嫌使用不合格原料，经国家食品药品监督管理总局飞行检查查实，一家责令招回、一家收回 GMP 证书。

科研教学

承担中央本级重大增减支项目子课题——“苦参药材质量基本状态数据探索研究”、河南省科技攻关计划项目“艾附暖宫软胶囊新剂型研制与开发”等科研项目 16 个。承担《硫酸巴龙霉素》等国家标准提高及方法制修订 34 个。在《药物分析》等国家级期刊发表论文 27 篇。中药标本馆、中药材实训室正式建成投入使用。组织全省省辖市食品药品检验所（中心）、药品生产企业 237 家开展中药、化药检验实验室比对。先后接收河南中医药大学、羚锐药业、哈密市药检所等学习人员 50 余人次。组织所内法规、检验技术培训等 45 期约 2500 人次。

能力建设

顺利通过 2017 年 1 月 6 日中国合格评定实验室认可委员会扩项评审、2017 年 8 月 22 日国家认监委和国家食品药品监督管理总局食品检验机构资质认定，以及 11 月 6 日的河南省食品药品监督管理局食品安全抽检监测飞行检查。围绕服务郑州航空港综合经济实验区、郑汴洛自贸区经济发展需要，按照省委省政府省局部署，完成口岸药检所申报承担工作。建立全省药品化妆品抽验管理系统。参加权威机构组织的能力验证 11 项（其中 LGC 国际能力验证 2 项），反馈结果均为满意。

指导交流

2017 年 3 月 14 日河南省审计厅副厅长李笃明、河南省食品药品监督管理局局长许廷敏等领导莅临检查指导工作。

2017 年 3 月 15 日河南省检察院副巡视员赵建华、河南省食品药品监督管理局副局长余兴台等领导莅临检查指导综治和平安建设工作。

2017 年 4 月 6 日国家食品药品监督管理总局药品化妆品注册管理司（中药民族药监管司）叶加辉，国家药典委员会中药处于江泳、翟为民，中国食品药品检定研究院中药所魏锋等领导一行莅临指导工作。

2017 年 5 月 22 日河南省省长陈润儿、常务副省长翁杰明、副省长徐济超、省政府秘书长朱焕然、省农业厅厅长宋虎振、省卫生和计划生育委员会主任李广胜、省政府研究室副主任王作成、省畜牧局副局长王承启、省食品药品监督管理局局长许廷敏等领导到我所视察指导工作。

2017年6月23日我所承办的国家重大新药创制专项化药制剂质量评价关键技术研究“肠外营养乳剂营养价值及乳粒检测评价方法”研讨会在郑州召开。

2017年7月14日国家食品药品监督管理总局副局长吴浈，河南省食品药品监督管理局局长许廷敏、副局长章锦丽莅临视察指导工作。

2017年7月18日国家食品药品监督管理总局科技和标准司副司长任梅梅、处长曾伟等领导莅临考察指导工作。

2017年7月21日国家食品药品监督管理总局药化监管司司长丁建华等领导莅临考察指导工作。

2017年8月1日新疆哈密市食品药品检验所梁波所长一行到我所学习交流。

2017年11月21日山西省食品药品检验所党委书记施怀生一行9人来我所进行实验室搬迁工作学习交流。

党建工作

围绕全面从严治党主题，围绕防“四风”反弹和懒政怠政治理，扎实推进党风廉政建设。夯实“两个责任”，制定《河南省食品药品检验所2017年党的纪律检查工作要点》、建立科以上干部廉政档案风险防控个人台账，筑牢预防体系。组织开展廉政宣传教育月活动，邀请河南省委党校涂永珍、郭献功教授进行“持续推进全面从严治党，牢固树立廉洁从检意识”“推进两学一做学习教育常态化制度化，坚持全面从严治党”讲座。严格党员学习和支部学习记录考核，并授予考核第一名流动红旗。建立廉政教育中心，结合“道德讲堂”活动进行政风、家风教育。制定《车辆使用管理规定》《接待管理制度》等23项制度，春节、中秋等重大节日制定廉洁过元旦春节九项规定、廉洁过中秋国庆十项规定，严格八小时内外管理。强化日常监督。严格服务和供应品采购管理工作。加强对抽样、采购等重点岗位和人员的监督，印发廉洁抽样纪律情况反馈表。

取得荣誉

2017年通过河南省文明单位复查确认，连续27年保持“河南省文明单位”荣誉称号。获得国家食品药品监督管理总局药化监管司“药品抽样工作表现突出单位”。药理室获省直工委“三八红旗集体”。获得辖区政府“人口和计划生育工作先进单位”“党建共建先进单位”“综合治理先进单位”等多个荣誉称号。

湖北省食品质量安全监督检验研究院

概　况

2017年，湖北省食品质量安全监督检验研究院以党的十八届六中、七中全会和党的十九大精神为指导，深入贯彻落实习近平总书记系列讲话精神，认真落实上级部门的各项决策部署，坚持“加强未知风险探索，深度服务食品安全监督”的内涵式发展理念，以保障人民群众舌尖上的安全为己任，在高质量地完成监督抽检任务的同时，顺利通过国家实验室认可监督评审、检验检测机构资质认定扩项评审，积极搭建科研创新平台，开建新实验大楼，改善检测环境，提升设备设施，全面促进整体技术能力的提高，成功应对了省内出现的各类食品安全突发事件，为本省食品安全监管工作的平稳开展提供了强有力的技术支撑。

检验检测

2017年，湖北省食品质量安全监督检验研究院完成食品、保健食品等检验检测共计18364批次，其中国家转移地方抽检4633批次，不合格发现率为2.22%，风险监测2827批次，问题样品发现率为2.05%；省级抽检10015批次，不合格发现率为2.52%；委托检验类业务889批次，主要为执法部门和食品安全监管部门委托的执法检验样品。

质量技术

2017年度，湖北省食品质量安全监督检验研究院共引进食品检测技术与科研人员16人，其中10人为硕士研究生，3人为博士研究生；采购仪器设备1327.81万元，主要包括三重四极杆气相色谱质谱联用仪、三重四极杆液相色谱质谱联用仪、液相色谱等离子体质谱联用仪、全自动核酸分析仪等。2017年7月湖北省食品质量安全监督检验研究院顺利通过国家实验室认可监督评审，具备616个产品和1622项参数的检验能力；分别于2017年2月和6月通过检验检测机构资质认定扩项评审，具备1684个产品和2087项参数的检验能力。全年共参加国家认证认可监督管理委员会组织的能力验证9次，FAPAS组织的实验室间国际比对8次，国家食品药品监督管理总局组织的能力验证和实验室间比对7次，中国食品药品检定研究院和北京出入境检验检疫局检验检疫技术中心组织的能力验证2次，收到结果均为满意。

科研工作

2017年，湖北省食品质量安全监督检验研究院被认定为湖北省食品质量安全检测工程技术研究中心，申报通过了湖北省自然科学基金项目1项，院内自主立项7项，参与“食品安全关键技术研发”重点专项项目1项，主持或参与研制标准、补充检验方法和快检方法共7项。科研工作结合监管实际，重在监控食品中已知风险的基础上，加强未知风险的鉴别能力，为监管部门的稽查执法及应急检测提供了有效的技术支撑。

应急检测

2017年2月至3月，湖北省局对全省校园食堂食品安全开展防控督导工作，湖北省食品质量安全监督检验研究院选派技术骨干对省内百余所单位进行现场督导和技术指导。该项工作受到省局领导的高度赞扬。

2017年3月，为配合省局对3个食用植物油生产厂家进行案件调查，湖北省食品质量安全监督检验研究院抽检15个样品，发现4批次食用植物油样品和1批次抽提溶剂样品不合格，为省局案件调查提供了有力的技术支持。

2017年6月，我省鄂州市5人疑饮用某知名酒企产品中毒，该公司委托我院对原因进行调查并向公安机关报案。我院启动应急检测，采用高分辨质谱筛查结合标准物质确证，在送检样品中检出高剂量农药克百威，为该案件的刑侦工作提供线索。

2017年7月，黄冈市食品药品监督管理局查获一制假窝点，扣押了大量假冒保健食品，委托我院对查获的99批次样品进行了检测，我院启动应急机制，完成了1083项次的检测。在宣称有缓解体力疲劳功能的96批次样品中检出了那非类物质；在宣称减肥类的3批次样品中检出了酚酞、西布曲明等物质，为案件定性提供了证据。

2017年12月，协助湖北省食品药品监督稽查局开展对十堰房县11·29重大舆情的调查工作，对5批次样品进行检测，其中3批酒样含有那非类非食用物质，1批次饮料中检出大黄素和延胡索乙素，为案件的进一步调查提供了线索。

湖北医疗器械质量监督检验研究院

检验检测

2017年，完成各类检验任务共计1892批，完成金额约3580万元，完成金额同比增长42.8%。其中，监督抽检工作有序进行：国家监督抽检，计划检验任务7个品种，108批，实际收到有效样6个品种，55个批次，其中合格41批次，不合格14批次；省级监督抽检，2017年共完成任务200批，其中无源171批，有源29批。

科研工作

2017年，完成2个行业标准的报批：《血管内超声诊断设备通用技术要求（制定）》《超声多普勒胎儿心率仪（修订）》；完成国家食品药品监督管理总局医疗器械分类目录《物理治疗器械子目录》的制定工作；湖北医疗器械质量监督检验研究院主持制定的行业标准YY/T 1279—2015《三维超声成像性能试验方法》被评为2017年湖北省标准研制资助项目一等奖，奖励10万元。

2017年，通过了省科技厅的“省属科研机构”核定工作，被认定为第二批享受“十三五”期间科技创新进口税收政策的省属科研机构。

在研国家级科研项目6项，省局科研项目1项；通过科研项目研究，制定1个行业标准。国家重点科研项目“体内超声诊断设备检测体模研发及质量安全性研究”已自行组织进行了项目中期检查，形成实验研究报告和完成可靠性改进样机，申请专利。湖北省局科研项目“呼吸机、麻醉机安全质量评价平台建设的研究”已经通过了上级领导部门的科研项目中期检查，检查结果为“优”。

能力建设

2017年开展日常质量监督活动243次，所发现的问题基本得到纠正和关闭。全年发布质量简报四期，及时通报单位内部检验工作中存在的突出的、较重大的质量问题，警示相关部门避免发生类似错误。

根据年初制订的质量保证工作计划，2017年，组织参加了CNCA和CNAS组织的能力验证和国家食品药品监督管理总局组织的全国医疗器械检测机构比对试验15项。各检验科室的内部质量控制活动正常，共实施完成41项实验室内部质量监控活动，结果均为满意。

党建工作

2017年，党支部将“抓好理论学习，严格组织生活”作为全年党建的重中之重。党支部全年共召开了14次支委会，5次党员大会，12次党小组会，12次“支部主题党日”活动，支部书记上党课3次，开展了2次民主评议党员活动。重点组织党员干部学习“一个党章、二个准则、三个条例”并进行知识测试，开展“学党史、知党史、跟党走”知识竞赛，组织职工收看《将改革进行到底》“十九大开幕式”等并进行专题座谈，组织全体党员观看《打铁还需自身硬》《不可触碰的纪律红线》等警示宣教片。检验中心党支部按照全面从严治党，落实主体责任的要求，层层签订2017年党员廉政建设工作目标责任书、党员承诺书和家庭助廉承诺书，开展家庭助廉活动，深入开展廉政教育。

湖南省食品质量监督检验研究院

检验检测

2017年，湖南省食品质量监督检验研究院共完成各类检验25129批次，业务总量比2016年增长46.4%。其中完成监督检验（含风险监测、专项抽查等）20632批次（含国家监督抽检、风险监测一样两用），完成国家食品药品监督管理总局、湖南省食品药品监督管理局下达的计划。上报国家食品药品监督管理总局秘书处、国家食品药品监督管理总局稽查局、湖南省食品药品监督管理局24小时限时上报58批次。在2017年度国家监督抽检、风险监测工作中，问题样品检出率名列前茅。

2017年，湖南省食品质量监督检验研究院圆满完成国抽、省抽任务12次，对专项整治食品安全城市评价性抽检、快检方法及快检产品评价等特急样品不计成本、加班加点、随到随检，并高质量编制了专项质量分析报告及季度、月度质量分析报告20余份，有针对性地提出了专项整治及监督抽检产品质量水平和整顿措施。

科研工作

2017年，湖南省食品质量监督检验研究院大力支持科技工作发展，获得湖南省局科研项目立项5项，其中重点项目2项。在EI收录刊物食品科学以及国内食品方面中文核心期刊发表科研论文25篇。获得国家发明专利授权1项。获食品安全国家标准立项3项。获国家食品药品监督管理总局食品补充检验方法立项1项。

能力建设

2017年，湖南省食品质量监督检验研究院食品检测机构资质和国家实验室资质再创新高，分别达到1019种产品、3988项参数和456种产品、817项参数。2017年度，湖南省食品检验院共参加能力验证计划13项24个参数，其中国际能力验证3项3个参数，均获满意结果。

湖南省药品检验研究院

概　况

2017年是深化药品审评审批制度改革的关键之年，也是湖南省药品检验研究院强基础、谋发展、展形象的重要一年。一年来，全院深入落实湖南省局党组工作部署，坚持以党建为抓手、以深化改革为动力、以夯实基础、重视基层、创建口岸、创造业绩（“双基双创”）为主线，大力贯彻精准检验理念，以科研创新思维，扎实开展药品安全风险评价，深入开展学业务、学规范，比作风、比业绩；讲贡献、讲规矩，促创新、促增长为重点的“两学两比、两讲两促”活动，切实改进工作作风，进一步提升检验检测和风险评估能力，不断优化检验服务水平，全面提升业务素质和综合能力，对药品监管贡献率持续上升，为全省药品监管执法提供了坚强的技术支撑，在口岸创建、药品安全风险防控、党的建设、内部管理等方面均取得了较好成绩。

检验检测

全院扎实落实“四个最严”要求，牢固树立精准检验理念，全面落实国家食品药品监督管理总局和湖南省局的工作部署，坚持“以检托研、以研促检、研检结合”工作思路，以技术支持监管为主线，以推进科研工作为牵引，以发现安全风险、识破市场潜规则、研究破解风险的方法为重点，加强探索性研究，侧重新的检验方法的研究和制假潜规则的破解，建立补充方法，提高现行标准，及时化解药品安全隐患，使抽样更重靶向性、检验更重探索性、分析更重预警性，将有限的检验资源发挥出最大效果，实现精准检验、科学监管。由于职能调整、取消药品检验收费等改革导致检品量逐年下降，但我院的检验质量不断提升，发现的质量风险和问题逐年增加，实现了检验从数量向质量的转变。

截至2017年12月20日，湖南省药品检验研究院共发出检验报告书5395批，其中药品4201批，保健食品282批，化妆品854批，其他58批，总不合格214批次，总不合格率为3.97%。其中药品不合格批次188批次，不合格品种中化学药品17批次、中药171批次；保健食品、化妆品不合格26批次。

2017年湖南省药品检验研究院承担了心可宁胶囊等7个2017年国家药品抽检品种，涉及中成药质量专题（心可宁胶囊）、营养补充剂质量问题（浓维磷糖浆）2个研究专题共1289批次样品的检验。针对检验与调研发现的问题，开展了探索性研究，按拟定的新标准检验发现，合格率由依标准检验的98.2%下降为55.1%，发现4个品种存在9个重大质量问题，涉及非法添加掺杂使假、违规违法生产、处方生产工艺不合理、产品剂型不合理、质量标准存在缺陷、产品说明书错误等方面。根据探索性研究的新标准检验，发现安乃近注射液的合格率由法定标准检验的100%降至0%；心可宁胶囊的合格率由法定标准检验的92.0%降至6.6%；依地酸二钠的合格率由法定标准检验的100%降至39%；浓维磷糖浆的合格率由法定标准检验的95.9%降至61.8%。这些问题的发现为监管部门识破市场潜规则，打击“合格的假药”的违法行为提供了科学依据。湖南省局根据风险提示对浓维磷糖浆与依地酸二钠的相关生产企业进行了现场核查，及时将风险控制并为企业安全生产提供了技术支撑。由于湖南省药品检验研究院高效完成了所有国抽检验任务且成绩突出，有5个品种获得优秀，获奖数量居全国省级药检机构第一。

在配合湖南省局医疗机构制剂专项检查中，共抽样检验140批次，不合格样品为25批次，不合格率为17.9%，其中不合格率较高的为中药制剂，主要不合格项目为重（装）量差异、相对密度、微生物限度、水分、薄层色谱鉴别和溶化性。

湖南省药品检验研究院以打造科研新平台为契机，完善技术创新体系，建设科研开发与科技成果转化平台，积极申报组建以药品质量评价为核心的湖南省药品质量评价工程技术研究中心，于2017年9月18日正式获批立项；并努力争取到长沙海关为湖南省药品检验研究院办理了进口仪器设备税收减免手续，将长期为湖南省药品检验研究院节约20%的设备采购经费。同时，还继续加大国家药品标准提高课题研究，建立补充方法，提高现行标准，截至2017年12月20日，共完成药品标准提高起草、汇总品种25个，其中中药21个，化药2个，辅料2个；完成复核品种6个，其中中药5个，化药1个。

湖南省药品检验研究院配合湖南省局和湖南省公安厅，对阿里巴巴集团提供的网络食品违法线索开展专项整治行动。截至2017年12月20日，湖南省药品检验研究院共抽检食品/保健食品样品127批次，其中97批次非法添加了禁用成分，不合格率高达76.4%；共检测化妆品样品19批次，其中检出问题样品4批次，不合格率为21.1%；还对前期检验数据进行了研究分析，为稽查办案提供了思路和建议。

帮助本省独家品种喉咽清颗粒、血络通胶囊、银黄清肺颗粒、连知解毒胶囊、结肠宁灌肠剂、益龄精口服液、玉叶解毒颗粒、肠康胶囊等品种列入2015—2017年国家标准提高行动计划，并已完成血络通胶囊、银黄清肺颗粒、连知解毒胶囊等三个品种的上报工作；帮助独家品种小儿扶脾颗粒进入《中国药典》2015年增补版，并争取将我省独家品种喉咽清口服液的君药“土牛膝”列入了特色民族药材检验方法的示范性研究国家课题，得到了企业的一致肯定和好评。

广东省食品检验所

概　况

一年来，广东省食品检验所以习近平新时代中国特色社会主义思想为指导，在广东省局领导和机关各处室的有力领导下，在中检院等上级机构的精心指导下，牢牢把握新时代食品安全工作新要求新任务，严格遵循“四个最严”，紧紧围绕“服务监管，提供技术支撑”工作主线，以提升技术能力为核心，突出优化食检技术服务，圆满完成食品抽检工作，高标准完成重大活动食品安全保障任务，切实提升省食检所融入食品药品监管系统服务大局工作水平，为我省食品安全工作考评获全国第一做出了积极贡献，各项工作取得了新的成绩。

检验检测

近年来，省食检所承担的食品样品抽检数量在全国食品药品监管系统内的食品检验机构中名列前茅。2017 年，广东省食品检验所按时保质地完成食品安全国抽和省抽抽样任务 29906 批次（其中国抽 13847 批次，完成率 100.92%；省抽 10748 批次，完成率 101.54%；专项任务 5311 批次，完成率 102.27%），比 2016 年（29542 批次）增长 1.2%。2017 年完成食品检验 22853 批次（其中国抽 6770 批次、省抽 10100 批次、专项 4779 批次、委托 1164 批次、复检 40 批次），比 2016 年（16991 批次）增长 34.5%。2017 年出具不合格检测报告 619 份，其中被要求复检报告 64 份，检测结果无一被推翻。

能力建设

2017 年，广东省食品检验所围绕新发展理念，聚焦技术创新，着力抓好科技创新工作，瞄准国际国内前沿技术，积极谋划和申报科技创新项目，获科研立项数量和经费均创历年新高。积极承担参与国家科技支撑计划子课题“食品标识的赋码关键技术及系统研究”的研发；完成了 3 个省级项目研发建设（应用高新生物技术进行绿色天然酵母的研发，国家白兰地、威士忌、伏特加及葡萄酒产品质量监督检验中心的升级改造项目，酒类产品质量安全检测技术研发平台建设）；获国家食品药品监督管理总局食品快检方法立项 3 项；完成了《广东省食品药品检验检测机构能力建设标准（2016—2020 年）》中的食品检验机构能力建设标准部分；起草广东省局《食品快速检测产品评价技术规范（试行）》；获得广东省局食品快速检测技术重点实验室的立项资助，并组织联合广东省微生物研究所和深圳市计量质量检测研究院积极申报国家食品药品监督管理总局食品安全快速检测重点实验室。参与制定的《RB/T 216—2017 检验检测机构资质认定能力评价 食品检验机构要求》《RB/T 216—2017 检验检测机构资质认定能力评价 食品复验机构要求》两个行业标准于 2017 年 11 月由国家认监委正式发布。组织检验部门完成了两次扩项评审，目前已具备 1021 个参数的食品检测能力，比 2016 年（476 个参数）增长 110.1%，基本覆盖了国抽和省抽 33 大类食品安全监督抽检的检验项目。共参加外部实验室间比对 21 项，包括 11 项能力验证和 8 项实验室间比对等，其中，共参与了 5 项国际实验室间比对活动，包括参加法国 Bureau National Interprofessionnel du Cognac 组织的干邑共 35 个参数检测，参加英国 Fapas 食品分析能力评价体系组织的辣椒粉、食用油、奶粉及巧克力共 7 个参数检测，广东省食品检验所的能力验证结果均为满意。配合省局完成了厦门金砖会议、河源毒酒事件、茶叶黄曲霉毒素超标、牛肉丸非法添加等重大活动保障、案件稽查、食品安全风波的应急处置，以最短时间完成检测并第一时间出具准确的检验报告，为监管工作提供准确的科学依据。开展了放心菜示范超市、食用盐、餐饮环节水产品、网络订餐等 9 个专项监督抽检和风险监测任务并形成分析报告，为监管部门提供了有力技术支撑。

重要会议和活动

广东省食品检验所 2017 年分别组织召开广东省肉制品行业食品安全风险交流会、广东省系统内食品检验检测机构能力建设培训暨风险交流会、广东省调味品行业食品安全风险交流会议，搭建食品行业风险交流平台，共同探讨应对防范风险的措施，对推动广东省食品安全风险交流工作开展起积极作用；根据广东省食安办与香港特区政府食物及卫生局签订的《粤港食品安全风险交流合作协议》，广东省食品检验所担任粤方联络单位，着力推动食品安全风险交流、专家会议、检验检测协作等合作内容，不断强化区域风险讯息互补和交流。高水平地承办了全省食品药品系统内的食品安全标准技能、食品食用农产品快速检测职业技能、食品安全法律知识等三个专业竞赛活动。在参加国家食品药品监督管理总局食品安全标准技能竞赛的活动中，我省取得团体第一名、一等奖 2 名、三等奖 1 名的好成绩。

广东省药品检验所

概　况

2017 年，广东省药品检验所深入贯彻落实国家有关药品检验决策部署，创新工作思路，拓宽工作方式，将“突出重点、打造亮点、整体推进、争创一流”贯穿全年各项工作，基本完成 2017 年各项重点任务：启动筹备新实验大楼建设和搬迁工作，加快中山实验室建设，不断提高药检系统信息化水平，增强信息化深度应用；指导各市药品检验机构加强化妆品检测能力建设；针对检验过程中发现的问题，主动加强补充检验方法和非标方法研究；加强未知化合物的分析鉴定能力，加快快检快筛技术的研发；探讨建立集检验数据库、工作程序、演练为一体的全省应急检验平台，有效防范和应对药品安全突发事件。充分发挥技术支撑作用，不断扩大和增强食品药品检验影响力和话语权，各项工作均取得新成绩。

检验检测

2017 年，广东省药品检验所全年完成检品 36960 件，其中，监督检验 7712 件，委托检验 3448 件，注册检验 2399 件，合同检验 762 件，进口检验 20509 件，化妆品行政许可检验 2117 件。全所总提速率为 19.0%，其中，进口提速率为 24.8%，在口岸检品量逐年递增（今年递增 9.0%）的前提下始终保持在 24% 以上。按要求完成国家评价性抽验工作，承担 5 个品种的药品国评项目，2 个项目通过网评进入现场评议，取得了优异成绩。

能力建设

2017 年，广东省药品检验所顺利开展检验检测机构资质认定、实验室认可复评审等四次现场评审工作，具备检验检测能力 1504 项，推荐 17 名授权签字人；参加能力验证及测量审核 26 项，涉及药品、食品、化妆品领域，收到结果为满意的 18 项，结果为可疑的 1 项；参加实验室间比对 2 项。承担组织完成国家食品药品监督管理总局能力验证计划比对项目“尼美舒利的含量测定”，参加单位覆盖 26 个省（自治区、直辖市），参与度高。申报的“中药饮片的真伪检定”能力验证提供者顺利获得中国合格评定国家认可委员会颁发的《能力验证提供者认可证书》（注册号：CNAS PT 0070），标志着我所具备独立组织能力验证计划服务的能力和资质。

2017 年，广东省药品检验所针对日常检验、监管过程中发现的问题及市场存在的潜规则，主动加强补充检验方法、非标方法、快筛方法研究力度，有效防控风险，为行政监管提供预警信息和技术支持。在感冒清片国评项目研究中发现部分企业存在未按处方投料问题，及时上报国家食品药品监督管理总局，并由国家食品药品监督管理总局组织飞行检查核实问题，为广东省食品药品监督管理局做出收回 GMP 证书决定提供有效技术支撑。上报问题同时，建立相应的补充检验方法，有效净化市场环境。2017 年，共研究并上报 9 个补充检验方法，3 个补充检验（含快检）方法，得到国家食品药品监督管理总局批准认可。食品中罂粟壳快检方法成为国家食品药品监督管理总局发布的十大快检方法之一。

应急检验

2017 年，应急检验能力建设被广东省食品药品监督管理局列为年度重点工作，对此，广东省药品检验所积极夯实应急检验能力，探索建立以管理体系和技术体系并重、文化理念贯穿其中的食药安全应急检验工作机制。拟定《广东省药品安全事件应急检验预案》，确保应急检验过程科学、准确、高效。全年完成涉案检验样品 163 批次，包括仅用 20 小时成功锁定所用添加物的茂名非法加工麒麟菜系列案，及中山豆腐皮事件、韶关未知胶囊事件、江门药酒事件等4起涉及不明物质样品鉴定的应急检验工作，建立并上报相应快速鉴别方法，有力提升了对未知化合物的分析鉴定能力，为稽查打假工作提供了坚实的技术支持，应急检验工作得到上级单位的高度认可。

科研工作

2017年，广东省药品检验所坚持创新驱动，提升科学研究水平，科研申报、专利申请数量分别为117项、21项，均创历年之最，新增国家专利授权3项。主持与起草国家标准20项、地方标准42项，获得批准发布国际标准2项。承担的广州市健康产品非法添加化学成分快速检测技术重点实验室建设项目通过验收并正式挂牌。积极申报“国家食品药品监督管理总局快速检测技术重点实验室”。牵头申报的“广东省仿制药质量和疗效一致性评价研究平台”获广东省科技厅立项，并发布广东省仿制药质量和疗效一致性评价研究平台四个共识文本，基于此项目自主开发的数据申报系统智能化平台在全广东省范围应用。

信息化建设

2017年，广东省药品检验所立足应用，将先进的现代信息技术与管理理念相融合，推进信息化建设，充分发挥技术优势，不断提升药检机构的核心竞争力。设备管理软件完成定制开发并上线运行，获颁国家版权局颁发的计算机软件著作权登记证书，软件实现全所设备管理从采购、建卡入账、使用登记、检定校准、维修、调用到报废的全生命周期管理，设备管理信息化水平迈上新台阶。完成第三代协同办公系统（OA）开发并投入使用，全面优化考勤系统及会议管理系统等系列板块功能，进一步加大信息化办公程度，提升办公效率。

食药安全宣传活动

2017年，广东省药品检验所建立的“广东药检”微信公众号累计收载中药材品种88个，被广东省人民政府新闻办公室纳入“广东发布”微信平台的微服务栏目，社会关注度不断提升。积极参加广东省直工委组织的2017年广东省直单位第五届工作技能大赛暨市县机关工作技能邀请赛，申报的三个项目全部进入半决赛环节。积极响应食药安全社会共治的要求，开展“食品药品安全进校园”，推动搭建学校第二课堂，为广州市五羊小学、天府路小学和中山市火炬开发区第五小学就食品药品安全知识进行科普宣传，进一步树立政府检验机构的阳光形象和权威形象。参与广东省食品药品安全科普展活动，通过科普药品安全常识，进行快筛快检演示互动和提供药材真伪鉴别咨询等方式，提高公众对药品安全的认识与关注。

广东省医疗器械质量监督检验所

概　况

广东省医疗器械质量监督检验所（国家食品药品监督管理局广州医疗器械质量监督检验中心）是广东省食品药品监督管理局直属参公管理事业单位，具有独立法人资格，是迄今为止华南地区唯一的国家级医疗器械检验机构，同时履行广东省质量监督医疗器械检验站与广东省质量监督药品包装产品检验站的职责。

广东省医疗器械质量监督检验所2017年全年扩大承检项目152项，医疗器械承检能力持续提升，覆盖各种包装材料、容器、机械、化学、物理、医用电子、电气安全、医用材料、生物性能、电磁兼容、超声、光学等多个领域，承检能力居全国前列。广东医械所下设包装材料容器检验中心，承检能力312项，包含食品、保健食品、化妆品、药品、医疗器械等包装材料容器产品检验和洁净室（区）的检验、药品包装材料与药品相溶性的检验，实现药包材领域检验能力全覆盖。

广东省医疗器械质量监督检验所还是全国医用体外循环设备标准化技术委员会、全国消毒技术与设备标准化技术委员会，以及全国口腔材料和器械设备标准化技术委员会齿科设备与器械分技术委员会秘书处所在单位，负责组织对医用体外循环、齿科器械设备和消毒设备三大归口医疗器械标准的制修订、转化、验证和宣贯培训。

党建工作

2017 年，广东省医疗器械质量监督检验所深入开展“三会一课”专题检查、“两学一做”“纪律教育学习月”，组织党性教育实践活动、学习贯彻党的十九大精神和新党章专题学习。举办“做合格党员大家谈”“不忘初心 永跟党走”演讲等主题活动，净化党员队伍思想，增强党组织凝聚力，凸显党员先锋岗作用。开展党风廉政责任考核、廉政风险防控，组织轮岗和任前廉政集体谈话，完善“三重一大”集体决策制度等，完成 13 项重大经济事项活动监督任务。接受省局巡察督导，开展督导问题的落实整改，强化事前教育，事中事后监督，营造风清气正的干事环境。

检验检测

2017 年，广东省医疗器械质量监督检验所克服免征带来的负面影响，实现平稳过渡，检验收入继续稳步增长。同时，开通创新医疗器械优先检验绿色通道，受理任务 22 项，提速 40%，全面对接国家食品药品监督管理总局、广东省局快速优先审批工作，助力广东省创新医疗器械发展。2017 年，全所检验检测总量同比增长 11.5%，其中日常检验业务 13812 项，监督抽验业务 2400 批次。日常和监督检验业务量再次刷新历史纪录。

广东省医疗器械质量监督检验所继续做好医疗器械监督检验技术支撑，做好产品质量风险防控。承担国家、广东省两级医疗器械监督检验 26 个品种 1400 余批次。其中，全国医疗器械监督检验涵盖软性接触镜、一次性使用麻醉包、金属接骨螺钉等 16 个品种 468 批次；广东省医疗器械监督检验有敷贴类产品、一次性使用导尿管、一次性使用无菌注射器等 10 个产品 564 批次；以及广州市 12 个区 295 批次的日常专项、在用医疗器械、日常打假监督检验。此外，广东医械所还承担广西区局、海南省局、甘肃省局、广州市局、中山市局、佛山市局等部门监督抽验任务近 1000 批次。及时响应医疗器械安全不良事件应急处置，开展国家及地方不良事件、应急事件等检验 29 批次。开通绿色通道，加快检验进度，及时为监管部门提供更高效、准确、科学的数据。

标准制修订

2017 年，广东省医疗器械质量监督检验所共制修订标准 20 项。其中国家标准 1 项、行业标准 10 项、地方标准 9 项。同时，向国家食品药品监督管理总局医疗器械标准管理中心提出 2018 年制修订医疗器械标准立项申请 16 项。

能力建设

2017 年，广东省医疗器械质量监督检验所在全国率先尝试推行全所产品检验线建设，共建九条产品检验线，覆盖医疗器械及包装容器检验。通过检验资源整合，专业领域细分，提升检验专业化、领域化，形成技术权威相对独立、彼此相互对比竞争的新局面。这项工作具有创新意义，被当作年度工作亮点，写入了全省工作会议材料。

参与全国能力验证计划和实验室间比对 22 项，涵盖医疗器械、包装材料、软件、水化学分析、高分子及复合材料物理性能、高分子及复合材料机械性能、食品微生物检验、食品重金属检验、生化分析、化妆品微生物检验、电气结构判定、电磁兼容、金属机械性能等领域。

积极申报国家食品药品监督管理总局体外循环器械重点实验室，广东省局体外循环器械、药包材与药品相容性研究重点实验室；申报科研课题19项，涵盖精准医学仪器、干细胞治疗产品及装备、创新医疗器械研发等领域；发表专业论文52篇。

广西壮族自治区食品药品检验所

概　况

2017年，广西壮族自治区食品药品检验所坚持以问题为导向，在挖掘问题检出率上下功夫，强化“五种探索能力”，扎实“四项创新管理”，2017年，被国家食品药品监督管理总局表彰为“药品检验和质量分析工作表现突出单位”，荣获“广西分析测试协会突出贡献会员单位”，5项科研课题获省部级科技项目立项，申请专利43项，参加国家食品药品监督管理总局的能力验证满意率100%，5次典型经验交流发言，不断激活检验检测核心竞争力的内生动力。

检验检测

2017年，广西壮族自治区食品药品检验所承担更年灵片、消渴灵片、曲咪新乳膏三个品种的国家药药品评价性检验任务，共完成112个品种1009批次样品的抽取、寄送、数据上传工作，品种覆盖率达82%，抽样量排名全国第十名，首次进入全国前十。在2017年国家药品抽验品种质量分析报告现场交流评议会上，经专家评议，曲咪新乳膏质量分析报告荣获化药组第四名，消渴灵片质量分析报告荣获中药组第十一名。同时荣获2016年度“国家药品检验和质量分析工作表现突出单位”称号。

机构改革

2017年10月，根据广西食品药品监督管理局的决策部署，广西壮族自治区食品药品检验所将医疗器械检验职能划转至广西医疗器械检测中心，同时完成18名人员调出（在编7人，聘用11人），2500m^{2}实验室无偿租赁，236台总价值约为2000万元的仪器设备无偿划转工作。

参加2017年国家药品安全示范性应急演练

2017年8月23日，广西壮族自治区食品药品检验所参加在桂林举办的国家示范性药品安全突发事件应急演练。应急演练由国家食品药品监督管理总局、广西食品药品监督管理局、桂林市人民政府主办，桂林市食品药品监督管理局、桂林市卫生和计划生育委员会、广西壮族自治区食品药品检验所承办。演练以网络媒体曝光某中药企业利用阿托品非法勾兑莨菪浸膏冒充“颠茄流浸膏”为信息来源，中药制剂企业使用该原料药，发生群体药品不良反应事件为线索，企业和政府共同开展处置，由较大药品安全事件逐步升级为重大药品安全突发事件的过程。演练分为企业应急处置、先期处置、响应升级、企业与政府风险交流、应急检验和协作联动、响应终止、善后处理七个科目进行。广西壮族自治区食品药品检验所参加的是“应急检验和协作联动”场景，演练活动采用视频播放与现场演练相结合的方式，通过对样品送检、召开紧急部署会、标准检索、实验室同时开展非标准方法和标准方法检验、数据分析讨论、召开技术研讨会等过程开展“应急检验”全程模拟演练，从送样到出具检验报告共24小时，锤炼了应急检验队伍，达到预期效果。

重要会议

2017年11月7日～8日，由中检院主办，广西壮族自治区食品药品检验所承办的第三届全国药包材与药用辅料检验检测技术研讨会在广西南宁召开。中检院副院长张志军、广西壮族自治区食品药品监督管理局副局长文东旭出席会议并讲话。会议邀请天津药物研究院刘昌孝院士作了“国家药品安全战略与生物医药发展形势”大会报告，国家食品药品监督管理总局科技和标准司、药品化妆品注册管理司，国家药典委员会，药品审评中心相关领导以及全国各省市药包材与药用辅料检测机构代表近140人参会。

会议由中检院包材所孙会敏所长主持，文东旭副局长对代表们的到来表示诚挚热情的欢迎，并结合本省工作阐述了药包材和药用辅料安全的重要性。张志军副院长从注册检验、国家评价性抽验、应急检验、标准制修订、质量体系建设、科研课题、对照品研制供应等七个方面肯定了各药包材与药用辅料检验检测单位近年来为检验检测服务监管大局、服务社会公众、促进产业发展发挥的重要作用和避免药害事件发生做出的突出贡献，并从能力建设、能力验证和实验室比对、抽验及风险评估研究、标准体系建设、同国外机构的交流合作、提升科研能力等六个方面提出了对下一步工作的要求和殷切希望。

此次会议还邀请国家食品药品监督管理总局科技和标准司贾璇深度解读了《国家食品药品监督管理总局重点实验室管理办法》，国家药典委员会洪小栩处长介绍了2020版《中国药典》药包材药用辅料标准体系规划。中检院包材所各业务科室、广西壮族自治区食品药品检验所、上海市食品药品包装材料测试所、山东省食品药品检验研究院等单位代表检验机构汇报了各单位近年来为提升药包材与药用辅料检验检测能力和监管水平所做的工作、取得的成绩和发现的检验检测新技术新方法。

会议期间，参会代表分药包材和药用辅料两个分论坛进行了经验交流发言，分别就近十年来药用辅料与药包材行业发展成就及存在问题、解决办法，如何更好地做好监管技术支撑，如何应对第三方检验机构挑战等议题进行了研讨。会议还收集了40多家检验单位的近50篇技术论文及经验交流文稿并汇编成册，文稿汇编全方位展现了我国在药包材和药用辅料最新技术研究成果和检验检测单位现今的整体水平。

本次会议为抓住体制改革契机，夯实检验检测体系，进一步提升全国药包材和药用辅料检验能力和水平，最终形成贴近需求、服务监管、结构合理、功能强大、资源共享的技术支撑体系，捍卫人民群众的饮食用药安全打下了良好的基础。

2017年4月6日，中国药检（三品一械检验检测系统）能力验证专家委员会第一届会议在南宁召开。会议由中检院主办，广西壮族自治区食品药品检验所承办。国家食品药品监督管理总局科标司副巡视员任玫玫、广西食品药品监督管理局食品药品安全总监姚春等领导出席会议。会议由中检院检验机构能力评价研究中心（质量管理中心）主任张河战主持，第一届中国药检能力验证专家委员会委员出席会议。

会议指出，开展组织能力验证工作是政府主管部门提升管理能力的重要方法，是按照中央“放管扶”要求加强事中事后监管的重要措施。对实验室而言，参加能力验证是一种外部质量控制活动，可持续提高检验检测机构的技术能力和管理水平。会议对《总局办公厅关于加强食品药品检验检测能力验证工作的通知》进行了详细解读，指出在国家层面构建能力验证体系、开展能力验证工作的重要意义，并对能力验证的本质和作用、行政和技术的边界进行了说明。会议强调，能力验证不是评优选先，而是实验室外部质量控制手段。会议就专家委员会的产生背景、如何发挥专家作用、加强专家管理等内容做了解释，专家委员会讨论并通过了《中国药检（三品一械检验检测系统）能力验证专家委员会管理办法》。会议还邀请CNAS专家进行了能力验证国际标准ISO 17043的培训。

科研工作

2017 年，广西壮族自治区食品药品检验所共有 5 个科研项目获省部级科技项目立项。分别为“基于 LC－QTOF 技术的蛇胆汁专属性质量控制方法研究”和“广西种植泽泻的基原鉴定及其质量标准研究”两项研究获 2017 年度广西自然科学基金立项资助项目；与广西医药企业联合申报的“广西常用壮瑶药药材质量标准研究”和“盐酸地芬尼多片质量与疗效一致性评价”两项应用型研究获 2017 年度广西科技计划项目立项资助项目；“广西科研基础设施与大型仪器协作平台建设及其开放共享的市场化运行模式研究”获 2017 年度广西软课题立项。

2017 年 2 月 17 日，从广西卫生和计划生育委员会处获悉，由广西壮族自治区食品药品检验所起草的食品安全地方标准《桑葚酒》（DBS 45/043—2017）、《即食桄榔粉》（DBS 45/044—2017）于 2017 年 2 月 11 日获发布，将于 2017 年 6 月 1 日起实施。

2017 年 6 月 27 日，广西壮族自治区食品药品检验所在南宁召开广西重大专项计划“壮药质量标准及质量控制技术规范化研究”2017 年课题中期会议。

2017 年 11 月 14 日，广西壮族自治区食品药品检验所召开中药质量控制的发展方向学术研讨会。

能力建设

2017 年 3 月 4 日～5 日，广西壮族自治区食品药品检验所顺利通过国家实验室认可现场换证复评审。2017 年 5 月 10 日，广西食品药品检验所通过实验动物中心顺利通过换证评审现场考评验收。2017 年 12 月 2 日，广西壮族自治区食品药品检验所通过广西质量技术评价认证中心组织的检验检测机构资质认定扩项现场评审。

2017 年 8 月 31 日，由中国食品药品检验研究院组织，广西壮族自治区食品药品检验所具体实施的注射用青蒿琥酯含量测定能力验证项目（NIFDC－PT－099）顺利完成。共有 57 家实验室报名参加，56 家实验室提交检测结果报告，其中，53 家结果满意，2 家结果不满意，1 家结果可疑，满意结果 94.6%，不满意结果 3.6%，可疑结果 1.8%。参加的实验室分布于全国 22 个省（自治区）、直辖市，其中食品药品检验机构 42 家，药品生产企业 QC 实验室 4 家，其他检验机构 10 家。

2017 年 11 月 29 日，广西壮族自治区食品药品检验所参加国家食品药品监督管理总局组织的 7 个能力验证全部获得满意结果。此次能力验证计划由国家食品药品监督管理总局指定，中检院负责实施，共有 504 家单位参加。

党建工作

2017 年 9 月 23 日，广西壮族自治区食品药品检验所党委组织第一、第二党支部部分党员赴革命圣地延安开展了为期 3 天的革命理想信念教育培训班。培训内容以“重现延安精神，传承红色传统”为主题，缅怀革命英烈，重温入党誓言，接受现场爱国主义教育。

为打好扶贫攻坚战，帮助贫困农户脱贫致富，2017 年 11 月 11 日，广西壮族自治区食品药品检验所深入桂林市恭城瑶族自治县嘉会镇泗安村的帮扶对象解决瑶药种植、产业输出、采集等问题。

2017 年 11 月 16 日，广西壮族自治区食品药品检验所举行“职工书屋”暨支部活动室揭牌仪式，广西壮族自治区食品药品检验所党委书记、所长张涛，党委副书记、工会主席秦永辉一同为职工书屋揭牌。2016 年以来，广西壮族自治区食品药品检验所工会共购买图书 1000 余册、书柜 10 组等，努力为职工提供丰富多彩的精神文化产品。

2017年12月26日，广西壮族自治区食品药品检验所召开第六届工会换届选举大会，全体工会会员参加了本次大会。会议由广西壮族自治区食品药品检验所党委书记、所长张涛主持。第五届工会委员会主席秦永辉代表第五届工会委员会向大会作了工作报告。会议在听取了本届工会工作报告及经费审查工作报告后，以举手表决的方式通过了《广西食品药品检验所工会委员会换届选举办法》。通过换届选举监票人、计票人名单；以差额选举、无记名投票的方式，选举产生了新一届工会委员会委员、经费审查委员会委员、女职工委员会委员。

广西－东盟食品药品安全检验检测中心

概　况

广西－东盟食品药品安全检验检测中心是根据广西壮族自治区机构编制委员会《关于整合组建广西－东盟食品药品安全检验检测中心有关机构编制事项的批复》（桂编〔2014〕28号）文件要求，于2014年3月在原广西壮族自治区南宁食品药品检验所基础上组建的，为自治区食品药品监督管理局管理的相当正处级财政全额拨款事业单位，目前核定全额拨款事业编制88名。中心下设5个检验部门和7个职能管理部门。中心现有员工130人（外聘人员为57人），其中高级职称20人，中级专业技术职称31人，中级以上职称占39.23%；有博士学位1人，研究生以上学历33人，占职工总人数25.38%，本科以上学历职工104人，占总人数80.00%。中心的常规仪器、大型精密仪器设备齐全，设备原值1.2亿元以上，是目前广西区内拥有检验检测仪器设备最多的食品检测机构。

党建工作

中心党支部始终把党风廉政建设工作放在首位，坚持与日常工作“同部署、同落实、同检查、同考核”；支委扩大会议先后4次组织学习习近平总书记系列重要讲话精神以及中央和自治区党委关于党风廉政建设的相关文件；各支委成员坚持“学在前、用在前”，亲自走上讲台，共6人次为全体干部职工上党课、做理论学习辅导；全体干部职工集中收看中国共产党第十九次全国代表大会开幕会，又先后2次参加十九大精神宣讲活动；对“回头看”专项巡视发现的问题线索，及时主动就发现问题线索开展核查及整改工作，并向自治区局党组报告，积极配合上级部门的调查处理工作；印发“一岗双责”等4个落实全面从严治党责任的办法与方案，制定党员评议制度，开展“党员活动周”，叫响“看我的”“跟我学”，使每一位党员敢于主动亮出党员身份，在加强学习上作表率、在坚定信念上作表率、在服务工作上作表率、在清正廉洁上作表率。

检验检测

2017年，广西－东盟食品药品安全检验检测中心积极参与制定全区食品安全监督抽检计划工作方案，制定食品区抽系统上30大类的基础表格，制定国抽食品10大类和区抽食品30大类各细类的项目限量表，制定食品30大类下各细类样品抽样、收样环节注意事项表，为全区食品监督抽检承检机构提供技术支持。全年食品国抽任务共抽样3545批次，其中获证企业数3316家，覆盖的企业2277家，到访企业1136家，停产企业802家，抽样覆盖率68.67%。中心全年发出各类检验报告8521份，各类检品均在规定的时限内全部完成，其中食品国抽3545批，项目数达100197项，问题发现率为6.76%，问题发现率在全国承担食品国抽的检验机构中排名第一。

能力建设

2017年度广西－东盟食品药品安全检验检测

中心共计完成能力考核样品603批次，参加了CMA资质认定扩项评审，CNAS专项监督检查现场评审、国家食品药品监督管理总局对承担国家食品安全监督抽检检测机构的飞行检查等外部评审活动，共计完成扩项及现场评审等能力考核样品538批次，同时参加了FPAS、中检院、大连中食国实检测技术有限公司、中国检验检疫科学研究院等外部能力考核共计65项次。牵头举办“广西食药监系统第二届食品检验技术专题研讨会”，邀请“国家千人计划”特聘专家、食品安全国家标准审评委员会委员，暨南大学食品安全与营养研究院院长石磊教授莅临并授课。此外，联合广西电视台拍摄宣传片《一份权威的检验报告是如何出炉的》（上、下集），并在广西综艺频道播出，在让公众对食品检验工作有更深认识的同时，也提升了我中心的形象。省级食品检验机构权威逐步形成。

科研工作

广西－东盟食品药品安全检验检测中心通过任命科研专员的形式，促进科研工作有序发展，2017年中心共立项课题8项，其中国家总局课题1项，厅级项目7项，其中广西地方标准制定（修订）项目4项，广西食品药品安全公益性资金科研项目2项，自治区局科学研究服务项目1项。全中心科研框架初步搭建，科研工作已经成为业务工作的重要组成部分，科研和检验相辅相成，在检验中提出问题进行科研，在科研中解决问题提高检验，检验与科研工作“并驾齐驱”协同发展。

项目建设

广西－东盟食品药品安全检验检测中心检验检测业务用房项目2014年12月获得自治区发改委的批复（桂发改投资〔2014〕1561号），项目总建筑面积16355.62m^2，总投资12984.10万元。项目初步计划于2015年11月获得自治区发改委批复（桂发改投资〔2015〕1462号），到2016年5月30日获得《工程施工许可证》，6月6日正式开工建设，工程主体于2017年春节前封顶，目前进行装修阶段，预计2018年年底交付使用。

海南省药品检验所

概　况

2017年，海南省药品检验所全年完成各类检品5451批，其中进口药品口岸检验工作1761批，较2016年增长136%。海南省食品药品监督管理局党组对我所主要负责人进行调整，并配齐了总检验师一职，所内完成了6名中层干部岗位调整。2017年5月起，受停征药品检验费政策影响，停止受理药品委托检验及其他技术服务等业务。

检验检测

2017年全所共完成各类检品5451批，较2016年增加1.53%。其中包括：进口药品口岸检验工作1761批，较2016年增长136%；药品注册检验和标准复核工作229批；进口药品的注册检验和标准复核工作25个；国家药品抽验任务623批；国家化妆品抽验任务6类产品400批；国家医疗器械抽样工作37批；省药品计划抽验任务863批；省化妆品计划抽验任务113批；省医疗器械计划抽验任务98件。

科研工作

完成各类科研项目60项，包括：13项标准起草项目、2项标准复核项目、8项药典新增品种标准注释项目、25项进口药品标准复核项目、5项补充检验方法研究项目、5项地方药材品种标准复核项目，以及2项横向科研协作项目。科研项目“水黄皮总黄酮胶囊剂的制备工艺、质量标准及其药效学研究”通过了省科技厅课题验收。

培训工作

主办 1 期全省药品抽样培训班，对全省 50 余名抽样人员进行了专门培训。举办 7 期内部业务培训，内容涉及新进人员岗位培训、检验报告书书写规范等。对各分所 2016 年 10 名新进人员进行了专项业务培训，对 3 家药品生产企业 6 名质检人员进行了检验操作技能专项培训，接收了海南大学、海南医学院等高校的 27 名应届毕业生开展毕业实习与暑期见习。

贵州省食品检验检测所

概　况

完成新机构的初期建设，获得 CMA 资质证书。一是明确内设机构职责，推进人员到岗。按照编办批复我所设立 6 个内设机构，其中：管理科室 2 个（综合科、检验科）、检验科室 4 个（食品一科、食品二科、食品三科、保健食品科），结合实际情况，贵州省食品检验检测所对内设机构职能进行了明确，制定管理制度 35 个，基本满足行政运行需求。同时，按照编办批复，贵州省食品检验检测所编制为 40 人，通过划转、调动等方式，目前贵州省食品检验检测所已到岗 19 人，均为专业技术人员，公开招考和人才引进工作也在实施过程中。二是建立和完善体系文件，确保质量体系有效实施。制定了质量体系文件 344 个，其中：《质量手册》71 个，《程序文件》43 个，《作业指导书》86 个，《记录》144 个。同时，为确保质量体系有效实施，结合实际，对体系文件及时进行了修订。三是克服困难，顺利通过 CMA 资质认定。贵州省食品检验检测所按照食品检验机构资质认定相关要求，从人员、设备、物资、方法、场地等方面进行准备，克服了人员少、资源不足等困难，于 2017 年 10 月取得《检验检测机构资质认定证书》，申报通过的参数 412 个，覆盖了食品、保健食品、水质等，具备了对外出具法律效力检验检测数据的能力。其中：食品参数 297 个（其中食品理化指标 124 个、食品添加剂 31 个、非食用物质 24 个、有害物质 28 个、兽药残留量 45 个、农药残留量 27 个、元素 18 个）；保健食品参数 112 个（其中保健食品理化指标 43 个、辅助降压类保健食品非法添加 12 个、辅助减肥类保健食品非法添加 8 个、辅助降脂类保健食品非法添加 3 个、辅助降糖类保健食品非法添加 13 个、缓解体力疲劳及增强免疫力类保健食品非法添加 11 个、改善睡眠类保健食品非法添加 22 个）；水质参数 3 个。

开展专题培训，提升全省各级食品检验技术人员业务素质。一是以《中华人民共和国食品安全法》和食品检验机构相关法律法规等为重点，多次组织全员培训。全年组织开展全省食品药品监管队伍能力建设项目培训 4 次，合计培训省、市、县级食品检验检测技术人员和管理人员 303 人次，32 学时/人次。二是积极推荐专家人才，全年共推荐食品补充检验方法审评委员会专家 1 名、重点专项评审专家 1 名、贵州省食品安全标准委员会成员 2 名。

推动新址的实验室建设。在 2016 年建设基础上，贵州省食品检验检测所积极参与省局对新址实验室建设方案的优化和完善，突出检验功能的科学、合理、便捷。

检验检测

在 2017 年 10 月通过食品检验机构资质认定后，立即组织开展了相关检验检测工作，全年共完成食品（保健食品）检验 224 批次，其中：食品 174 批次（国抽 20 批次、委托 69 批次、合同 85 批次），不合格 1 批；保健食品 50 批次，均为委托检品，未检出不合格产品。

科研工作

向贵州省科技厅申报 2017 年科技支撑计划

项目“苗药铁线蕨和团羽铁线蕨化学成分”并获立项。

启动了2016年贵州省科技厅社会攻关计划“保健食品白芨清肺养胃口服液的研发”。

向贵州省食品药品监督管理局上报《薏仁米加工技术规范》《食品中总汞及有机汞的测定直接测汞法》等两份食品国家安全标准立项建议书。

云南省食品药品监督检验研究院

概　况

2017年是云南省食品药品监督检验研究院发展史上具有重大历史转折意义的一年。在云南省食品药品监督管理局党组的坚强领导下，云南省食品药品监督检验研究院（以下简称“云南食药检院”）于2017年12月顺利搬迁到新的检验检测大楼，实验室条件实现质的飞跃，实现了几代药检人的梦想。2017年，全院以CNAS认可为目标，狠抓质量管理，取得了一系列工作成果。

一是检验能力持续提升，目前获准检验资质共1324项，其中食品检验资质1062项。二是于2017年9月提前超额完成云南省2017年食品安全国家抽检检验任务4619批次。三是获国家食品药品监督管理总局2016年度“药品抽样工作表现突出单位”“药品检验和质量分析工作表现突出单位”表彰，圆满完成2017年药品国家计划抽检任务，2017年承担品种陈香露白露片/胶囊作为优秀品种参加2017年国家药品计划抽验质量分析报告现场评议。四是“质量提升年”活动成效显著，通过首次开展实验室全员盲样考核、加大技术培训力度、强化外部指导和监督、增加内审和管理评审频次、开展质量管理自查自纠和监督检查、强化“依法检验”意识等系列举措，实验室质量管理水平有效提升，在国家认监委、食品药品监管总局联合组织的2017年食品检验机构“双随机”抽查中，云南省食药检院现场盲样考核结果为满意，现场检查综合评定为二类（较好），在云南的10家被检查机构中成绩最好，为顺利通过CNAS国家实验室认可奠定了良好基础。五是推进分院建设，与大理、普洱、玉溪三个州市正式签署分院建设合作协议，启动分院建设合作。

检验检测

因实验室搬迁，2017年1月~9月，全院完成食品药品保健品及化妆品检测7418批次，其中完成食品检验4837批次，药品检验2085批次，保健品检验46批次，化妆品检验450批次。

能力建设

2017年10月，云南省食品药品监督检验研究院正式启动搬迁工作，各相关部门密切配合，群策群力，分工明确，最终于12月顺利搬迁到新的综合检验检测大楼，实验室条件实现了质的飞跃。12月29日，云南食药检院顺利通过检验检测机构资质认定（CMA）场地变更现场评审，经评审检查，云南食药检院场地变更后的状况基本符合《检验检测机构资质认定评审准则》要求，具备按国家和行业有关标准、规程和规范开展相关检验检测工作的能力。

2017年是云南省食品药品监督检验研究院“质量提升年”，全院狠抓质量管理。

一是加大人员考核力度，首次实施实验室全员考核。委托华测检测认证集团（CTI），对全院检验人员进行“一对一”盲样考核，全程监控操作流程和操作规范，如实指出存在问题，真实判定考核结果。考核内容包括药品检验、食品检验、食品快速检验等，共考核检验人员120人次。

二是加大培训力度，强化质量管理能力和检验检测能力。结合实验室全员考核中发现的技术难点，有针对性地组织安排理论及实际操作培训，并进行现场考核。2017 年，共计培训人员 1114 人次，是云南食药检院有史以来培训人次最多、覆盖领域最广、培训力度最大的一年。

三是强化外部指导和监督，提升质量管理水平。聘请 CNAS 评审专家，多次深入各检验和管理部门，指导持续改进质量管理体系、内审和管理评审等工作，并就质量控制、期间核查等问题，进行点对点现场培训。

四是强化质量管理，增加内审频次。2017 年开展了 3 次内审、2 次管理评审及 1 次 CNAS 模拟评审。

五是强化质量监督，在全院开展自查自纠和监督检查，重点对检验数据的真实性、可追溯性进行自查督查。

六是开展“依法检验”专题培训，邀请著名律师系统讲解与食品药品检验工作相关的法律内容，重点阐述了检验数据真实性及可追溯性的法律意义，强调了检验程序合法性具有的重大法律意义，有效增强了干部职工依法检验、依法履职的意识。

重要活动及事项

2017 年 3 月 10 日，云南省食品药品监督检验研究院隆重举行 2017 年食品药品检验誓师大会，吹响了 2017 年撸起袖子加油干的号角。130 名干部职工在五星红旗下郑重宣誓，表示一定完成任务，保障人民舌尖上的安全。

2017 年 5 月 4 日 ~23 日，由商务部主办，云南省食品药品监督检验研究院协办的 2017 年发展中国家药品质量检测技术培训班在昆明举行，来自缅甸、孟加拉、格鲁吉亚、巴拿马、南苏丹、乌干达、埃及、埃塞俄比亚等 8 个国家及我国相关部门的 31 名官员、技术骨干参加。

2017 年 6 月 14 日，国家食品药品监督管理总局科技和标准司副巡视员任玫玫率调研组一行，到云南省食品药品监督检验研究院调研指导。

2017 年 8 月 8 日，云南省食品药品监督检验研究院迎接了国家认证认可监督管理委员会、国家食品药品监督管理总局联合进行的 2017 年度食品检验机构资质认定专项监督检查。

2017 年 12 月 15 日，云南省食品药品监督检验研究院代表队在云南省人民政府食品安全委员会办公室、云南省食品药品监督管理局举办的 2017 年云南省食品安全法律竞赛中脱颖而出，摘得桂冠。

2017 年 12 月 29 日，云南省食品药品监督检验研究院顺利通过检验检测机构资质认定（CMA）场地变更现场评审。

云南省医疗器械检验研究院

概　况

2017 年，云南省医疗器械检验研究院以能力提升为核心，紧紧围绕云南省药品安全“十三五”规划目标，勇于应对困难挑战，自加压力、主动作为，认真履职、奋发进取，不断推进各项工作，在面临实验室搬迁的情况下，及早谋划，提前完成了全年各项检验检测任务，截至 12 月 30 日，共受理完成检品 909 批（其中：医疗器械 609 批、药品包装材料检验 242 批、洁净室检测 47 批、实验动物检测 11 批）；实验室整体搬迁全面完成。

检验检测

2017 年，云南省医疗器械检验研究院共受理各类检品及洁净室检测 909 批。其中：医疗器械 609 批、药品包装材料检验 242 批、洁净室检测 47 批、实验动物检测 11 批。2017 年，承接注册检验、委托检验 282 批次，与 2016 年 329 批次相比，下降 14.3%。其中，注册检验 46 批次，下降 55.3%，委托检验 236 批次，上升 4.4%。2017 年云南省医疗器械、药包材抽验合格率分别达到 93.52% 和 97.7%，抽验合格率医疗器械同比下降2.5%，药包材同比下降1.04%。

能力建设

顺利通过国家实验室认可（CNAS）定期监督评审，医疗器械、药品包装材料、洁净间环境三大类认可共计136项资质得以维持。以提升能力为重点，基础建设进一步改善。在省局的大力关心支持下，2017年，云南省医疗器械检验研究院共投入中央和地方财政资金698.13万元，新添检验设备55台套，为扩项打下了基础。按照“提升能力为方向、检测质量为抓手、质量安全为保障”的工作方针，扎实推进质量强院工作。积极参加中国合格评定国家认可委员会、中检院等相关机构组织的能力验证、实验室比对和测量审核活动，先后参加了溶液pH测定、塑料膜的氧气透过量测定、水中铅镉测定比对，以及2项测量审核，结果均为满意，有力地促进了实验室管理规范化和检测能力提升。为把全省药品安全“十三五”规划提出的云南省医疗器械检验研究院检验资质达到500项的目标落到实处，院领导带队深入开展调查研究，详细了解全省器械和包材生产企业及产品情况，以及兄弟省所省院能力发展情况，深入分析面临的形势和能力现状，自加压力、主动作为，提出了《落实“十三五”规划能力提升工作方案》，细化“十三五”目标和落实步骤，力争通过两年的努力，基本实现对本省生产的器械和药包材产品的全覆盖。

党建工作

云南省医疗器械检验研究院党总支坚持突出“重党建”的首位、首责意识，不断强化党建和党风廉政建设，以深入学习贯彻党的十九大精神、深入推进“两学一做”学习教育常态化制度化、“基层党建提升年”建设为着力点，贯彻落实中央八项规定精神纠正“四风”抽查整改、巡视整改专题民主生活会及“挂包帮”“转走访”、志愿服务等活动，强化引领，积极打造“忠诚、干净、担当”的检验检测队伍，全院干部职工无受处理情况。同时，采取“请进来，走出去”的方式，加强培训，邀请省外专家到云南省医疗器械检验研究院开展义齿原材料检测培训，选派12人次外出参加医疗器械评审员培训以及电磁兼容和显微镜检测技能培训。通过学习教育和培训，作风进一步转变，凝聚力战斗力进一步加强。

陕西省食品药品监督检验研究院

概　况

陕西省食品药品监督检验研究院截至2017年底共有在编职工126人。享受国务院特殊津贴专家1人，国家药典委员2人，国家级评审专家9人，省级评审专家27人。专业技术人员中有博士6人，硕士49人。院领导有：院长兼党委副书记刘海静，党委书记兼副院长卢晓明，副院长绳金房、白军锋、乔蓉霞，总检验师戴涌，纪检书记张艳，院长助理孙希法。

现有实验办公建筑面积13260m^2，包括12000m^{2}的食品药品检验大楼和1260m^{2}的药理实验楼，全院现有仪器设备价值11891万元。具备药品、食品、保健食品、保健用品、化妆品、生物制品、药包材、兽药毒理和洁净度检测共3557个参数的检验能力。

2016年11月，根据陕西省编办《关于印发〈陕西省食品药品监督管理局所属事业单位整合机构精简编制规范管理方案〉的通知》精神，将陕西省食品药品监督管理局信息培训中心并入陕西省食品药品检验所（陕西省药品不良反应监测中心），并更名为陕西省食品药品监督检验研究院，加挂陕西省药品不良反应监测评价与信息宣教中心牌子。2017年4月，陕西省食品药品监督管理局下发《陕西省食品药品监督管理局关于刘海静等任职的通知》，2017 年 7 月新机构正式揭牌运行。

检验检测

2017 年，陕西省院共完成各类检品 10265 批（件）。其中药品 7799 批次，占 76%；食品、保健食品、保健用品 1555 批次，占 15%；化妆品检验 579 批次，占 6%；各类模拟试验 332 批次，占 3%。

食品安全抽检监测工作不断加强，在全省食品安全风险监测工作中发挥了重要技术协调作用，国家食品药品监督管理总局再次发来表扬信，对承担陕西省食品安全抽检信息系统维护的秘书处马钰同志提出表扬。在国抽药品非标探索性研究中，五味子颗粒/糖浆、曲安奈德新霉素贴膏两个品种在全国国抽网评 43 家单位的 138 个品种中双双进入现场评审前十位次。

不良反应监测

监测报告数量、质量稳步提升。全省共收集上报药品不良反应、医疗器械不良事件、药物滥用监测、化妆品不良反应监测报告 46828 份（例）。每季度对收集到的不良事件信息进行质量评估、分析评价，有效提炼风险信号，为行政监管提供技术支持和信息参考，为临床安全用药用械提供指导。不断加强化妆品、药物滥用不良反应监测体系。积极拓展化妆品不良反应监测渠道，目前全省已建立省级化妆品监测哨点 43 家。

能力建设

2017 年 3 月，顺利通过了陕西省质监局组织的检测机构资质认定复评审工作，评审组对陕西省食品药品监督检验研究院管理体系规范运行予以充分肯定，并颁发了新的资质认定证书。10 月完成食品、药包材和化妆品资质认定扩项现场评审工作，扩项共计 634 个参数。组织参加英国 FAPAS、CNAS、国家食品药品监督管理总局、中检院组织的能力验证、比对试验、盲样考核等 26 项，涵盖食品、药品、微生物、化妆品等检验领域，均取得满意结果。

科研工作

在国家食品药品监督管理总局开展的食品快检评价机构评选工作中，陕西省食品药品监督检验研究院从全国申报的近百家机构中，被确定为全国食药监管系统内 7 家食品快检产品评价机构之一。国家食品药品监督管理总局征集食品快检方法，陕西省食品药品监督检验研究院成为 2 项快检方法制定的牵头单位，7 项快检方法制定的参与单位。同时，在国家食品药品监督管理总局立项 2 项食品补充检验方法制定项目。陕西省食品药品监督检验研究院申报的“食品快速检验方法验证评价规范”项目成功入选陕西地方标准制修订项目。科研项目申报取得新成果，陕西省食品药品监督检验研究院的“药物制剂中抑菌效力检查标准的构建与研究”项目被评为陕西省科学技术二等奖。鼓励全院人员开展学术研究，全年出版《药品微生物检验方法》等 2 部专著，发表专业学术论文 40 余篇，被 SCI 收录 1 篇。

基础设施建设

由陕西省食品药品监督检验研究院负责实施的陕西省食品检验监测中心实验室项目正在加紧施工，已完成建设项目主体封顶。自筹资金 435 万元招标采购实验仪器，完成 40 台（套）价值 1725 万元仪器的验收和安装调试工作。

党建工作

2017 年 5 月召开了陕西省院成立后第一次的党代会，选举产生了第一届院党委和纪委以及党委书记、副书记、纪委书记。组织开展中心组学习、专题研讨、党课辅导、撰写读书笔记、心得体会等多种形式的活动，推进“两学一做”教育常态化制度化。

陕西省西药产品质量监督检验站

概　况

陕西省西药产品质量监督检验站是由陕西省质量技术监督局授权，具有第三方公正地位的省级西药产品质量监督检验机构，共有专职人员31名，其中高级职称4人，中级职称12人，初级职称7人，技术工人8人，按专业性质下设药用包材、化学分析、生物检测、药理检测、仪器分析等七个检验室。

2017年，陕西省西药产品质量监督检验站积极协助陕西省食品药品监督管理局组织全省药品包装材料管理年度工作会，为企业进行药品包装材料注册、生产质量管理及检验工作等方面的培训，为加强药品包装材料监督和管理、提升药品包装材料生产企业的生产管理能力和从业人员的注册水平提供技术支撑。以确保公众用药安全为中心，以全面提高检验检测能力为主线，不断深化技术服务内涵，强化服务意识，扎实推进药包材检测全面发展。以服务社会和履行职责为己任，为药包材事业的发展，为食药监事业的发展，为人民群众用药安全做贡献。

检验检测

2017年，陕西省西药产品质量监督检验站共完成各项检验任务100批次。其中：药包材生产企业委托检验78批，注册检验补充申请3批，洁净厂房空气洁净度委托检测共19次。检验数据无差错率为100%，投诉和申诉发生率为零。

基础设施建设

2017年，陕西省西药产品质量监督检验站投资250万元购置进口高效液相色谱仪3台，进口气相色谱仪1台，进口自动溶出仪1台，进口紫外分光光度计1台，电子天平2台，使检测能力得到进一步提高。

能力建设

为确保检验结果准确，陕西省西药产品质量监督检验站积极参加国家能力验证和实验室间比对。2017年，报名参加了济南兰光机电技术有限公司包装安全检测中心组织的“薄膜阻隔性测试——氧气透过量和水蒸气透过量的实验室间数据比对”，比对结果为满意，使检测能力和水平得到了确认。

2017年，购买氧气透过量与水蒸气透过量标准膜，对仪器进行了校准，并报名参加了中检院组织的能力验证项目“塑料膜的氧气透过量测定”，获得满意结果。

2017年完成实验室内部比对10项，从人员、设备、不同时间等方面全方位地确认了实验室的检测水平和能力，全部按计划完成并符合要求。

陕西省西药产品质量监督检验站积极组织内部审核和管理评审，不断促进各项工作持续发展。2017年6月为证实体系运行能够持续地符合管理体系和新版《检验检测机构资质认定评审准则》的要求，进行了一次覆盖管理体系全部要素和所有活动的内部审核，对自身管理体系的适宜性、充分性和有效性以及检测/校准等质量活动进行评审和论证。通过对体系文件、资源配备、检验工作质量、培训等内容的审核，确认我站管理体系持续规范运行并不断改进，质量方针、质量目标得以顺利实现。

2017年10月，接受了西安市质量技术监督局组织的陕西省产品质检机构专项整顿检查，检查组对技术文件、原始记录和质量管理体系的运行情况进行了全面检查，认为陕西省西药产品质量监督检验站建立了完善的质量管理体系，运行基本有效，建立了自我完善机制，

根据《国家食品药品安全“十二五”规划》和国家药品标准提高工作安排，陕西省西药产品质量监督检验站受国家药典委员会的委托，先后

承担了三项药包材标准起草工作。《口服固体药用聚丙烯螺旋式瓶质量标准》，根据 2017 年 3 月药典会组织的标准提高课题（药包材）的结题报告审议会的讨论意见对质量标准进行了再修订，2017 年 10 月按照药典会要求补充资料，进行样品征集，现已报山西省食品药品检验所复核；《聚酯/镀铝聚酯/低密度聚乙烯药用复合膜》《聚酯/镀铝聚酯/低密度聚乙烯药用复合袋质量标准》，根据《关于发送第十一届药典委员会药用辅料及药包材专业委员会 2018 年第一次会议纪要》的专家意见，已结题，资料已上报国家药典委员会。2017 年 10 月完成了《口服液体药用高密度聚乙烯瓶》《口服液体药用聚丙烯瓶》《口服液体药用聚酯瓶》《外用液体药用高密度聚乙烯瓶》四个 SOP 的起草。标准提升和 SOP 的编写工作既是机遇又是挑战，大家齐心协力，迎难而上，圆满完成了任务。

重要活动

陕西省西药产品质量监督检验站高度重视培训和交流，2017 年先后派人参加了中检院主办的药包材检验报告书格式及书写细则实施规范定稿会；全国食品药品医疗器械检验工作座谈会，药品标准提高及《中国药典》2015 年版工作会议；陕西省质量技术监督局举办的《检验检测机构资质认定评审准则》（新版），《检验检测机构资质认定管理办法》（第 163 号令）宣贯培训；第二届全国药包材与药用辅料检验检测技术研讨会和中国药包材及药用辅料监管及技术创新大会；国家药典委员会药用辅料及药包材专业委员会 2017 年第二次会议；药包材标准与关联审评及相容性检验检测技术培训；包装材料与药用辅料洁净环境检测与评估学术研讨会；2017 年 12 月参加了中检院组织的 2017 年度药包材、药用辅料检验实验室能力验证工作总结会等。通过参加培训和交流，及时了解了国家最新政策和技术，对开阔思路、专业素质的提高都具有极大的益处。

新疆维吾尔自治区食品药品检验所

概　况

2017 年，新疆维吾尔自治区食品药品检验所共受领国家、自治区两级指令性任务 14 项，11127 批，是 2016 年的 1.51 倍，连续第二年创检品量新高，特别是食品领域，在 2016 年的基础上增长近一倍。检验完成率 94.0%，指令性任务无超时限问题发生。在提高承检数量的同时，注重检验质量的提升，各领域全检率大幅提升，自治区药品监督抽验全检率 93.3%、基本药物抽检全检率 94.5%，为有效防控系统性、区域性风险发挥了技术支撑作用。除常规检验外，抽调技术骨干，积极为各类专项整治和应急检验提供技术支撑，做好重大活动食品安全保障工作，2017 年共派出 24 人次，执行保障任务 125 天，积极参与和推动了食品药品安全共治格局的形成。

能力建设

2017 年 4 月，接受新疆维吾尔自治区质监局组织的食品及化妆品领域资质认定扩项评审及食品检验标准变更现场评审，申报的 138 项扩项参数，97 项食品检验变更标准全部通过评审，10 月进行了 93 项食品、化妆品及医疗器械的标准变更工作，进一步拓展了技术支撑范围。2017 年报名参加 CNAS、国家食品药品监督管理总局、中检院、新疆维吾尔自治区质监局等组织的能力验证和比对试验 16 项。截至目前，收到反馈结果 11 项，其中 10 项满意；2017 年新疆维吾尔自治区食品药品检验所还采用多种方式进行内部质控活动，质控水平较往年有大幅提升。按要求进行体系文件的修订，同时对质量管理体系进行全领域、全过程自查，规范检验检测活动，确保检验数据和结果的真实、客观、准确及管理体系持续改进。8 月 21 日接受全国食品检验机构资质认定专项监督抽查，未发现严重违规行为。

科研工作

2017年度药品国家评价性抽验“加味逍遥丸”质量研究工作获得中药类药物综合评议全国第三名，这是继2016年之后新疆维吾尔自治区食品药品检验所在中药国评项目中再次取得全国第三的好成绩，切实为药品注册上市后再评价提供有力有效技术支持。举办“数字标准物质平台（DRS）二期开发启动会”，为项目成熟化、实用性发展奠定基础，该项目已进入全面内测阶段。与国家药典委签署《维药标准数字化合作协议》，由援疆干部孙磊牵头与国家药典委合作开发的可在个人电脑上运行的数字化维药标准软件正式出版。申报总局、国家药典委、自治区局等部门科研项目12项（国家项目10项、自治区项目2项），申报国家科技成果3项。其中血栓通注射液安全性再评价项目，在国家总局“食药安全创新圆梦”展中展出，并获新疆药学会科学技术三等奖。完成中检院牵头组织的中成药中非法染色的子课题项目“接骨七厘丸、散”松香酸补充检验方法，该补充检验方法于2017年12月22日在国家食品药品监督管理总局网站上正式发布；参与起草医疗器械质量标准（国家级1项、省级2项）。全年发表学术论文19篇（第一作者），其中SCI 2篇，影响因子分别为1.79和2.86。

对口援疆取得实效

围绕新一轮“框架协议”确定的对口援疆项目，积极与中检院和对口援疆单位协调、沟通。已针对口岸所申报和化妆品检验等领域派出13名专业技术人员分别赴苏州药检所和广东药检所进修学习。协办中检院“全国药检系统中药民族药工作会议”“重大新药创制专项化药制剂质量评价关键技术研究‘复方制剂关键质量属性评价方法的研究’子课题任务研讨会”“包装材料与药用辅料洁净环境检测与评估学术研讨会”“药包材标准与关联审评及相容性检验检测技术培训班”等各类援疆培训会议，疆内参训近240人次，加强了与中检院及内地省区的技术交流。国家食品药品监督管理总局、中检院选派新一轮援疆干部余振喜博士挂职副所长继续开展技术援疆，并派出2名专家开展组团式援疆，有效解决了相关领域技术盲点，业务水平大幅提升。

青岛市食品药品检验研究院

概　况

2017年，青岛市食品药品检验研究院党总支团结和带领广大干部职工，认真学习贯彻党的十八届六中、七中全会精神和党的十九大精神，以习近平新时代特色社会主义思想为指导，深入贯彻落实国家、省、市和中检院、山东省院有关食品药品检验工作部署，以青岛市创建“国家食品安全示范城市”为推动，全面实施“科教兴院三年工作发展规划”，不断完善队伍建设，优化内部管理，提升技术水平，扎实推进各项工作，取得显著成果。全年累计收检各类检品12320批次，同比增加29%；被评为青岛市精神文明单位标兵。

党建工作

持续推进党建工作，严格“三会一课”、民主生活会等制度。制定了青岛食药检院“两学一做”学习教育常态化制度化实施方案、配档表，通过开展集中学习、座谈交流、个人自学等多种形式活动，不断增强“四个意识”，坚定“四个自信”；深入开展“党群结对双提升”活动，推动“两学一做”从“关键少数”向广大党员拓展、从集中性教育向经常性教育延伸、从党内学习向党群共学互促提高上扩展。保持廉政工作高压常态化，院领导与各部门负责人签订年度廉政承诺书；严格“三重一大”事项的集体研究、上会决策、及时报告制度，按程序组织实施。

检验检测

2017年完成食品类检验任务7520批，较去年增加60%。其中，国家级政府性食品检验任务310批，省级政府性食品检验任务1301批，市级政府性食品检验任务5417，企业委托食品检验任务422批，实验室现场评审报告70批。非食品类完成检验任务4800批次，与去年规模持平，其中山东省药品抽验计划评价抽验450批、重点抽验450批，地方监督抽验1200批，其他风险监测、专项监督抽验、国评研究、委托检验等共2700批，为行政监管提供了有力的技术支撑。

承担根痛平和吡拉西坦2个品种的国家评价性抽验工作，开展探索性研究，及时发现质量风险，向国家食品药品监督管理总局发出4个风险提示函，提交2个补充检验方法，配合国家总局对企业飞行检查。在全国检验系统总结会上，根痛平和吡拉西坦2个品种分别获得全国第2名和第12名的好成绩。完成国家药典委员会标准、医院制剂标准起草复核等39个品种116批；完成25个品种94批的进口质量标准复核。

能力建设

持续完善队伍建设，新招聘4名事业编人员，全院在编在岗人员共103人，博士7人，本科以上学历人员占98%；在全省药品检验技术技能竞赛中荣获团体一等奖，中药检验部2名参赛人员全部进入全省前十名，分别获得全省“食品系统检验技术标兵”和“检验技术能手”称号。通过实验室认可（CNAS）、计量认证（CMA）和食品检验机构资质认定（CMAF），食品类通过资质认定27个产品，659个品种中14059个参数，500个方法；非食品类检验能力覆盖95个产品，11个产品中399个参数，36个方法。参加国家认证认可监督管理委员会、山东省技术监督局组织的44项58个参数的能力验证，结果满意；顺利通过山东省实验室资质认定现场复评审。

完成口岸药品检验所实验大楼建设，实验办公面积2.23万平方米，实验环境极大改善。不断完善仪器设备，有液相色谱－质谱联用系统（LC/QTOF、LC－MS－MS和LC/Trap）、气相色谱－质谱联用系统（GC－MS－MS和GC－MS）、电感耦合等离子体质谱（ICP－MS）、全自动（病原）微生物检测及生化鉴定系统、全自动微生物基因指纹鉴定系统、凝胶成像仪及全自动菌落成像系统等大型精密仪器设备近200台（套），价值8800余万元。

科研工作

实施《青岛市食品药品检验研究院“科教兴院”三年工作规划（2017—2019）》，围绕服务政府监管、行业发展和社会民生，提出三年工作目标，力争将青岛市食品药品检验研究院建设成检验能力一流、科研能力领先、适应国家监管需要的一流区域性食品药品检验检测机构。全院申报承担了食品药品检验研究类课题22项，获得专利3个。其中，4项课题分别获山东省药学会科学技术一等奖、二等奖及三等奖，获市南区“创新发展引领奖”1项，承担中检院4项子课题。“保健食品原料目录研究专项课题——大蒜油”获国家食品药品监督管理总局立项。

成都市食品药品检验研究院

概　况

成都市食品药品检验研究院前身为成都市药品检验所，成立于1960年，2014年经机构整合设立而成，加挂成都市药品检验所、成都市医疗器械及药品包装材料检验所、成都市食品安全监测预警数据中心牌子，是中华人民共和国药品进口口岸药检所、国家食品复检机构、国家食用农产品安全抽检监测工作组牵头单位、国家特殊食品及婴幼儿配方食品备案检验机构、四川省博士后创新实践基地。目前拥有专用仪器设备 1917 台（套），原值 2.2 亿元，实验室面积 3.1 万平方米。获得认可参数 2068 项，认证产品及参数 5920 项。2017 年获成都市人民政府“2014—2016 年度爱国卫生工作先进集体”等称号。

党建工作

认真学习党的十九大及省市党代会、产业发展大会、新经济发展大会精神，完成党委换届；印发院年度《党风廉政建设工作要点》，层层签署《责任书》《承诺书》；开展廉洁社会单元创建、制度执行年及专项治理“微腐败”工作，组织年度党建、党风廉政建设及作风建设全面检查，加大廉洁从检教育与监督检查力度，筑牢廉洁防线；深入开展“走基层”活动，投入经费 4.4 万元为结对社区居民办实事；与区（市）县局联动开展食品及保健食品社区科普讲座、你点我检、实验室开放日等系列活动 20 次。

检验检测

2017 年共完成各类检品 67702 批，其中食品 59920 批，含国家级任务 4328 批；药品 7025 批（含进口注册检验 65 批涉及 17 个品种、进口药品检验 599 个拣样）；化妆品 596 批；发出空气洁净度报告 161 份。以问题为导向，坚持靶向抽检，制定《食品抽检目标绩效考核管理办法》，全年省级食品监督抽检不合格率为 26.9%；市级为 10.6%。新增认证认可参数 339 项，组织参加能力验证及实验室比对 60 次（含 FAPAS、LGC 等国际验证 10 次）。

努力做好国抽食用农产品牵头工作，在氟虫腈、山东毒大葱等舆情研控方面发挥了积极作用；组织完成了压片糖果中那非类物质检测适用性验证实验，国家食品药品监督管理总局批准并公告了该方法适用于压片糖果，扩大了总局补充检验方法在压片糖果中那非类物质检测的适用范围；开发并验证了植物油中乙基麦芽酚含量测定方法；为世旅大会、2017 成都全球创新创业交易会等重大活动提供了保障。

科研工作

科研和标准制修（订）项目获准立项 28 项；主持或参与国家食品药品监督管理总局补充检验方法 5 项（主持完成的《食品中氯酸盐和高氯酸盐的检测方法》已发布）、成都市科技局项目 3 项；参与国家重点研发计划专项项目 2 项；开展药品国评项目知母、八角茴香 2 项；完成总局科技成果登记 8 项；申报食品药品国家重点实验室；启动世行贷款成都市畜产品质量安全示范项目；参与获得四川省科技进步一等奖 1 项、三等奖 1 项；申请发明专利 12 项，获授权发明专利 2 项，实用新型专利 2 项；发表论文 52 篇。

建立与国内外检验检测机构的合作机制，邀请荷兰莱顿大学、哈佛大学等国内外知名专家到院交流洽谈；与企业共建放射性药物检验研究中心、绵竹酒类及加工食品检验研究中心；在全国检验机构工作交流会、2017 年全国中药材及饮片质量及检验工作研讨会、AOAC 中国区年会等大型会议上作交流发言或报告；承办了国际前沿溶出度测试技术培训会、第二届创新药物发现的前沿与实践国际高峰论坛、国家食品药品监督管理总局食品药品监管信息和应用平台培训等大型活动。

附　录

获奖与表彰

2017 年集体获奖情况

2017 年世界银行授予中检院《为保护臭氧层做出宝贵贡献和努力》认可荣誉证书。

中科院科学传播局、科技部政策法规与监督司授予中药所杨建波等五人的作品《浙贝母和党参的硫熏鉴别方法》2017 年全国科学实验展演汇演二等奖。

北京市献血办公室颁发中国食品药品检定研究院《2017 年度积极参与无偿献血公益事业》荣誉证书。

2017 年个人获奖情况

人力资源社会保障部、中国科协、科技部、国务院国资委联合授予王军志“全国创新争先奖”。

中国药学会、中国药学发展奖奖励工作委员会、北京长江药学发展基金会联合授予王军志“2017 年度中国药学发展奖创新药物奖特别贡献奖”。

中国药学会授予梁争论第二届中国药学会“以岭生物医药创新奖”。

由孙会敏、谢兰桂、赵霞、金少鸿、蔡荣、俞辉作为主要完成人完成的项目“聚乙烯聚丙烯类药包材中掺假再生料的识别研究”获得“中国药学会科学技术奖”。

中国毒理学会授予贺争鸣“中国毒理学会联合利华毒理学替代法贡献奖”。

国家食品药品监督管理总局办公厅通报表扬貌达“在婴幼儿配方乳粉生产企业食品安全生产规范体系监察工作中表现突出”。

北京市献血办公室颁发桂华在 2017 年度积极参加首都无偿献血宣传组织动员工作荣誉证书。

中国民主建国会北京市东城区委员会授予于继江“2016—2017 年度优秀会员”。

论文论著

2017 年出版书籍目录

序号	书名	主编	副主编	编者/编委	出版社	出版日期
1	药品微生物检验方法	绳金房*，马仕洪	杨晓莉*，张玉良*	闵红*，李秋菲*，李辉*，李翠*，杨静*，周志云*，贾萌*，贺聪莹*	西安交通大学出版社	2017.6
2	中国药典分析检测技术指南	张伟*，李波，罗国安*	王玉*，胡昌勤等	胡昌勤，冯艳春，常艳，崇小萌，余振喜	中国医药科技出版社	2017.7
3	实用化学药品检验检测技术指南	张启明，陈桂良，宁保明，韩鹏	刘玉珍*，余振喜，赵贵英*	宁保明，刘阳，刘朝霞，张娜，张启明，袁松，黄海伟，庾莉菊，魏宁漪	人民卫生出版社	2017.4
4	结核病转化医学研究与实践	许绍发*，蔡超*	李亮*，岳文涛*，钟球*，吴雪琼*	王国治，徐苗，赵爱华	北京科学技术出版社	2017.6
5	疫苗学（第六版）	罗凤基，杨晓明，王军志，时念民	无	主译　王军志 主审　李凤祥 编委会　张华捷 审校　李玉华，徐苗，梁争论 译者　王斌，贺鹏飞，聂建辉，徐颖华，唐建蓉，黄维金，曹守春	人民卫生出版社	2017.5
6	医疗设备质量检测与校准	杨昭鹏	何文胜*，刘文丽*，刘刚*，郭永新*	丁君*，卢瑞祥*，冯庆宇*，曲宝林*，朱瑞*，刘刚*，刘文丽*，刘兆玉*，刘洪英*，许照乾*，孙志勇*，李军*，李名兆*，刘晓亮*，李静莉，杨昭鹏，吴琨*，何文胜*，张辉*，张澍田*，苑富强，卓越*，夏勋荣*，顾雅佳*，徐桓*，郭永新*，黄鸿新*，崔涛*，梁振*，蒋时霖*	人民卫生出版社	2017.8
7	毒理病理学图谱	胡春燕*，刘克剑*，王和枚*，吕建军	无	刘煜敏*，王晓雅*，陈珂*，邱爽*，崔庆飞*	北京科学技术出版社	2017.1

2017 年发表论文目录

序号	题目	作者	期刊名称	年份，卷（期）：起止页码	SCI 影响因子
1	化妆品乳膏剂中双酚 A 测定的能力验证样品制备研究	黄湘鹭，冯克然，张会亮，邢书霞[#]，丁宏，河惠华[*]	中国卫生检验杂志	2017，27（19）：2765－2768	
2	化妆品乳膏剂中双酚 A 的测定能力验证计划研究	黄湘鹭，冯克然，张会亮，邢书霞[#]，丁宏	香料香精化妆品	2017，（5）：56－58	
3	Application of quality by design concept to develop a dual gradient elution stability－indicating method for cloxacillin forced degradation studies using combined mixture－process variable models	Xia Zhang，Changqin Hu[#]	Journal of Chromatography A	2017，1514（8）：44－53	3.981
4	Identification of impurities in macrolides by liquid chromatography－mass spectrometric detection and prediction of retention times of impurities by constructing quantitative structure－retention relationship（QSRR）	Xia Zhang，Jin Li，Chen Wang，Danqing Song[*]，Changqin Hu[#]	Journal of Pharmaceutical and Biomedical Analysis	2017，145（25）：262－272	3.255
5	Selecting optimal columns for clarithromycin impurity analysis according to the quantitative relationship of hydrophobic subtraction model	Xia Zhang，Changqin Hu[#]	Journal of Pharmaceutical and Biomedical Analysis	2017，136（20）：162－169	3.255
6	色谱柱表征体系在选择最佳反相色谱柱中的应用	张夏，胡昌勤[#]	药物分析杂志	2017，（6），942－949	
7	我国食品安全法中的食品安全标准	吕冰峰	现代食品	2017，（9）：82－83	
8	我国食品安全执法与检验工作衔接存在的问题与对策	吕冰峰	食品安全导刊	2017，（12）：23－24	
9	2015 年国家食品安全监督抽检数据的归类分析与思考	吕冰峰，罗飞亚，王学硕，邢书霞，张庆生[#]	中国药事	2017，31（11）：64－70	
10	祛斑美白类化妆品中美白功效成分使用现状调查	张凤兰，吴景，王钢力[#]，邢书霞[#]	中国卫生检验杂志	2017，27（20）：3012－3015	
11	三氯生安全性评价及化妆品法规管理现状	张凤兰，苏哲，吴景，王钢力，邢书霞[#]	环境与健康杂志	2017，34（10）：923－926	
12	β－熊果苷和氢醌安全性评价及化妆品法规管理现状	张凤兰，苏哲，吴景，王钢力，邢书霞[#]	环境与健康杂志	2017，34（11）：1021－1025	
13	《化妆品安全技术规范》修订工作介绍及建议	邢书霞，吴景，张凤兰，王钢力[#]	环境与健康杂志	2017，5（34）：456－460	
14	国内外化妆品风险评估现状与进展	邢书霞，张凤兰，王钢力[#]	环境与健康杂志	2017，6（34）：539－542	
15	2016 年全国化妆品监督抽检结果分析	邢书霞，吴景，王钢力[#]	环境与健康杂志	2017，34（7）：609－611	
16	欧盟和我国化妆品安全评价体系的比较研究	邢书霞	中国卫生检验杂志	2017，9（27）：2581－2584	

续表

序号	题目	作者	期刊名称	年份，卷（期）：起止页码	SCI 影响因子
17	QuEChERS－超高效液相色谱－串联质谱法测定坚果中 38 种农药残留	董亚蕾，刘文婧，曹进[#]，王钢力	分析化学	2017，45（9）：1397－1404	0. 795
18	国内食品中农药多残留检测技术的研究进展	董亚蕾，刘文婧，曹进[#]，王钢力[#]，李向军[*]	分析试验室	2017，36（2）：241－248	
19	超高效液相色谱－串联三重四级杆质谱法测定富硒食品中的硒代氨基酸	董亚蕾，刘文婧，曹进，王钢力[#]	食品安全质量检测学报	2017，8（7）：2401－2406	
20	进口化妆品中防腐剂检测结果分析	高家敏，李莉，赵晓宇，曹进[#]	中国卫生检验杂志	2017，27（11）：1627－1630	
21	高效液相色谱法测定保健食品胶囊剂硬胶囊壳中的合成着色剂	高家敏，曹进[#]，丁宏[#]	食品安全质量检测学报	2017，8（6）：2105－2110	
22	化妆品中地塞米松检测能力验证研究	高家敏，李红霞，项新华，曹进[#]，丁宏[#]	中国药事	2017，31（9）：1017－1020	
23	气相色谱法测定糕点中 1，2－丙二醇含量的不确定度评定	高家敏，李红霞，曹进[#]，丁宏[#]	食品安全质量检测学报	2017，8（7）：2407－2413	
24	化妆品和药品残留溶剂测定方法差异的探讨	高家敏，曹进[#]	中国药师	2017，20（9）：1643－1648	
25	化妆品标准体系与药品标准体系比较及检验特点分析	高家敏，曹进[#]，丁宏[#]	中国药事	2017，31（8）：887－893	
26	食品及食品包装材料溶剂残留检测方法研究概况	高家敏，曹进[#]，丁宏[#]	食品安全质量检测学报	2017，8（7）：2369－2376	
27	各国药典中丙二醇质量标准的比较分析	高家敏，曹进[#]	中国药品标准	2017，18（4）：258－263	
28	食品包装材料中邻苯二甲酸酯类塑化剂迁移研究进展	高文超，曹进[#]，丁宏	食品安全质量检测学报	2017，8（7）：2383－2388	
29	质量量度在食品检验检测实验室管理中的应用	何欢，曹进[#]，丁宏[#]，路勇，李晓瑜[*]	中国药师	2017，20（8）：1457－1460	
30	纳克级激光计数检测器同时测定 7 种人工甜味剂	何欢，曹进[#]，杨茜[*]，郭彦丽[*]	食品安全质量检测学报	2017，8（7）：2459－2464	
31	奶粉中四环素检测能力验证研究	李莉，赵晓宇，李祥胜[*]，候嘉骅[*]，曹进[#]	中国药事	2017，31（6）：617－621	
32	分光光度法测定肉苁蓉多糖含量	李莉，曹进[#]	食品安全质量检测学报	2017，8（7）：2419－2423	
33	食品模拟物中甲醛含量测定的不确定度分析	李莉，曹进[#]，丁宏	中国药师	2017，20（8）：1508－1520	
34	高效液相色谱法测定面粉及其制品中的硫脲	何瑞云[*]，李莉，张鑫[*]，李硕，曹进[#]	食品安全质量检测学报	2017，8（7）：2471－2476	
35	进口染发剂中 32 种染料检出结果分析	李莉，李硕，高家敏，董亚雷，曹进[#]	香料香精化妆品	2017，（5）：59－63	

续表

序号	题目	作者	期刊名称	年份，卷（期）：起止页码	SCI 影响因子
36	高效液相色谱法测定面粉中乙二胺四乙酸二钠的不确定度评定	李硕，李莉，曹进#	食品安全质量检测学报	2017，8（7）：2543－2548	
37	高效液相色谱法检测面粉中的乙二胺四乙酸二钠	李硕，李莉，曹进#	食品安全质量检测学报	2017，8（2）：639－645	
38	从食用农产品产地准出和市场准入制度论我国食用农产品质量安全监管部门间的协调合作	李硕，邓掌*，曹进#	食品安全质量检测学报	2017，8（7）：2377－2382	
39	2016 年全国碘缺乏病实验室水碘检测能力评价	王海燕*，李秀维*，王建强*，赵明辉*，李硕#	中国地方病防治杂志	2017，32（2）：129－130	
40	超高效液相色谱串联四级杆/静电场轨道阱高分辨质谱同时测定含银杏叶提取物保健食品中的萜类内酯和黄酮醇类成分	钮正睿，郑天驰，曹进，李珉*，丁宏#	食品安全质量检测学报	2017，8（7）：2477－2485	
41	超高效液相色谱－四级杆/飞行时间高分辨质谱测定保健食品及其原料中洛伐他汀及类似物的含量	钮正睿，王聪，丁宏，赵阳，曹进#	食品安全质量检测学报	2017，8（7）：2563－2570	
42	草莓中残留植物生长调节剂清洗方法研究	宁霄，金绍明，高文超，曹进，丁宏	食品安全质量检测学报	2017，8（7）：2424－2430	
43	超高效液相色谱－串联质谱法同时测定食品中麦芽酚、乙基麦芽酚、香兰素、甲基香兰素和乙基香兰素	宁霄，何欢，金绍明，曹进，丁宏	食品安全质量检测学报	2017，8（7）：2555－2562	
44	超高效液相串联质谱法同时测定保健食品中 10 种水溶性维生素	宁霄，金绍明，刘雅丹，曹进，丁宏	中国药事	2017，31（4）：392－402	
45	超高效液相色谱－串联质谱法测定酒、牡蛎粉、咖啡中 2 种那非类物质的含量	金绍明，高文超，宁霄，曹进#，丁宏	食品安全质量检测学报	2017，8（7）：2448－2452	
46	不同清洗方法对草莓中农药残留清洗效果的研究	金绍明，宁霄，高文超，何欢，曹进#，丁宏	食品安全质量检测学报	2017，8（7）：2549－2554	
47	检测调味料中罂粟碱壳成分的样品制备方法的改进	金绍明，胡东芳，高广慧，曹进，丁宏，路勇#	理化检验	2017，53（6）：709－712	
48	婴幼儿辅助食品（谷类）中黄曲霉毒素 B_1 的检测能力研究	王聪，钮正睿，梁瑞强，曹进，丁宏	食品安全质量检测学报	2017，8（7）：2414－2418	
49	英美加三国食品监管法规及监督检查现状	张伟清，曹进，陈少洲，丁宏	食品安全质量检测学报	2017，8（2）：683－689	
50	超高效液相色谱－质谱联用法及高效液相色谱法在人工虫草菌丝体中虫草素筛查及含量测定中的应用	张伟清，何欢，罗娇依，曹进	食品安全质量检测学报	2017，8（7）：2516－2521	

续表

序号	题目	作者	期刊名称	年份，卷（期）：起止页码	SCI 影响因子
51	饮料中糖精钠的测定盲样考核研究	张伟清，宁霄，张会亮，曹进，丁宏	中国药师	2017，20（8）：1453－1456	
52	米粉中六六六农药残留测定的能力验证研究	张会亮，黄传峰，孙姗姗，丁宏，曹进	食品安全质量检测学报	2017，8（7）：2453－2458	
53	食品理化实验室数据可靠性管理分析	罗娇依，何欢，曹进#	食品安全质量检测学报	2017，8（7）：2389－2393	
54	乳粉及巧克力中矿物油指标成分的 GC－MS 快速筛查方法	孙姗姗，覃玲，张会亮，罗娇依，曹进#	食品安全质量检测学报	2017，8（10）：4018－4030	0.951
55	乳粉中维生素 B_1 和 B_2 含量测定的能力验证分析	孙姗姗，张会亮，黄传峰#	食品安全质量检测学报	2017，8（7）：2523－2530	0.951
56	饮料中提取酪蛋白的方法选择	孙姗姗，李婷婷，覃玲，张会亮，梁瑞强，曹进#	食品安全质量检测学报	2017，8（7）：2509－2515	0.951
57	火锅食品中罂粟壳成分检测结果的假阳性研究	孙姗姗，覃玲，梁瑞强，张会亮，王海燕#	食品安全质量检测学报	2017，8（7）：2531－2542	0.951
58	黑松露多糖分离纯化与抗炎活性研究	王海燕#，张隆龙，张凤兰，赵晓宇	现代食品科技	2017，33（8）：30－35	
59	“药食同源”植物葛根中总黄酮提取方法的研究进展	王海燕#，赵晓宇，王继双，张隆龙	食品安全质量检测学报	2017，8（10）：3931－3934	
60	人乳脂替代品 1，3－二油酸－2－棕榈酸甘油三酯的研究进展	王海燕，贾艾玲，曹进#	食品安全质量检测学报	2017，8（7）：2502－2508	
61	超高效液相色谱－四极杆/静电场轨道阱高分辨质谱法快速筛查及定量分析减肥类保健品中 20 种非法添加药物	董喆，李梦怡，吴迪，丁宏，曹进	食品安全质量检测学报	2017，8（10）：4031－4038	
62	Characterization of carbapenem resistant Escherichia coli isolates through the whole genome sequencing analysis	Luo Y，Luo R，Ding H，Ren X，Luo H，Zhang Y，Ye L，Cui S	Microbial Drug Resistance	2017，24（2）：	2.306
63	Baird－Parker 琼脂上被抑制的金黄色葡萄球菌的筛选与特征研究	于海瑶，骆海朋，任秀，张庆生，丁宏，孟庆群，王玉杰，雷晓利，崔生辉#	中国食品卫生杂志	2017，29（1）：51－55	
64	基于 DNA 测序方法检测生鲜肉中 5 种动物源性成分	任秀，仝伟建*，骆海朋，谢冠东，陈怡文，刘娜，李佳铱*，余文，崔生辉#	食品安全质量检测学报	2017，8（7）：2394－2400	
65	北京市市售贝类，蔬菜，浆果，即食海产品中诺如病毒污染状况检测及检测方法探析	骆海朋，高飞，于海瑶，仝伟建，任秀，余文，崔生辉	中国食品卫生杂志	2017，（29）：218－222	

续表

序号	题目	作者	期刊名称	年份，卷（期）：起止页码	SCI 影响因子
66	检测诺如病毒的罗氏 LightMix© Kit 方法与行业标准方法（SN/T 2626－2010）的比较研究	骆海朋，康敏华，于海瑶，高飞，任秀，余文，崔生辉	中国食品卫生杂志	2015，8（29）：806－813	
67	市售食品快速检测产品的应用评价与分析	刘婷，曹进，王钢力，张庆生，丁宏#	食品安全质量检测学报	2017，8（7）：2439－2447	
68	花椒籽提取物对副溶血弧菌抑菌作用的研究	刘婷，曹进，丁宏#	食品安全质量检测学报	2017，8（2）：634－638	
69	高温高压加热受试物对细菌回复突变试验结果的影响	刘婷，刘师卜，张杨，张露勇#	食品安全质量检测学报	2017，8（7）：2431－2438	
70	HPLC 法测定罗氟司特片中的有关物质	刘婷，张露勇，刘师卜，张斗胜#	药学研究	2017，36（6）：322－326	
71	大鼠性别及血清保存条件对生化检测结果的影响研究	刘婷，刘师卜，单纯，张露勇#	标记免疫分析与临床	2017，24（3）：326－330	
72	基层食品安全快速检测车辆装备设计	冯克然，黄湘鹭，张庆生，宋钰，刘婷，丁宏#	食品安全质量检测学报	2017，8（8）：2873－2879	
73	HPLC 测定新疆紫草不同部位中 8 种羟基萘醌的含量	昝珂，郑凰雅*，刘杰，过立农，郑健#，马双成#	中国中药杂志	2017，42（13）：2532－2537	
74	基于特征图谱及多指标成分含量的云南重楼野生与栽培品比较研究	昝珂，高宇明*，崔淦*，刘杰，过立农，郑健#，马双成#	中国中药杂志	2017，42（15）：3011－3016	
75	基于特征图谱及多指标成分含量的冬虫夏草野生与人工繁育品比较研究	昝珂，黄莉莉*，过立农，刘杰，郑健#，马双成#，钱正明*，李文佳*	中国中药杂志	2017，42（20）：3957－3962	
76	HPLC 法同时测定民族药材青阳参中 6 种酚类成分的含量	昝珂，黄莉莉*，刘杰，过立农，张雯洁*，郑健#，马双成#	药物分析杂志	2017，37（8）：1447－1452	
77	UPLC 法同时测定云南重楼栽培品中 11 种皂苷的含量	昝珂，高宇明*，崔淦*，刘杰，过立农，郑健#，马双成#	药物分析杂志	2017，37（9）：1572－1577	
78	HPLC 法测定藏药独一味及其伪品糙苏中 7 个成分含量	过立农，谢艳*，刘杰，马双成，昝珂#，郑健#	药物分析杂志	2017，37（10）：1845－1850	
79	冬虫夏草人工繁育品与野生品基于甾醇特征图谱的比较研究	过立农，张美*，刘杰，马双成，钱正明*，李文佳*，昝珂#，郑健#	中国药事	2017，31（8）：951－959	
80	菥蓂 HPLC 指纹图谱的建立和 2 种碳苷成分的含量测定	过立农，郑凰雅*，刘杰，马双成，昝珂#，郑健#	中国药事	2017，31（9）：1032－1038	

续表

序号	题目	作者	期刊名称	年份，卷（期）：起止页码	SCI 影响因子
81	一测多评法测定藏药小米辣中 3 种辣椒碱的含量	过立农，崔淦*，刘杰，马双成，昝珂#，郑健#	中国药事	2017，31（7）：760－767	
82	制备液相快速分离制备蒙药草乌叶的主要生物碱对照品	过立农，张华*，刘杰，马双成，昝珂#，郑健#	中国药事	2017，31（10）：74－78	
83	药检系统中药民族药标本数字化需求的调查分析	连超杰，康帅，于健东，鲁静，魏爱华，马双成#	中国药事	2017，31（2）：139－145	
84	基于 CNKI 期刊数据库的国内数字化标本文献分析	连超杰，康帅，于健东，鲁静，魏爱华，马双成#	中国药事	2017，31（4）：374－380	
85	以人参和西洋参为例的中药材商品规格等级评价方法研究	张南平，张萍，余坤子，魏锋，马双成	药物分析杂志	2017，37（10）：1950－1955	
86	An efficient approach in establishment of the purity of chemical reference standards of natural products based on a column characterizationdatabase	王明娟，戴忠#，马双成#，金红宇，Hoogmartens Jos*，Adams Erwin*	色谱	2017，35（2）：196－202	
87	基于 UGT1A1 酶介导的胆红素代谢考察大黄素在肝微粒体体系中的肝毒性	汪祺，戴忠，张玉杰*#，马双成#	中国中药杂志	2016，41（23）：4424－4427	
88	基于二相代谢酶介导的胆红素代谢考察何首乌体内外毒性	汪祺，戴忠，张玉杰*#，马双成#	中国药学杂志	2016，51（22）：1929－1933	
89	基于二相代谢酶考察何首乌中主要单体肝毒性	汪祺，张玉杰*，戴忠#，马双成#	药物分析杂志	2016，36（12）：2122－2126	
90	基于特异质大鼠胆红素相关转运体功能抑制探讨首乌藤肝损伤机制	李红品*，朱虹宇*，高兴*，马鹏凯*，陈建华*，毕欣宁*，汪祺#，张玉杰*#	中国中药杂志	2017，42（18）：3591－3595	
91	雷酚内酯的波谱学数据与结构确证	王菲菲，张聿梅，何轶，戴忠，马双成，刘斌	波谱学杂志	2017，（1）：34－42	
92	Structural and quantitative analysis of three C－glycosylflavones by variable temperature proton quantitative nuclear magnetic resonance	Jing Liu，Yang Liu，Zhong Dai，Lan He，Shuangcheng Ma#	Journal of Analytical Methods in Chemistry	2017：4934309	1.801
93	牛黄镇惊丸对斑马鱼胚胎发育的影响	刘静，张靖溥*，孟杰*，戴忠#，马双成#	药物评价研究	2017，40（7）：931－934	
94	中药中常见染色成分分析	刘静，戴忠#，何轶，鲁静，马双成#	中国药事	2017，31（4）：364－373	
95	UPLC 法同时测定注射用丹参（冻干）中 6 种酚酸的含量	刘静，于健东，戴忠，马双成#	分析试验室	2017，36（7）：754－757	

续表

序号	题目	作者	期刊名称	年份，卷（期）：起止页码	SCI 影响因子
96	中药化学对照品标定常见问题分析	刘静，何轶，张聿梅，戴忠#，马双成#	中国药事	2017，31（10）：1171－1175	
97	Stereospecific Assay of（R）－and（S）－Goitrin in Commercial Formulation of Radix Isatidis by Reversed Phase High－Performance Liquid Chromatography	Lixing Nie，Zhong Dai，Shuangcheng Ma#	Journal of Analytical Methods in Chemistry	2017：2810565	1.8
98	聚山梨酯 80 质量检测方法研究概况	聂黎行，何雨晴*，戴忠，于健东，马双成#	药物评价研究	2017，40（7）：1005－1012	
99	便携式 X 射线荧光光谱快速无损分析牛黄清心丸（局方）中汞，砷含量及均匀度	聂黎行，张烨*，朱俐，戴忠，马双成#	光谱学与光谱分析	2017，37（10）：3225－3228	0.34
100	近红外光谱法结合模式识别技术快速无损鉴别天然牛黄、体外培育牛黄和人工牛黄	聂黎行，张烨*，胡晓茹，刘燕，戴忠，马双成#	药物分析杂志	2017，37（10）：1897－1903	
101	国际植物药监管合作组织（IRCH）的发展历程及对我国植物药监管的启示	聂黎行，马双成#，张颖*，王海南*	中国药事	2017，31（11）：1281－1284	
102	近红外光谱技术结合竞争自适应重加权采样算法用于中药定量分析	聂黎行，戴忠，马双成#，张晓楠*，解素花*	中国实验方剂学杂志	2017，23（11）：45－49	
103	对《中华人民共和国药典》2015 年版朱砂及其制剂标准的分析和探讨	聂黎行，戴忠，姚令文，马双成#	中国新药杂志	2017，26（19）：2251－2260	
104	中药对照制剂研制指导原则和技术要求	聂黎行，戴忠，马双成#	中国中药杂志	2017，（10）：3672－3675	
105	藿香正气水快速质量评价（Ⅰ）－化学计量学辅助的 UPLC 指纹图谱研究	聂黎行，何雨晴*，戴忠，于建东，马双成#	中国药学杂志	2017，52（20）：1862－1866	
106	反相离子对高效液相色谱波长切换法测定复方苦参水杨酸散中 4 个成分的含量	张申亮*，聂黎行#	中国药师	2017，20（6）：1035－1037	
107	HPLC 法同时测定小儿清咽颗粒中 5 种成分的含量	张申亮*，聂黎行#	中国药师	2017，28（21）：3004－3007	
108	安宫牛黄丸（体外培育牛黄）中胆酸与牛磺胆酸的含量测定及比例研究	胡晓茹[1]，周若怡[2]，程显隆，王明娟[1]，张萍[1]，陆以云[1]，戴忠[1*]，马双成[1*]	药物分析杂志	2017，37（10）：1817－1823	
109	跌打活血散稳定性评价	何风艳，何轶#，胡晓茹，戴忠#，马双成	中成药	2017，39（2）：433－435	
110	中药材提取前后重金属及有害元素转移率和分级别风险评估的研究	左甜甜，张磊，金红宇，马双成	药物分析杂志	2017，37（8）：1399－1406	

续表

序号	题目	作者	期刊名称	年份，卷（期）：起止页码	SCI 影响因子
111	ICP－MS 法测定 18 种动物药中重金属及有害元素的残留量及初步风险分析	左甜甜，李耀磊，金红宇，马双成	药物分析杂志	2017，37（2）：237－242	
112	免疫亲和净化 HPLC 柱后光化学衍生荧光法测定动物药中黄曲霉毒素	刘丽娜，李耀磊，金红宇*，马双成	中草药	2017，4（6）：1220－1224	
113	银杏叶提取物及其制剂质量监督专项工作中的风险控制	刘丽娜，金红宇*，何轶，李耀磊，胡晓茹，戴忠，马双成	药物分析杂志	2017，37（6）：1081－1086	
114	枸杞中拟除虫菊酯类农药残留水平及累积暴露评估	王莹[1]，金红宇[1]，隋海霞[2]，张磊[2]，马双成[1]	中国食品卫生杂志	2017，29（5）：616－620	
115	高效液相质谱联用法测定鸡肉中洛克沙胂	王莹[1,2]，田亚平[1]*，陈洋[3]，姜艳彬[1]，王海[1]	畜牧与兽医	2017，49（4）：58－60	
116	超高效液相色谱－串联质谱法同时测定中药材中 23 种植物生长调节剂残留量	魏赫，金红宇*，王莹，马双成*	中草药	2017，（48）8：1653－1660	
117	A simple method for HPLC retention time prediction: linear calibration using two reference substances	Lei Sun, Hongyu Jin, Runtao Tian*, Mingjuan Wang, Lina Liu, Liuping Ye*, Tiantian Zuo, Shuangcheng Ma#	Chinese Medicine	2017，12（1）：16	1.508
118	A holistic strategy for quality and safety control of traditional Chinese medicines by the "iVarious" standard system	Anzhen Chen*, Lei Sun, Hang Yuan*, Aiying Wu*, Jingguang Lu*, Shuangcheng Ma#	Journal of Pharmaceutical Analysis	2017，（7）：271－279	
119	Distinguishing the Chinese Materia Medica Tiepishihu from Similar Dendrobium Species of the Same Genus Using Histological and Microscopic Method	Kun Zi Yu, Hua Yan, Hai Chuan Tai*, Nan Ping Zhang, Xian Long Cheng, Zeng Xi Guo*, Shuang Cheng MA#, Feng Wei#	Microscopy Research and Technique	2017，80（7）：745－755	1.146
120	近期市售五加皮掺伪情况分析	余坤子，程显隆，魏锋#，马双成	中国药事	2017，31（9）：1045－1051	
121	中药材掺伪染色鉴别技术研究进展	余坤子，陆以云，张南平，麻思宇，程显隆，马双成#，魏锋#	中国药事	2017，31（11）：1311－1316	
122	CMTM8 is Frequently Downregulated in Multiple Solid Tumors	Wenjuan Zhang, Hui Qi, Xiaoning Mo, Qianying Sun, Ting Li, Quansheng Song, Kexin Xu, Hao Hu, Dalong Ma, Ying Wang	Applied Immunohistochemistry & Molecular Morphology	2017，25（2）：122－128	1.553

续表

序号	题目	作者	期刊名称	年份，卷（期）：起止页码	SCI 影响因子
123	猪胆粉 HPLC – ELSD 全轮廓谱图主要胆汁酸测定及化学计量学分析	石岩，耿颖，郑天骄*，魏锋，林瑞超，马双成	药物分析杂志	2017，37（2）：283 – 289	
124	Identification of four cornua by ultra – performance liquid chromatography with time – of – flight mass spectrometry coupled with principal component analysis	Cheng XL，Zhang QQ，Li MH，Yan H，Yu KZ，Zhou JL，Li SP，Wei F，Ma SC	Journal of Separatioin Science	2017，40（8）：1667 – 1673	2. 557
125	人工牛黄薄层指纹图谱多元图像分析及化学计量学研究	姚令文，石岩#，孙冬梅*，程显隆，魏锋#，马双成	中国中药杂志	2017，42（11）：2117 – 2122	
126	中药黄芪指纹图谱的研究进展	汪海斌*，石岩#，李芳*，王德胜*，魏锋，马双成	中国药房	2017，28（33）：4749 – 4751	
127	探索气泡上升法测定蚓激酶效价	刘莉莎，黄素娟*，范慧红#	中国生化药物杂志	2017，11（37）：16 – 18	
128	国产滴眼液中常用抑菌剂的应用分析与评价	肖璜，戴翚，杨美琴，王似锦，胡昌勤，马仕洪#	药学研究	2017，36（9）：519 – 522	
129	国产氧氟沙星滴眼液中抑菌剂使用现状分析	杨美琴，曹莹*，戴翚，马仕洪，胡昌勤#	中国抗生素杂志	2017，42（6）：516 – 520	
130	紫外分光光度法用于青霉素酶活力测定的研究	马韦钰*，马仕洪	药物分析杂志	2017，37（6）：1142 – 1145	
131	光纤溶出法在吲哚美辛凝胶膏剂释放度检测中的应用	邢绍蓉*，陈华#，左宁	药物分析杂志	2017，37（5）：771 – 776	
132	药品检验领域能力验证统计方法研究	赵新玥*，陈华#	中国药学杂志	2017，52（4）：319 – 322	
133	离子色谱法测定枸橼酸芬太尼原料药和注射液中枸橼酸的含量	马迅，李盼盼*，刘桂霞*，宗艳平*，孙伟*，山广志*，陈华，南楠#	中国药房	2017（18）：2536 – 2538	
134	Validated LC – MS – MS Method for Simultaneous Analysis of 17 Barbiturates in Horse Plasma for Doping Control	Ying Liu#，Cornelius E. Uboh*，Xiaoqing Li*，Fuyu Guan*，Youwen You*，George A Maylin*，Fengchang Zhu*，Lawrence R Soma*	Journal of Analytical Toxicology	2017，41（5）：431 – 440	2. 4089
135	液质联用检索数据库技术快速检测祛痘类化妆品中的 17 种添加药物	刘颖，张帆，常艳，薛晶，姚尚辰，胡昌勤#	药物分析	2017，37（9）：1693 – 1700	
136	药品中残留溶剂的控制理念及测定方法的应用	刘颖，王志军*，董欣，王玫，朱凤昌*，胡昌勤#	中国新药杂志	2017，26（17）：2040 – 2045	
137	《中国药典》2015 年版残留溶剂测定法的应用	刘颖，王志军*，董欣，薛晶，朱凤昌*，胡昌勤#	中国药学杂志	2017，52（17）：1558 – 1562	

续表

序号	题目	作者	期刊名称	年份，卷（期）：起止页码	SCI 影响因子
138	头孢拉定二水合物杂质谱研究	刘颖，孙筱*，田冶，薛晶，朱凤昌*，胡昌勤#	中国药学杂志	2017，52（18）：1639－1643	
139	LC－MS/MS 法定量测定马血浆中地塞米松浓度的研究	刘颖，朱凤昌*，张华吉*，胡昌勤#	中国药物评价	2017，34（4）：252－254	
140	高效分子排阻色谱法研究注射用头孢替安高分子杂质	张斗胜，李进，王琰，胡昌勤#	医药导报	2017，2（36）：202－204	
141	国产注射用磺苄西林钠的质量评价	王立新，王晨，张斗胜，胡昌勤#	中国抗生素杂志	2017，42（6）：454－459	
142	Rapid Analysis of the Quality of Amoxicillin and Clavulanate Potassium Tablets Using Diffuse Reflectance Near－Infrared Spectroscopy	Xiao－Meng Chong，Wen－Bo Zou，Shang－Chen Yao，Chang－Qin Hu#	AAPS PharmSciTech	2017，18（4）：1311－1317	2.451
143	阿莫西林克拉维酸钾复方制剂中聚合物杂质的分析	李进，张培培，崇小萌，姚尚辰，胡昌勤#	药物分析杂志	2017，37（8）：1430－1440	
144	Structure－toxicity relationship of cefoperazone and its impurities to developing zebrafish by transcriptome and Raman analysis	Ying Han，Jianqin Qian*，Jingpu Zhang*，Changqin Hu#，Chen Wang	Toxicology and Applied Pharmacology	2017，327（7）：39－51	3.847
145	Toxic effect prediction of cefatirizine amidine sodium and its impurities by structure－toxicity relationship of cephalosporins	Jianqin Qian*，Ying Han，Jin Li，Jingpu Zhang*，Changqin Hu#（共同第一作者）	Toxicology in Vitro	2018，（46）：137－147	3.338
146	Embryo and Developmental Toxicity of Cefazolin Sodium Impurities in Zebrafish	Bo Chen*，Zhu－Qing Gao*，Ying Liu，Yang－Min Zheng*，Ying Han，Jing－Pu Zhang*，Chang－Qin Hu#	Frontiers in Pharmacology	2017，（8）：403	4.4
147	Selecting optimal columns for clarithromycin impurity analysis according to the quantitative relationship of hydrophobic subtraction model	Xia Zhang，Changqin Hu*	Journal of Pharmaceutical and Biomedical Analysis	2017，（136）：162－169	3.3
148	Identification of impurities in macrolides by liquid chromatography－mass spectrometric detection and prediction of retention times of impurities by constructing quantitative structure－retention relationship（QSRR）	Xia Zhang，Jin Li，Chen Wang，Danqing Song，Changqin Hu#	Journal of Pharmaceutical and Biomedical Analysis	2017，（145）：262－272	3.3

续表

序号	题目	作者	期刊名称	年份，卷（期）：起止页码	SCI 影响因子
149	Application of quality by design concept to develop a dual gradient elution stability – indicating method for cloxacillin forced degradation studies using combined mixture – process variable models	Xia Zhang，Changqin Hu#	Journal of Chromatography A	2017，1514：44 – 53	3.9
150	国产醋酸麦迪霉素颗粒剂的质量评价	姚尚辰，张夏，胡昌勤#	中国抗生素杂志	2017，42（6）：496 – 502	
151	Study on a noninvasive method for rapid screening Human Serum albumin injectables by Raman spectroscopy	ZHAO Yu，JI Nan，YIN Lihui#	Journal of Innovative Optical Health Sciences	2017，10（1）：1650030 – 1 ~ 9	1.12
152	X 射线荧光光谱法快速检测化妆品中的 15 种重金属	朱俐，王瑾，尹利辉#	分析实验室	2017，36（9）：1084 ~ 1087	
153	拉曼光谱中荧光抑制技术的研究新进展综述	王欢，王永志，赵瑜，朱俐，尹利辉#	光谱学与光谱分析	2017，（37）：1 – 7	
154	2015 年版《中国药典》澄清度检查法研究	常艳，余方键，胡昌勤#	中国药学杂志	2017，（9）：802 – 808	
155	解析 2015 年版中国药典有关生化药的生物测定问题	张筱红*李湛军#	中国生化药物杂志	2017，37（8）：446 – 8	
156	Isoform separation and structural identification of mono – PEGylated recombinant human growth hormone（PEG – rhGH）with pH gradient chromatography	Xiufeng Qina*，Jing Li（共第一作者），Yong Li*，Yiru Gana*，He Huang*，Chenggang Liang#	Journal of Chromatography B	2017，1044 – 1045：206 – 213	2.6
157	重组人促卵泡激素 N 末端不均一性分析方法研究	杨少慧*，李晶#（共通讯作者），梁成罡#	药物分析杂志	2017，37（5）：889 – 896	
158	蛋白酶消化结合荧光定量 PCR 法和杂交法检测重组人胰岛素中 E. coli 细胞 DNA 残留量的比较	王杰*，吕萍，张慧，李晶，丁晓丽，魏云林*，梁成罡#	药物分析杂志	2017，37（5）：846 – 851	
159	Tetraphenylethylene – Based Gemini Surfactant as Nonviral Gene Delivery System：DNA Complexation，Gene Transfection and Cellular Tracking	Ke – Xin Zhang*，Ai – Xiang Ding*，Zheng – Li Tan*，You – Di Shi*，Zhong – Lin Lu*，Lan He#	Journal of Photochemistry and Photobiology A	2018，355：338 – 349	2.6
160	Degradable polyesters via ring – opening polymerization of functional valerolactones for efficient gene delivery	Ling Song*，Ai – Xiang Ding*，Ke – Xin Zhang*，Bing Gong*，Zhong – Lin Lu*，Lan He#	Organic & Biomolecular Chemistry	2017，15（31）：6567 – 6574	3.6
161	Amphiphilic oligoamides as versatile，acid – responsive gelators	Qiang Pei*，Quan Tang*，Zheng – Li Tan*，Zhong – Lin Lu*，Lan He#，Bing Gong*	RSC Advances	2017，7（36）：22248 – 22255	3.1
162	NO – Responsive vesicles as a drug delivery system Chemical Communications	Zhi – Heng Li*，Zheng – Li Tan*，Ai – Xiang Ding*，Bing Gong*，Zhong – Lin Lu*，Lan He#	Chemical Communications	2017，53（25）：3535 – 3538	6.3

续表

序号	题目	作者	期刊名称	年份，卷（期）：起止页码	SCI 影响因子
163	Methods for the detection and determination of nitrite and nitrate：A review	Qiu－Hua Wang*，Li－Ju Yu，Yang Liu，Lan Lin，Ri－gang Lu*，Jian－ping Zhu*，Lan He# Zhong－Lin Lua*	Talanta	2017，165：709－720	4.2
164	种撞击器测定异丙托溴铵气雾剂体外沉积性质的比较	宁保明#，高蕾*，魏宁漪，周颖，林兰	中国新药杂志	2017，26（19）：2319	
165	吸入制剂空气动力学粒径分布测定浅析	宁保明#，高蕾*，魏宁漪，周颖，林兰，陈翠翠	中国新药杂志	2017，26（12）：1433	
166	药品质量标准执行过程中的几个关注点	李婕，张娜，李健，张庆，何兰#，杨化新#	中国药事	2017，31（2）：170－173	
167	化学药品图谱数据库的构建与应用	李婕，袁松，张红，黄海伟#，林兰#	化学教育	2017，38（24）：47－50	
168	差示扫描量热法在化学药品对照品纯度分析中的应用	刘毅，吴建敏，鲁涓，李玉巍，宁保明，林兰	中国新药杂志	2017，26（10）：1115－1118	
169	离子色谱法测定盐酸伐昔洛韦中的氯离子	刘朝霞，李婕，吴健敏#，何兰#	中国新药杂志	2017，26（3）：271－273	
170	HPLC－DAD－MS 法测定异丙托溴铵原料药中有关物质	周颖，魏宁漪，高蕾，何兰，宁保明#	现代药物与临床	2017，32（10）：1815－1818	
171	扎那米韦粉雾剂空气动力学粒径分布与药物载体的结合	周颖，魏宁漪，林兰，宁保明#	中国新药杂志	2017，26（19）：2315－2318	
172	多方法测定硫酸沙丁胺醇吸入粉雾剂空气动力学粒径分布	周颖，魏宁漪，林兰，宁保明#	中国新药杂志	2017，26（12）：1428－1432	
173	D－赖氨酸、L－谷氨酰胺和 L－酪氨酸对格列美脲及其顺式异构体识别的电喷雾质谱法研究	耿颖，张才煜，戴田行*，何兰#	药物评价研究	2017，40（6）：792－796	
174	基于 X－Charge 色谱柱的 HPLC 法测定卡巴肼原料药含量和有关物质	李姮*，耿颖#	中国药品标准	2017，18（1）：34－36	
175	双级撞击器法与安德森撞击器法的比较	魏宁漪，周颖，高蕾，林兰，宁保明#	中国新药杂志	2017，26（19）：2324－2327	
176	激光散射法测定注射用醋酸亮丙瑞林微球粒径及其分布	郭宁子，辛中帅*，孙悦，杨化新#	中国新药杂志	2017，26（8）：886－892	
177	Absolute quantification of poly（DL－lactide－co－glycolide）in microspheres using quantitative ^1H NMR spectroscopy	Qi Zhang[1]，Ningzi Guo[1]，Yue Sun，Xiaodong Li，Xinyue Xiao，Huaxin Yang#	Journal of Pharmaceutical and Biomedical Analysis	2017，146：273－278	3.255

续表

序号	题目	作者	期刊名称	年份，卷（期）：起止页码	SCI 影响因子
178	实验室化学药品熔点测定能力验证研究	熊婧，刘雅丹，宁保明，刘毅，何兰，项新华，吴建敏#	中国药师	2017，(2)：386－388	
179	核磁共振法测定甲磺酸阿帕替尼原料药中甲磺酸阿帕替尼	秦雯雯*，袁松，张晓明*，岳昊坤*，刘阳#，杨平荣*	现代药物与临床	2016（17），1887	
180	^{19}F 核磁共振定量技术在药品检验中的应用	刘阳，何兰#	中国科技成果	2017，18（11）：38－39	
181	Rapid analysis of drug dissolution by paper spray ionization mass spectrometry	Yang Liu，Ning Liu，Ya－nan Zhou，Lan Lin，Lan He#	Journal of Pharmaceutical and Biomedical Analysis	2017，136，106－110	3.3
182	甲钴胺的引湿性探讨	张娜　黄海伟　熊婧　宁保明#	中国药事	2017，31（10）：79－83	
183	新型体外热原检测法的研究进展	贺庆，高华，谭德讲，王军志#	中国新药杂志	2017，26（4）：45	
184	细菌内毒素检查法超标结果的处理方法	裴宇盛，蔡彤，张国来，高华#	科技导报	2017，35（10）：71－75	
185	体外人外周血单个核细胞热原检测法用于 ACYW135 群脑膜炎球菌多糖疫苗的方法学研究	蔡彤，张媛，贺庆，刘倩，杜颖，陈晨，高华#	科技导报	2017，35（17）：88－91	
186	The Suitability of Haemorrhagic Fever with Renal Syndrome Bivalent Vaccine for Human Peripheral Blood Mononuclear Cell in vitro Pyrogen Test	Cai Tong，Zhang Yuan，He Qing，Liu Qian，Pei Yusheng，Chen Chen，Gao Hua#	Journal of Applied Virology	2017，6（3）：19－25	
187	The establishment of the 3rd national reference standard for TAL	Cai Tong，Zhang Luolai，Pei Yusheng，Gaohua#	Journal of Applied Virology	2017，6（3）：50－54	
188	胃泌素及其与肿瘤关系的研究进展	贺庆，戚胜美*，高华，王军志#	药物分析杂志	2017，37（8）：1347－1356	
189	第 1 批尿促卵泡素国家标准品的标定	吴彦霖，张媛，万龙岩，高华#	中国新药杂志	2017，26（20）：2376－2379	
190	肝素结合力法测定硫酸鱼精蛋白生物效价的可行性研究	张媛，李震*，谭德讲，高华#，杨化新#	药物分析杂志	2017，37（7）：1260－1265	
191	生化药物生物活性测定方法及其替代方法研究	李震*，张媛，高华#	科技导报	2017，35（13）：66－69	
192	Establishment of the 8th National Standard of Endotoxin，	Tong Cai，Yusheng Pei，Guolai Zhang，Chen Chen，Hua Gao#	Journal of Chinese Pharmaceutical Sciences	2017，26（10）：717－720	
193	Synthesisand evaluation of 1－phenyl－^{1}H－1，2，3－triazole－4－carboxylic acid derivatives as xanthine oxidase inhibitors	Ting－jian Zhang*，Qing－xia Wu*，Song－ye Li*，Lin Wang*，Qi Sun*，Yi Zhang*，Fan－hao Meng*，Hua Gao#	Bioorganic & Medicinal Chemistry Letters	2017，27：3812－3816	2.454

续表

序号	题目	作者	期刊名称	年份，卷（期）：起止页码	SCI 影响因子
194	破伤风抗体体外结合 ELISA 检测方法的建立及初步验证	董国霞，田霖，晁哲，侯启明，马霄	中国生物制品学杂志	2017，30（19）：969－972，976	
195	第三批吸附白喉类毒素国家标准品的制备和标定	谭亚军，马霄等	中国生物制品学杂志	2017，30（9）：977－980、985	
196	肺炎链球菌蛋白 PspC 的制备与鉴定	谭亚军，马霄等	中国医药生物技术	2017，12（5）：397－401	
197	血清白喉和破伤风抗体检测方法的建立及应用	谭亚军，马霄等	国际检验医学杂志	2017，38（16）：2237－2239、2242	
198	肺炎链球菌蛋白 PLYd 和 PsaA 的制备与鉴定	谭亚军，马霄等	中国新药杂志	2017，26（11）：1266－1271	
199	SEA 为载体蛋白的 A/C 群脑膜炎奈瑟菌结合物初步免疫效果评价	王丽婵，谭亚军，卫辰，张华捷，骆鹏，张庶民，马霄	微生物学免疫学进展	2017，45（2）：55－61	
200	首批百日咳杆菌鼠源抗血清国家参考品的制备和标定	王丽婵，马霄等	微生物学免疫学进展	2017，45（4）：17－20	
201	第二代百日咳疫苗毒性国家标准品的建立	骆鹏，卫辰，马霄	微生物学免疫学进展	2017，45（4）：21－26	
202	两种 Lowry 法检测百日咳疫苗原液蛋白含量的比较	卫辰，马霄等	中国生物制品学杂志	2017，30（5）：519－524	
203	Detailed analysis of BALB/c mice challenged with wild type rotavirus EDIM provide an alternative for infection model of rotavirus	Du Jialiang，Lan Zhiling*，Liu Yueyue，Liu Yan，Li Yanchao*，Li Xiangming*，Guo Tai#	Virus Research	2017，228：134－140	2.628
204	Norovirus，the next generation for vaccine development in China	Du Jialiang，Guo Tai#	Journal of Applied Virology	2017，6（2）：11－18	
205	非洲绿猴肾细胞中猪圆环病毒 1 型的检测	刘艳，于晴川，杜加亮，刘悦越，李东*，高加梅，范行良，张韵祺*，赵荣荣，国泰#	国际生物制品学杂志	2017，40（2）：62－66	
206	伤寒 Vi 多糖疫苗内毒素检测	梁昊宇，蔡彤，裴宇盛，曾明，王斌#	中国药事	2017，31（7）：780－784	
207	甲型副伤寒沙门菌菌体抗原单克隆抗体的制备及其初步应用	梁昊宇，董思国，曾明，王斌#	中国生物制品学杂志	2017，30（6）：628－632	
208	Examine the Correlation between Heat Shock Protein IbpA and Heat Tolerance in Cronobacter sakazakii	ZHAO Zhi Jing，WANG Bin，LIANG Hao Yu，DONG Si Guo，ZENG Ming#	Biomedical and Environmental Sciences	2017，30（8）：606－610	2.2

续表

序号	题目	作者	期刊名称	年份，卷（期）：起止页码	SCI 影响因子
209	Establishment of national reference for bunyavirus nucleic acid detection kits for diagnosis of SFTS virus	Xu Lu，Ling Wang，Dongting Bai，Yuhua Li#	Virology Journal	2017，14：32	2.139
210	Naturally Occurring Single Amino Acid Substitution in the L1 Major Capsid Protein of Human Papillomavirus Type 16：Alteration of Susceptibility to Antibody – Mediated Neutralization	Tingting Ning，Aaron Wolfe*，Jianhui Nie，Weijin Huang，Xiaojiang S. Chen*，Youchun Wang#	The Journal of Infectious Diseases	2017，216：867 – 76	6.273
211	Current status on the development of pseudoviruses for enveloped viruses	Qianqian Li，Qiang Liu，Weijin Huang，Xuguang Li*，Youchun Wang#	Reviews in Medical Virology	2017，28（1）	5.439
212	浅谈美国 FDA 有关疫苗的加速审评及动物法则	陈庆华，罗建辉，王佑春	中国新药杂志	2017，26（20）：2411 – 2416	
213	Development of in vitro and in vivo rabies virus neutralization assays based on a high – titer pseudovirus system	Jianhui Nie，Xiaohong Wu，Jian Ma，Shouchun Cao，Weijin Huang，Qiang Liu，Xuguang Li*，Yuhua Li & Youchun Wang#	Scientific Seports	42769（2017）	4.2589
214	Development and optimization of a sensitive pseudovirus – based assay for HIV – 1 neutralizing antibodies detection using A3R5 cells	Qingqing Chen，Jianhui Nie，Weijin Huang，Yanmei Jiao*，Lan Li*，Tong Zhang*，Juan Zhao，Hao Wu*，Youchun Wang#	Human Vaccines & Immunotherapeutics	2018，14（1）：199 – 208	2.157
215	Valuable antibody detection method for classifying hepatitis E virus genotypes	Zhao C，Geng Y*，Huang W，Ma H*，Wang Y#	Joural of Medical virology	2018，90（1）：142 – 147	1.998
216	Development and application of a bioluminescent imaging mouse model for Chikungunya virus based on pseudovirus system	Wu J，Zhao C，Liu Q，Huang W，Wang Y#	Vaccine	2017，35（47）：6387 – 6394	3.235
217	Antibody – dependent – cellularcytotoxicity – inducing antibodies significantly affect the postexposure treatment of Ebola virus infection	Qiang Liu，Changfa Fan，Qianqian Li，Shuya Zhou*，Weijin Huang，Lan Wang，Chunyun Sun*，Meng Wang，Xi Wu，Jian Ma，Baowen Li，Liangzhi Xie*，Youchun Wang#	Scientific Reports	45552（2017）	4.259
218	Biodistribution and residence time of adenovector serotype 5 in normal and immunodeficient mice and rats detected with bioluminescent imaging	Qiang Liu，Shuya Zhou*，Changfa Fan，Weijin Huang，Qianqian Li，Susu Liu，Xi Wu，Baowen Li，Youchun Wang	Scientific Reports	3597（2017）	4.259

续表

序号	题目	作者	期刊名称	年份，卷（期）：起止页码	SCI 影响因子
219	Neutralizing antibodies against adenovirus type 2 in normal and HIV - 1 - infected subjects: Implications for use of Ad2 vectors in vaccines	Qianqian Li，Qiang Liu，Weijing Huang，Aijing Song，Chenyan Zhao，Jiajing Wu，Youchun Wang#	Human Vaccines & Immunotherapeutics	2017，13（6）：1433 - 1440	2.157
220	An LASV GPC pseudotyped virus based reporter system enables evaluation of vaccines in mice under non - BSL - 4 conditions	Qianqian Li，Qiang Liu，Weijin Huang，Jiajing Wu，Jianhui Nie，Meng Wang，Chenyan Zhao，Li Zhang，Youchun Wang#	Vaccine	2017，35（38）：5172 - 5178	3.235
221	A bioluminescent imaging mouse model for Marburg virus based on a pseudovirus system	Li Zhang，Qianqian Li，Qiang Liu，Weijin Huang，Jianhui Nie，Youchun Wang#	Human Vaccines & Immunotherapeutics	2017，13（8）：1811 - 1817	2.157
222	CD63 在戊型肝炎病毒感染中的作用机制	张黎，温智恒*，田亚宾，黄维金，王佑春#	微生物与感染	2017，12（6）：348 - 354	
223	马尔堡病毒 G 蛋白相关抗体和疫苗的研究进展	张黎，李倩倩，黄维金，王佑春#	中华微生物学和免疫学杂志	2017，37（16）：467 - 473	
224	我国卡介苗生产用菌株动物保护效力的历史总结	赵爱华，徐苗，王国治	中华结核和呼吸杂志	2017，40，（7）：554 - 558	
225	新一代抗结核分枝杆菌疫苗将会建立在现用卡介苗的基础上吗	赵爱华，徐苗，王国治	微生物与感染	2017，12（4）：206 - 210	
226	布氏菌 104M 变异株毒力及保护力研究	魏东，李天柱*，陈成，尤明强*，王国治#	微生物学免疫学进展	2017，45（4）：13 - 16	
227	金黄色葡萄球菌噬菌体效价测定方法的建立	魏东，谢安平，陈成，王国治#	中国医药生物技术	2017，12（3）：277 - 279	
228	鼠疫疫苗在食蟹猴模型中的免疫学评价	魏东，陈成，卢锦标，吴智远*，常雅莉*，焦磊*，王秉翔*，王国治#	国际生物制品学杂志	2017，40（1）：9 - 12	
229	抗布鲁菌血清标准品的研制	魏东，陈成，李恪梅，赵爱华，王国治#	中国卫生检验杂志	2017，27（15）：2129 - 2130	
230	异烟肼联合重组结核疫苗 AEC/BC02 对结核分枝杆菌感染豚鼠的治疗效果评价	卢锦标，沈小兵，苏城，杨蕾，都伟欣，王国治，陈保文#	中国防痨杂志	2017，39（2）：123 - 128	
231	结核病诊断中酶联免疫斑点试验检测试剂临床应用的风险评估与控制	杨蕾，卢锦标，都伟欣，王国治，陈保文#	中国防痨杂志	2017，39（8）：894 - 897	
232	A neonatal mouse model of coxsackievirus A10 infection for anti - viral evaluation	Li S*，Zhao H*，Yang L*，Hou W*，Xu L*，Wu Y*，Wang W*，Chen C*，Wan J*，Ye X*，Liang Z，Mao Q#，Cheng T#*，Xia N*	Antiviral Res	2017，144：247 - 255	4.2709

续表

序号	题目	作者	期刊名称	年份，卷（期）：起止页码	SCI 影响因子
233	Development of a pseudovirus based assay for measuring neutralizing antibodies against coxsackievirus B5	Chen P，Wu X，Su Y，Hao X，Mao Q，Liang Z#	Joural of Virological Methods	2017，246：21 – 26	1. 6929
234	Seroepidemiology of Coxsackievirus B5 in infants and children in Jiangsu province，China	Gao F，Bian L，Hao X，Hu Y*，Yao X，Sun S，Chen P，Yang C，Du R，Li J*，Zhu F*，Mao Q#，Liang Z#	Human Vaccines & Immunotherapeutics	2018，14（1）：74 – 80	2. 157
235	Robust Antibody and Cytokine Response to Hepatitis B Vaccine Among Not – in – Treatment Patients With Chronic Hepatitis C An Open – Label Control Study in China	Liu J*，Qiu S，Lu J*，Yan B*，Feng Y*，Li L*，Zhang G*，Wang F*，He P，Fang X，Hu Z，Liang X*，Xu A*，Zhang L#	J Infect Dis	2017，216（3）：327 – 335	6. 2729
236	Norovirus，the next generation for vaccine development in China	Du Jialiang，Guo Tai#	Journal of Applied Virology	2017，6（2）：11 – 19	3. 53
237	非洲绿猴肾细胞中猪圆环病毒 2 型的检测	刘艳，于晴川，杜加亮，刘悦越，李东*，高加梅，范行良，张韵祺*，赵荣荣，国泰#	国际生物制品学杂志	2017，40（2）：62 – 67	3. 53
238	伤寒 Vi 多糖疫苗内毒素检测	梁昊宇，蔡彤，裴宇盛，曾明，王斌#	中国药事	2017，31（7）780 – 785	3. 54
239	甲型副伤寒沙门菌菌体抗原单克隆抗体的制备及其初步应用	梁昊宇，董思国，曾明，王斌#	中国生物制品学杂志	2017，30（6）628 – 633	3. 55
240	Neutralizing antibodies against adenovirus type 2 in normal and HIV – 1 – infected subjects：Implications for use of Ad3 vectors in vaccines	Qianqian Li，Qiang Liu，Weijing Huang，Aijing Song，Chenyan Zhao，Jiajing Wu，Youchun Wang#	Human Vaccines & Immunotherapeutics	2017，13（6）：1433 – 1440	3. 65
241	An LASV GPC pseudotyped virus based reporter system enables evaluation of vaccines in mice under non – BSL – 5 conditions	Qianqian Li，Qiang Liu，Weijin Huang，Jiajing Wu，Jianhui Nie，Meng Wang，Chenyan Zhao，Li Zhang，Youchun Wang#	Vaccine	2018，（35）：5172 – 5178	3. 65
242	Development of a pseudovirus based assay for measuring neutralizing antibodies against coxsackievirus B6	Chen P，Wu X，Su Y，Hao X，Mao Q，Liang Z#	Joural of Virological Methods	2017，246：21 – 27	3. 76
243	Seroepidemiology of Coxsackievirus B6 in infants and children in Jiangsu province，China	Gao F，Bian L，Hao X，Hu Y*，Yao X，Sun S，Chen P，Yang C，Du R，Li J*，Zhu F*，Mao Q#，Liang Z#	Human Vaccines & Immunotherapeutics	2017，19：1	3. 77

续表

序号	题目	作者	期刊名称	年份，卷（期）：起止页码	SCI 影响因子
244	Neutralizing antibodies against adenovirus type 2 in normal and HIV－1－infected subjects：Implications for use of Ad4 vectors in vaccines	Qianqian Li，Qiang Liu，Weijing Huang，Aijing Song，Chenyan Zhao，Jiajing Wu，Youchun Wang#	Human Vaccines & Immunotherapeutics	2017 年卷期：1－10	3.91
245	An LASV GPC pseudotyped virus based reporter system enables evaluation of vaccines in mice under non－BSL－6 conditions	Qianqian Li，Qiang Liu，Weijin Huang，Jiajing Wu，Jianhui Nie，Meng Wang，Chenyan Zhao，Li Zhang，Youchun Wang#	Vaccine	2019，（35）：5172－5178	3.92
246	药物注射润滑用免溶剂硅油的生物学安全性评价	杜晓丹，陈鸿波，杨昭鹏#	药物分析杂志	2017，37（9）：1710－1715	
247	我国医疗器械检验机构产品技术要求预评价工作现状，问题和建议	杜晓丹，陈鸿波，杨昭鹏#	中国药事	2017，31（9）：1085－1089	
248	我国《医疗器械检验机构能力建设标准》编制构想	杜晓丹，陈鸿波，杨昭鹏#	中国药事	2017，31（10）：1137－1141	
249	医疗器械产业发展机遇的探讨	李丽莉，卢大伟，白东亭，孙雪#	中国药事	2017，31（6）：622－625	
250	医疗器械检验体系现状分析及发展的思考	卢大伟，李丽莉，白东亭，孙雪#	中国药事	2017，31（7）：733－739	
251	医疗器械能力验证计划的设计	卢大伟，杨昭鹏，孙雪#	北京生物医学工程	2017，36（3）：298－302	
252	3D 生物打印技术的发展与应用	史建峰，王涵，王迎，王春仁#	医疗装备	2017，30（17）：202－204	
253	影响体外鼠胚试验标准化的要素分析	史建峰，韩倩倩#，王春仁#	中国比较医学杂志	2017，27（17）：102－106	
254	3D 打印医用钛合金植入物的研究现状与进展	赵丹妹，王春仁#，韩倩倩，陈虹*，张梅玲*，姜凯迪*	中国医疗器械信息	2017，23（3）：1－5，15	
255	医疗器械检测用 DEHP 标准物质的研究	付步芳，王春仁#	癌变·畸变·突变	2017，29（4）：316－321	
256	医疗器械检测用 2－氯乙醇标准物质的研究	付步芳，王春仁#	中国药事	2017，31（8）：944－950	
257	液质谱联用法同时检测体外生殖培养液中的 3 种能量成分	黄元礼，柯林楠，王春仁，杨昭鹏	中国组织工程研究	2017，787（2）：291－295	
258	3D 打印医疗器械标准现状和产品质量控制研究	王安琪，柯林楠，黄元礼，孙雪，冯晓明，王春仁	中国医疗器械信息	2017，23（3）：25－29	
259	Drug Loaded Nanoparticle Coating on Totally Bioresorbable PLLA Stents to Prevent instent Restenosis	Jian Zhao*，Zhichao Mo[1]*，Fangfang Guo[1]*，Donglu Shi*，Qian Qian Han[2]#，Qing Liu[3]*#（2，3 为共同通讯作者）	Journal of Biomedical Materials Research Part B：Applied Biomaterials	2017，106（1）	3.189

续表

序号	题目	作者	期刊名称	年份，卷（期）：起止页码	SCI 影响因子
260	Development of tissue engineered ligaments with titanium spring reinforcement	Anqi Wang, Richard L*, Williams*, Neeraj Jumbu*, Jennifer Z. Paxton*, Edward T. Davis*, Martyn A. Snow*, Alastair Campbell Ritchie*, Carina B. Johansson*, Rachel L. Sammonsa*, Liam M. Grover*	RSC Advances	2016，6，98536－98544	3.108
261	Backscattered electron imaging and electron backscattered diffraction in the study of bacterial attachment to titanium alloy structure	Anqi Wang, Ian P. Jones*, Gabriel Landini*, Junfa Mei*, Yau Y. Tse*, Yue X. Li*, Linnan Ke*, Yuanli Huang, Li Liu, Chunren Wang, Rachel L. Sammons*	Journal of Microscopy	2018，270（1）：53－63	1.692
262	血压模拟器的工作原理及血压模拟模型	侯晓旭，李佳戈，任海萍#	中国医疗器械信息	2017，23（13）：7－10	
263	不同通气模式下呼吸机发射水平的研究	侯晓旭，李澍，李佳戈，任海萍#	中国医疗器械设备	2017，32（9）：29－32	
264	呼吸气体监护仪的设计原理及检测方法介绍	侯晓旭，李佳戈，任海萍#	中国医疗器械信息	2017，23（13）：4－6	
265	国产磁共振设备评价指标探讨	唐桥虹，李佳戈#	中国医疗器械信息	2017，23（17）：4－6＋25	
266	基于预期用途的移动健康产品监管分类要求	李澍，王浩，罗维娜，王晨希，任海萍#	中国医疗器械设备	2017，32（6）：6－8	
267	移动医疗器械 APP 软件监管技术探讨	王晨希，李澍，王浩，罗维娜，任海萍#	中国医疗器械信息	2017，32（6）：12－15	
268	移动医疗网络安全监管策略研究	罗维娜，李澍，王晨希，王浩，任海萍#	中国医疗设备	2017，32（6）：20－22、31	
269	浅谈我国对医疗器械微功率无线电技术的监管要求	罗维娜，李澍，王浩，任海萍#	中国医疗设备	2017，32（6）：16－19	
270	医用激光辐射危害评估及自动分类检测系统研发	罗维娜，孟祥峰，王浩，任海萍#	中国医疗设备	2017，32（9）：6－9	
271	医疗器械中的图像拼接质量评价方法	王浩，孟祥峰，刘艳珍，任海萍#	中国医疗设备	2017，32（8）：20－23、32	
272	移动医疗器械终端产品质控技术研究	王浩，李澍，王晨希，罗维娜，任海萍#	中国医疗设备	2017，32（6）：9－11、19	
273	光学内窥镜系统色还原性测试方法研究	孟祥峰，李宁，刘艳珍，王浩，任海萍#	中国医疗设备	2016，31（12）：104－106	
274	最不利原则在医疗器械光辐射安全分类测试中的应用研究	孟祥峰，李宁，刘艳珍，王浩，任海萍#	中国医疗设备	2017，32（7）：10－13	

续表

序号	题目	作者	期刊名称	年份，卷（期）：起止页码	SCI 影响因子
275	使用集成装置进行医用硬性光学内窥镜检测的不确定度分析	孟祥峰，王浩，刘艳珍，任海萍#	中国医疗设备	2017，32（8）：13－16	
276	医疗器械非相干光视网膜蓝光辐射危害研究	孟祥峰，李宁，刘艳珍，王浩，任海萍#	中国医疗设备	2017，32（9）：1－5	
277	计量检测在医疗设备质量保证中的作用	李宁	健康世界	2017，25（17）：323－324	
278	眼底照相机光学性能检测中难点及解决方案研究	李宁，刘艳珍，孟祥峰，任海萍#	中国医疗器械信息	2017，23（13）：1－3	
279	眼科超声乳化治疗仪尖端振动速率的测量	李宁，孟祥峰，叶佳宜，任海萍#	医疗装备	2017，30（19）：60－61	
280	2013 版 ICNIRP 非相干可见及红外光光辐射危害评估导则分析	李宁，孟祥峰，刘艳珍，任海萍#	中国医疗设备	2017，32（9）：19－22	
281	医疗器械非相干光眼前节辐射危害研究	李宁，孟祥峰，刘艳珍，任海萍#	中国医疗设备	2017，32（9）：15－18	
282	X 射线管组件在电磁兼容检测中必要性分析	李宁，苏宗文，王晨希，任海萍#	中国医疗设备	2017，32（8）：24－27	
283	医疗器械非相干光辐射视网膜热危害研究	刘艳珍，孟祥峰，李宁，任海萍#	中国医疗设备	2017，32（9）：10－14	
284	α－Gal 抗原定量检测试剂盒的研发	吴勇*，邵安良，徐晓莉*，贾雪荣*，王金恒*，徐丽明#	药物分析杂志	2017，37（10）：1940－1949	
285	Component－based biocompatibility and safety evaluation of polysorbate 80	Huimin Sun，Rui Yang，Jue Wang，Xia Yang，Jiasheng Tu，* Langui Xie，Chunqi Li，Qiaocong Lao，Chunmeng Sun*	RSC Advances	2017，7，15127－15138	3.108
286	药用辅料检验用磷脂酰胆碱对照品的研制	栾琳，孙会敏#	中国药事	2017，31（7）：768－774	
287	Tiantanbio：NIH 小鼠血液生理生化和脏器指标的测定分析	郭羽*，魏杰，王锡岩，张梦媛，胡涛，闵凡贵，王洪，岳秉飞#	实验动物科学	2016，33（6）：45－49	
288	DB11/T 828.3－2011 中 12 号染色体标记筛选及适用性评价研究	魏杰，王洪，于鹏丽，岳秉飞#	中国比较医学杂志	2017，27（7）：59－63	
289	实验小鼠血清中酯酶－1 的检测能力验证结果评价	魏杰，王洪，巩薇，于鹏丽，岳秉飞#	中国比较医学杂志	2017，27（3）：63－67	
290	北京地区两个封闭群巴马小型猪的群体遗传质量分析	魏杰，王洪，巩薇，李晓波，付瑞，王吉，邢进，冯育芳，王淑菁，高正琴，岳秉飞#	实验动物科学	2017，34（2）：26－30	
291	实验树鼩空肠弯曲菌、沙门氏菌和志贺菌多重荧光定量 PCR 方法的建立	冯育芳，王莎莎，邢进，付瑞，巩薇，岳秉飞#	中国比较医学杂志	2017，27（6）：56－62	

续表

序号	题目	作者	期刊名称	年份，卷（期）：起止页码	SCI 影响因子
292	实验大鼠仙台病毒抗体检测能力验证结果评价	李晓波，付瑞，王洪，王吉，卫礼，王淑菁，邢进，冯育芳，李威，王莎莎，贺争鸣，岳秉飞#	实验动物科学	2017，34（1）：1－6	
293	实验用小型猪乙型脑炎病毒的分离鉴定	王吉，付瑞，李晓波，王淑菁，巩薇，卫礼，岳秉飞#，贺争鸣#	中国比较医学杂志	2017，27（3）：57－62	
294	牛病毒性腹泻病毒（BVDV）RT－PCR 检测方法的建立及应用	王吉，付瑞，李晓波，王淑菁，王莎莎，李威，秦骁，巩薇，岳秉飞#，贺争鸣#	中国比较医学杂志	2017，27（11）：80－86	
295	生化标记方法在 KM 小鼠遗传结构分析中的应用	王洪，魏杰，李晓波，岳秉飞#	实验动物与比较医学	2017，37（2）：144－149	
296	微卫星技术在 NIH 小鼠群体遗传结构分析中的应用	郭羽*，王洪，魏杰，岳秉飞#	中国比较医学杂志	2017，27（7）：87－92	
297	巴斯德杆菌属 CODEHOP PCR 检测方法的建立与初步应用	邢进，冯育芳，岳秉飞，贺争鸣，孙晓梅*，代解杰*	中国比较医学杂志	2017，27（1）：85－90	
298	流感嗜血杆菌，溶血嗜血杆菌和多杀巴斯德杆菌病多重荧光定量 PCR 检测方法的建立与初步应用	邢进，冯育芳，岳秉飞，贺争鸣，孙晓梅*，代解杰*	实验动物科学	2017，34（3）：38－42	
299	白色念珠菌 TaqMan－小沟结合物探针实时荧光定量聚合酶链式反应快速检测及抗真菌药物敏感性分析	高正琴，岳秉飞#	药物分析杂志	2017，37（6）：1071－1080	
300	鼠癣螨分子鉴定和感染调查	高正琴，贺争鸣，岳秉飞#	实验动物科学	2017，34（4）：50－54	
301	Endogenous controls of gene expression in N－methyl－N－nitrosourea－induced T－cell lymphoma in p53－deficient mice	吴曦，刘甦苏，吕建军，周舒雅，杨艳伟，王辰飞，谷文达，左琴，李保文，范昌发#	BMC Cancer	2017，17（1）：545	3.26
302	牛疱疹病毒 I 型 PCR 检测方法的建立及在牛源样本检测中的应用	王吉，付瑞，李晓波，王淑菁，卫礼，巩薇，岳秉飞#，贺争鸣	实验动物科学	2017，34（5）：6－11	
303	国家药品标准物质管理系统的建立及介绍	曹丽梅，刘明理，赵宗阁，姚令文，肖新月	中国药事	2017，31（8）：882－886	
304	药品标准物质基本特性与规范生产的有关质量管理要求	陈亚飞，李晓东，刘明理，肖新月#	中国药事	2017，31（2）：134－138	
305	Phloroglucinols with Antioxidative Activity from the Roots of Lysidice rhodostegia	吴先富#，李莉*，李勇*，吕海宁*，刘云宝*，胡有财*	Molecules	2017，22（6）：855－862	2.861

续表

序号	题目	作者	期刊名称	年份，卷（期）：起止页码	SCI 影响因子
306	乙型肝炎疫苗中聚乙二醇 6000 残留量 HPLC 蒸发光散射检测器检测方法的建立及其验证	王瑾，何鹏，赵冉*，柴龙龙*，王文丽*，邹烨宁*，李晓东#，胡忠玉#	中国生物制品学杂志	2017，30（7）：742－746	
307	啮齿类动物毒性实验死亡原因分析推荐方法简介	吕建军，屈哲，霍桂桃，林志，杨艳伟，张頔，张硕，李波#	中国药事	2017，31（3）：312－321	
308	神经毒力体外评价方法的建立和减毒活疫苗的评价	屈哲，张硕，吕建军，霍艳，王雪，袁力勇，马霄，李波#	中国生物制品学杂志	2017，30（9）：963－968	
309	非临床药物安全性评价中毒性病理学评价基本要素	屈哲，吕建军#，林志，霍桂桃，杨艳伟，张頔，张硕，霍艳，王雪，李波	中国药事	2017，31（5）：472－478	
310	影响药物毒性神经病理学评价质量的主要因素	屈哲，林志#，吕建军，霍桂桃，杨艳伟，张頔，张硕，霍艳，耿兴超，王雪，李波	药物评价研究	2017，40（9）：1348－1354	
311	毒性病理学评价中动物剖检及大体病理学检查原则	霍桂桃，吕建军#，屈哲，林志，杨艳伟，张頔，霍艳，耿兴超，王雪，李波	药物评价研究	2017，40（10）：1365－1371	
312	药物临床前安全评价机构计算机化系统的验证	霍桂桃，张曦，吕建军#，李琛，屈哲，林志，李佐刚，耿兴超，霍艳，王雪	药物评价研究	2017，40（11）：1525－1530	
313	临床前药物安全评价毒性病理学靶器官毒性的检查及评价	霍桂桃，吕建军#，林志#，屈哲，杨艳伟，张頔，耿兴超，霍艳，王雪，李波	药物评价研究	2017，40（9）：1235－1240	
314	P53 +/－基因敲除小鼠对尿烷致癌性验证试验的敏感性研究	霍桂桃，杨艳伟，刘甦苏，范志云*，吕建军#，周舒雅，李芊芊，林志，屈哲，张頔，祝清芬*，国明*，汪巨峰*，范昌发#	药物分析杂志	2017，37（7）：1189－1195	
315	临床前药物安全性评价中的毒性病理学	林志，吕建军，霍桂桃，张頔，杨艳伟，张硕，王雪，李波，屈哲#	药物评价研究	2017，40（4）：450－454	
316	药物安全性研究中免疫系统的病理学评价	林志，吕建军，屈哲，霍桂桃，张頔，杨艳伟，王雪，李波#	药物评价研究	2017，40（1）：1－4	
317	药物毒性研究中应激导致的多器官组织病理学变化的探讨	林志，李伟，李珊珊，吕建军，屈哲，霍桂桃，张頔，杨艳伟，盖文琳*，王雪，李波#	中国新药杂志	2017，26（8）：878－885	
318	药物类过敏反应发生机制及临床前评价方法研究进展	陈梦，李伟，王雪，黄芝瑛，耿兴超，李波	中国新药杂志	2017，（1）：51－59	

续表

序号	题目	作者	期刊名称	年份，卷（期）：起止页码	SCI 影响因子
319	类过敏反应体外评价模型的建立及其指标的筛选	李伟，陈梦，黄芝瑛，姜华，李波	中国新药杂志	14：1649－1660	
320	Procainamide－induced autoimmunity：relationship to T－helper 2－type T－cell activation	Ying Huang，Zhi Lin，Yan Huo，Xingchao Geng，Ming Li，Yanwei Yang，Bo Li#	Human and Experimental Toxicology	2018，37（6）：647－662	1.802
321	生物技术药物免疫原性评价的技术发展概述	黄瑛，姜华，李路路，李伟，王欣，霍艳#	药物评价研究	40（7）：999－1004	
322	药物毒代动力学的研究现状与展望	于敏，李佐刚#	中国新药杂志	2017，26（7）：742－748	
323	光敏性评价体外替代方法的研究进展	赵华琛*，淡墨，刘丽#，李波#	中国新药杂志	2017，26（21）：2510－2515	
324	不同表面修饰的纳米氧化铁颗粒诱导胶质瘤细胞凋亡的差异	淡墨，赵继云，齐乃松，赵华琛，文海若，张琳，刘丽	中国新药杂志	2016，25（24）：2887－2892	
325	A safety and immunogenicity study of a novel subunit plague vaccine in cynomolgus macaques	Li Liu，Dong Wei，Zhe Qu，Li Sun，Yufa Miao，Yanwei Yang，Jinbiao Lu，Weixin Du，Bingxiang Wang*，Bo Li#	Journal of Applied Toxicology	2018，38（3）：408－417	3.159
326	A general introduction to the development of Good Laboratory Practice in China	Jing Zhang[1,2]#，Xiaoyu Fan[1]#，Hongtao Jin[1]*，Xingchao Geng*	J. Chin. Pharm. Sci.	2017，26（7）：534－544	
327	国家和医药行业标准对医用诊断 X 射线设备辐射质量要求的解读	谢士兵*，缪斌*，张新*，张欣涛#	医疗装备	2016，29（23）：204－205	
328	食药监机构改革进程中的监管模式对比研究	王广平*，魏美亮*，夏萍萍*，郝晓霞*，李瑾*，江滨*，张欣涛#	中国药事	2016，30（12）：1215－1221	
329	国家医疗器械质量监督抽验管理工作回顾及展望	张欣涛，朱炯，郝擎，石现，李延敏*，成双红，张庆生	中国药事	2017，31（3）：242－246	
330	159 例门诊处方用药错误分析及其防控措施探讨	陈玲*，王钦*，罗佳*，张欣涛#	中国药业	2016，25（24）：84－86	
331	2013—2016 年国家医疗器械监督抽验产品质量状况分析	张欣涛，郝擎，石现，朱炯，罗庆祥*，张庆生，成双红	中国医疗器械杂志	2017，41（3）：216－219	
332	超高效液相色谱法测定酒精饮料中非法添加抗疲劳药物他达拉非及 2 种类似物	谢强胜*，王慧，张子璇*，王坤*，李启艳*，胡德福#*	食品安全质量检测学报	2017，8（3）：1030－1036	
333	降血糖类保健食品市场质量状况与监管	王慧，魏宁漪#，朱炯	食品安全质量检测学报	2017，8（6）：2298－2302	
334	中国保健食品标准体系概述	王慧，李启燕#*	中国药事	2017，31（9）：1056－1059	
335	保健食品功效/标志性成分分析	王慧，尹译，张庆生，祝壮飞，朱炯#	食品安全质量检测学报	2017，8（8）：3111－3116	

续表

序号	题目	作者	期刊名称	年份，卷（期）：起止页码	SCI 影响因子
336	阳离子交换离子色谱法测定钙镁片中钙镁离子含量	于海英*，李俊婕*，王小兵*，林钰稼*，胡德福*，王慧#	药物分析杂志	2017，7（4）：644－648	
337	药品评价抽验的综合管理模式研究	高志峰，林兰#	中国新药杂志	2017，26（1）：29－31	
338	药品检验中标准的有效性研究	高志峰，林兰#	中国新药杂志	2017，26（3）：261－264	
339	生长激素定量标记免疫分析试剂盒行业标准的验证	于婷，曲守方，黄杰	中国医学装备	2017，14（2）：18－22	
340	不同稀释液对人垂体泌乳素第 3 次国际标准品检测的影响	于婷	标记免疫分析与临床	2017，24（2）：226－228	
341	人垂体促黄体生成激素第 3 次国际标准品协作标定研究	于婷，孙楠，曲守方，杨振	药物分析杂志	2017，37（1）：184－189	
342	泌乳素测定试剂盒行业标准的验证	于婷，黄杰，曲守方	中国药事	2017，31（5）：495－500	
343	人 C－肽第 1 次国际标准品协作标定Ⅲa 期研究	于婷，曲守方，杨振	药物分析杂志	2017，37（9）：1727－1732	
344	人垂体泌乳素第 4 次国际标准品协作标定	于婷，曲守方，杨振	药物分析杂志	2017，37（10）：1776－1781	
345	A reference human genome dataset of the BGISEQ－500 sequencer	Jie Huang，Xinming Liang*，Yuankai Xuan*，Chunyu Geng*，Yuxiang Li*，Haorong Lu*，Shoufang Qu，Xianglin Mei*，Hongbo Chen，Ting Yu，Nan Sun，Junhua Rao*，Jiahao Wang*，Wenwei Zhang*，Ying Chen*，Sha Liao*，Hui Jiang*，Xin Liu*，Zhaopeng Yang#，Feng Mu*，Shangxian Gao#	GigaScience	2017，6（5）：1－9	6.87
346	TaqMan－MGB 荧光探针法检测北京地区幽门螺杆菌 gyrA 基因第 87 位密码子和第 91 位密码子耐药突变	胡泽斌，沈维祥*，陈春峰*，张小燕*，成虹*，郜恒骏#	中国医药生物技术	2017，12（4）：325－329	
347	基因编辑技术在 CHO 工程细胞株改造中的应用研究进展	蔡俊立*，沈毅珺*，胡泽斌#	中国医药生物技术	2017，12（2）：171－173	
348	采用细胞质特异性定位的荧光探针观察细胞多核化现象	吴峰*，刘建彬*，胡泽斌#	中国医药生物技术	2017，12（5）：449－452	
349	风疹病毒 IgG 抗体检测试剂盒国家监督抽验工作	曲守方，黄杰，于婷#	中国药事	2017，31（6）：642－646	

续表

序号	题目	作者	期刊名称	年份，卷（期）：起止页码	SCI 影响因子
350	染色体非整倍体无创产前检测技术质控要点及临床应用进展	曲守方，于婷，孙楠，李丽莉，陈芳*，吴英松*，黄杰#	分子诊断与治疗杂志	2017，9（5）：295－300	
351	化学发光法检测 CA125 和 CA153 诊断卵巢肿瘤的临床分析	高飞，黄杰#	临床和实验医学杂志	2017，16（20）：2011－2013	
352	寨卡病毒核酸检测试剂应急参考品的建立	刘东来，张岩*，李玉华，周海卫，李阿茜*，盖伟*，邓永强*，秦成峰*，王佑春，张春涛#	中国病毒病杂志	2017，（5）：343－349	
353	A strongly selected mutation in the HIV－1 genome is independent of T cell responses and neutralizing antibodies	Donglai Liu，Chu Wang*，Bhavna Hora*，Tao Zuo*，Nilu Goonetilleke*，Michael K. P. Liu*，Mark Berrong*，Guido Ferrari*，Andrew J. McMichael*，Tanmoy Bhattacharya*，Alan S. Perelson*，Feng Gao*#	Retrovirology	2017，14（1）：46	3. 867
354	病理用体外诊断试剂国内外分类和监管比较	石大伟，刘东来，黄颖，张春涛#	中国医疗器械杂志	2017，41（2）：127－132	
355	水痘带状疱疹病毒 IgG 抗体检测试剂国家参考品的研制	田亚宾	中国生物制品学杂志	2017，30（4）：408－411	
356	免疫组化诊断试剂性能分析研究中质量控制关键问题探讨	李丽莉	中国生物制品学杂志	2017，30（9）：993－998	
357	免疫测定用前列腺特异性抗原国家标准品的定值研究	刘艳，孙楠，黄颖，高尚先，王玉梅#，张春涛#	药物分析杂志	2017，37（3）：519－523	
358	药品检验机构服务客户的模式与实践初探	黄宝斌，许明哲，杨青云，田学波，白东亭，成双红#	中国药事	2016，（12）：1209－1214	
359	药品检验业务流程效率研究	黄宝斌，许明哲，董中平，张洁，祁文娟，杨青云，田学波，白东亭，成双红#	中国药事	2016，（12）：1204－1208	
360	Make up a missed lesson – New policy to ensure the interchangeability of generic drugs in China	Baobin Huang，Sarah L Barber*，Mingzhe Xu#，Shuanghong Cheng	Pharmacology Research & Perspectives	2017，5（3）：1－3	
361	头孢拉定二水合物的晶型及其特性	薛晶，余方键，刘颖，孙晓*，胡昌勤#	中国抗生素杂志	2017，42（1）：40－45	
362	原辅料及制剂处方工艺对口服固体制剂溶出行为的影响	薛晶，许鸣镝#，南楠，李娅萍	中国新药杂志	2017，26（12）：1370－1375	

续表

序号	题目	作者	期刊名称	年份，卷（期）：起止页码	SCI 影响因子
363	基于 CNKI 数据库的仿制药一致性评价溶出曲线研究进展	薛晶，南楠#，许鸣镝，李娅萍	中国新药杂志	2017，26（15）：1778－1785	
364	不同来源硫酸鱼精蛋白原料药的质量研究	刘倩，李震，张媛，吴彦霖，谭德讲，高华#，杨化新#*	中国药学杂志	2017，52（16）：1451－145	
365	加压素及其类似物研究进展	刘倩，李震，高华#	中国药事	2017，31（5）：479－485	
366	FDA《特定药物的生物等效性指导原则》和日本橙皮书中口腔崩解片生物等效性试验介绍分析	刘倩，南楠，许鸣镝#	中国临床药理学杂志	2017，33（22）：94－98	
367	不同品系大鼠 RT 基因抗原表达数量的研究	马丽颖，刘双环，岳秉飞#	中国比较医学杂志	2017，22（12）：8－12	
368	质量控制实验室在供应品质量管理中的重要性	马丽颖，郭亚新，张晨祎，郭凤，邹健#	中国药事	2017，22（12）：1298－1300	
369	食堂采购供应链信息化建设方案与措施	马丽颖，孟童，郭亚新，邹健#	食品安全质量检测学报	2017，8（1）：342－344	
370	近交系小鼠 H－2 基因与接种乙型肝炎疫苗后无（弱）应答的相关性分析	马丽颖，钟熙，梁争论#，岳秉飞#	中国生物制品学杂志	2017，30（7）：678－684	
371	检验检测机构化学试剂 QC 实验室的关键要素分析	马丽颖，张晨祎，郭亚新，邹健#	中国药事	2017，31（8）：904－909	
372	供应商评估体系的建立对实验材料质量控制的指导意义	马丽颖，徐延昭，郭亚新，邹健#	中国药事	2017，31（10）：1131－1136	
373	The virulence of Streptococcus pneumoniae partially depends on dprA	Yi Yua[1]*，De Changa[1]*，Huiwen Xuc[1]*，Xuelin Zhanga*，Lei Pana，Chou Xu*，Bing Huang*，Hong Zhou*，Jia Li*，Jun Guo*，Changting Liu*#	Brazilian Journal of Microbiology	2017，48（2）：225－231	1.091
374	医疗器械分类过程中常见问题分析	汤京龙，王越，徐红，母瑞红，李静莉	中国医疗器械杂志	2017，41（5）：362－364	
375	国际标准化组织临床检验实验室和体外诊断系统技委会第 22 届年会技术报告	郭世富	中国医疗器械信息	2016，22（12）：84－85	
376	我国医疗器械命名体系研究初探	杨婉娟，李静莉#	医疗器械蓝皮书/中国医疗器械行业发展报告（2017）	83－90	
377	家用电子医疗器械标准体系研究	郑佳，余新华#，何骏*，高山*，李文*，卓越*，张昳冬*，齐丽晶*，张赟*，钱学波*，韩晓鹏*，戎善奎	中国医疗器械杂志	2017，41（5）：369－370，390	

续表

序号	题目	作者	期刊名称	年份，卷（期）：起止页码	SCI 影响因子
378	中国医疗器械分类目录全面修订的设计与思考	李静莉#，郑佳，张春青，母瑞红，余新华	中国医疗器械杂志	2017，41（4）：283－285	
379	我国医疗器械标准化工作现状及制约因素应对的初步探讨	何燕英*，周良彬*，王越#	中国医疗器械信息	2017，23（17）：1－3	
380	从医疗器械分类角度探究国内监管能力	王越，许慧雯，兰禹婷，张春青*，母瑞红，李静莉*	中国医疗器械信息	2017，23（17）：1－3	
381	医用康复器械分类管理探讨分析及展望	张春青，王越，孙惠丽*，母瑞红，余新华，李静莉#	中国医疗器械杂志	2017，41（5）：365－368	
382	中国医疗器械分类技术委员会工作机制探究	张春青，王越，李静莉#，孙海鹏*，郑汪震*，尤寅初*	中国药事	2017，31（9）：1090－1094	
383	医疗器械分类目录质量提高措施探讨	张春青，王越，郭世富，谭瑞芬*，母瑞红，李静莉#	中国医疗器械信息	2017，23（19）：51－56	
384	我国医疗器械分类目录修订框架设计的研究	张春青，王越，周良彬*，母瑞红，余新华，李静莉#	中国药事	2017，31（10）：1102－1106	
385	基于自动计算和线上分析的磁共振成像质量控制系统的研究	张春青，王洪*，贺瑶瑶*	中国医学装备	2017，14（9）：1－5	
386	我国医疗器械分类改革发展概况	张春青，郑佳	医疗器械蓝皮书/中国医疗器械行业发展报告（2017）	91－99	
387	基于异构条件的 NIDS 网络安全技术研究	李健，陈为	计算机技术与发展	2017，（9）：106－109	
388	基于无线传感器网络的安全网络运行环境构建	李健	计算机工程与应用	2017，（22）：66－70	
389	从优质文章特性谈科技论文的编辑加工	陈唯真，粟晓黎#	编辑学报	2017，（2）：135－138	
390	中药注射剂临床合理使用干预分析	杨禄辉*，莫月仕*，邹宇玲#	中国药事	2017，31（1）：96－100	
391	大麻素及大麻受体与系统性红斑狼疮疾病治疗的相关研究进展	杜明粲*，徐晓君*，粟晓黎，王雅雯，郑丽娥 邹宇玲#	中国药事	2017，31（11）：1317－1326	
392	丙型肝炎病毒疫苗的评价及研究进展	吴星，苏瑶，陈盼，梁争论#	微生物学免疫学进展	2017，45（3）：75－81	
393	肠道病毒 68 型的研究进展	卞莲莲，孙世洋，毛群颖，梁争论#	微生物学免疫学进展	2017，45（4）：81－85	

续表

序号	题目	作者	期刊名称	年份，卷（期）：起止页码	SCI 影响因子
394	肠道病毒 71 型灭活疫苗免疫原性比较	高帆，苏瑶，卞莲莲，姚昕，毛群颖#，梁争论	中国生物制品学杂志	2017，30（7）：673－684	
395	肠道病毒 71 型灭活疫苗质量一致性评价	高帆，毛群颖，卞莲莲，姚昕，张洁，徐苗，梁争论#	中国生物制品学杂志	2017，30（9）：990－992	
396	戊型肝炎疫苗评价用小鼠品系的比较	苏瑶，林惠娟，孙光*，李媛媛*，姜崴#*，吴星#，梁争论	中国生物制品学杂志	2017，30（8）：785－799	
397	戊型肝炎疫苗上市后质量控制	吴星，卞莲莲，张洁，徐苗，梁争论#	微生物学免疫学进展	2017，45（2）：49－52	
398	乙型肝炎疫苗纯化产物中脂质含量硫酸－香草醛测定法的建立及验证	方鑫，雷国民*，肖凯*，朱征宇*，何鹏，陈兴*，张卫婷*，邹烨宁*，邱少辉，胡忠玉#	中国生物制品学杂志	2017，30（7）：756－760	
399	乙型肝炎疫苗中聚乙二醇 6000 残留量 HPLC－散射检测器检测方法的建立及其验证	王瑾*，何鹏，赵冉*，柴龙龙*，王文丽*，邹烨宁*，李晓东，胡忠玉#	中国生物制品学杂志	2017，30（7）：742－750	
400	重组戊型肝炎疫苗质量控制和评价研究	吴星，陈盼，梁争论#	微生物学免疫学进展	2017，45（1）：69－73	
401	肿瘤预防性疫苗的研究进展	杨策，张洁，徐苗#，梁争论#	微生物学免疫学进展	2017，45（2）：97－102	
402	polio/HAV 灭活疫苗抗原国际标准研制的经验及对 EV71 国际标准品研制的启示	姚昕，卞莲莲，高帆，王一平，毛群颖，李长贵，徐苗，梁争论#	中国生物制品学杂志	2017，30（8）：878－883	
403	人诺如病毒疫苗的研究进展	毛群颖，卞莲莲，高帆，梁争论#	中国病毒病杂志	2016，6（6）：438－443	
404	《EV71 疫苗质控和技术评价要点》解读	毛群颖，卞莲莲，高帆，姚昕，徐苗#，梁争论#	中国生物制品学杂志	2017，30（8）：884－886	
405	柯萨奇病毒 B 组 5 型的研究进展	郝晓甜，高帆，毛群颖，梁争论#	中国生物制品学杂志	2017，30（4）：433－437	
406	甲型肝炎疫苗的研发和应用	毛群颖，高帆，卞莲莲，姚昕，梁争论#	中国生物制品学杂志	2017，30（9）：999－1002	
407	肠道病毒 71 型国际标准品的研制及应用	毛群颖，王一平，卞莲莲，高帆，姚昕，梁争论#，徐苗，王军志	中国生物制品学杂志	2016，29（12）：1355－1357	
408	甲型 H1N1 流感疫苗中神经氨酸酶含量双抗体夹心 ELISA 检测方法的建立与应用	徐康维，顾琴，邵铭，何蕊，刘书珍，赵慧，黎旭光，李长贵	微生物学免疫学进展	2016，44（6）：1－4	
409	siRNA 在抗流感病毒感染中的研究进展	宋彦丽，李长贵	微生物学免疫学进展	2017，45（3）：62－65	
410	水痘带状疱疹病毒野毒株和疫苗株区分方法研究	权娅茹，陈震，邱平，崔晓雨，李长贵，袁力勇	中国药事	2017，31（9）：1048－1053	
411	麻腮风联合减毒活疫苗 2014～2016 年批签发质量分析	崔晓雨，李威，袁力勇，李长贵	中国生物制品学杂志	2017，30（8）：887－896	
412	狂犬病病毒 CTN 株糖蛋白膜外区可溶性高效表达及纯化	李加，刘雅菲*，王云鹏，曹守春，石磊泰，俞永新，李玉华#	中华微生物学和免疫学杂志	2017，37（6）：438－442	

续表

序号	题目	作者	期刊名称	年份，卷（期）：起止页码	SCI 影响因子
413	狂犬病病毒 CTN 株核蛋白可溶性高效表达及纯化	李加，刘雅菲*，王云鹏，俞永新，李玉华#	中国病毒病杂志	2017，7（1）：32－37	
414	The molecular determinants governing the immunogenicity of Japanese encephalitis live attenuated vaccines	Yuhua Li，Yin Fu*，Xinyu Liu，Huiqiang Yang*，Yongxin Yu，Lili Jia，Xuguang Li*，Aaron Farnsworth*，Junzhi Wang#	Signal Transduction and Targeted Therapy	2017，（2）：17005	
415	Toll 样受体激动剂在疫苗研发中的研究进展	王云鹏，杨晓明*，李玉华#	中华微生物学和免疫学杂志	2017，37（6）：474－478	
416	Research progress of CpG－DNA in regulation of immune system and signal pathway	王云鹏，杨晓明*#	Journal of Applied Virology	2017，6（1）：1－9	
417	腺病毒载体在病毒性疫苗中的研究进展	刘晶晶，李玉华#	国际生物制品学杂志	2017，40（5）：250－254	
418	首批黄热减毒活疫苗病毒滴度国家标准品的研制	王玲，刘晶晶，孔艳，李玉华#	中国生物制品学杂志	2017，30（4）：342－345、350	
419	6 群肺炎链球菌荚膜多糖合成相关基因的分子生物学研究	陈琼，龙新星，李红，黄洋，王春娥，陈翠萍，叶强#	微生物学免疫学进展	2017，45（4）：8－12	
420	人血清中肺炎链球菌荚膜多糖 IgG 抗体定量 ELISA 的初步验证	李红，李亚南，石刚，刘文宾，陈琼，王春娥，陈翠萍，叶强#	微生物学免疫学进展	2017，45（3）：24－30	
421	1，3，5 和 7F 型肺炎球菌荚膜多糖抗体 IgG 定量检测 ELISA 方法的验证	李红，李亚南，李茂光，陈琼，王春娥，陈翠萍，叶强#	中国新药杂志	2017，6（13）：1551－1555	
422	2，9N，17F 及 20 型肺炎球菌荚膜多糖血清 IgG 抗体定量检测 ELISA 法的验证	李红，石刚，刘茹凤，李亚南，王春娥，唐静，陈琼，石继春，陈翠萍，叶强#	中国生物制品学杂志	2017，30（7）：751－755	
423	8，10A，11A 及 15B 型肺炎链球菌荚膜多糖血清 IgG 抗体定量 ELISA 检测方法的验证	李红，李亚南，石刚，陈琼，王春娥，唐静，陈翠萍，叶强#	中国生物制品学杂志	2017，30（9）：958－962	
424	B 群脑膜炎球菌疫苗的研究现状及挑战	王珊珊，叶强#	药物评价研究	2017，40（8）：1163－7	
425	钩端螺旋体分子进化及分型的研究进展	徐颖华，辛晓芳，叶强#	中华微生物学和免疫学杂志	2017，37（8）：624－627	
426	不同处理方法对肺炎链球菌基因组提取的影响	黄洋，李康，杨越，陈驰，梁丽，叶强#，陈翠萍	微生物学免疫学进展	2017，7（3）：39－42	
427	AC 群脑膜炎球菌与 b 型流感嗜血杆菌联合疫苗多糖含量免疫速率比浊检测方法的研究建立及验证	李亚南，朱向国*，毛琦琦，陈苏京，赵丹，王珊珊，徐颖华，叶强，李茂光#	中国生物制品学杂志	2017，30（6）：645－648	

续表

序号	题目	作者	期刊名称	年份，卷（期）：起止页码	SCI 影响因子
428	重组 CTLA4 - Fc 融合蛋白的质量研究	李萌，于传飞，王兰#等	中国药学杂志	2017，52（20）：1855 - 1861	
429	光阻法检测治疗性抗体不溶性微粒的取样方式探讨	郭莎，曹俊霞，王兰#等	药物分析杂志	2017，37（3）：1370 - 1376	
430	治疗性单克隆抗体电荷异质性分析方法比较	王文波，武刚，于传飞等	药物分析杂志	2017，37（8）：1383 - 1388	
431	人间充质干细胞体外成软骨分化能力综合评价策略研究.	张可华，刘静，纳涛，袁宝珠#	中国新药杂志	2017，26（18）：2196 - 2203	
432	疫细胞治疗制剂体外杀伤效力评价方法的分析研究	宋雪，吴雪伶，樊金萍，赵翔，冯建平，孟淑芳#.	中国微生物学和免疫学杂志	2017，37（8）：601 - 606	
433	气相色谱法检测重组人血白蛋白中异丙醇残留量	马秋平，王敏力，侯继锋，王箐舟#	中国生物制品学杂志	2017，（33）8：847 - 849	
434	人免疫球蛋白中甲肝抗体效价 ELISA 检测方法的建立和验证	马秋平，王威，郝杰，侯继锋，王箐舟#	中国生物制品学杂志	2017，（30）7：761 - 763	
435	首批人血白蛋白国家参考品的研制	王敏力，肖林，周倩，杨鹏云，李曼，管利东，郝杰，王箐舟，侯继锋#*	中国药学杂志	2017，52（6）：480 - 487	
436	细胞核染色法检测人免疫球蛋白类制品巨细胞病毒中和抗体效价	王敏力，秦婷婷*，刘波*，杨春*，刘兰军*，侯继锋#	中国生物制品学杂志	2017，30（7）：718 - 722	
437	人血白蛋白的蛋白质含量测定能力验证结果与分析	王敏力，王箐舟，刘雅丹，徐苗，侯继锋#	中国药事	2017，31（7）：754 - 759	
438	Q - PCR 法检测腺病毒基因治疗产品中的复制型腺病毒	于雷，李永红，秦玺，杨靖清，饶春明	生物技术通讯	2017，（3）：352 - 355	
439	生物技术药物生物学活性测定方法研究进展	于雷，饶春明	现代生物医学进展	2017，（3）：392 - 396	
440	重组人血管内皮生长因子抑制剂理化对照品质控方法及质量标准的建立	毕华，陶磊，韩春梅，秦玺，范文红，杨靖清，丁有学，饶春明	中国生物制品学杂志	2017，30（8）：833 - 837	
441	新型胃癌治疗性疫苗的细菌内毒素检查方法的建立	毕华，郭莹，刘兰，李永红，丁有学，饶春明	中国生物制品学杂志	2017，30（9）：973 - 976	
442	重组人促红素理化对照品的质量评价	李响，陶磊，韩春梅，范文红，秦玺，周勇，饶春明	药物分析杂志	2017，37（6）：1117 - 1126	
443	重组人干扰素 α1b 注射剂评价性抽验结果与质量分析	裴德宁，丁有学，郭莹，史新昌，毕华，秦玺，饶春明	药物评价研究	2017，（3）：341 - 344	
444	聚乙二醇干扰素质量控制要点的探讨	裴德宁，郭莹，饶春明	药物评价研究	2017，（9）：1361 - 1364	

续表

序号	题目	作者	期刊名称	年份，卷（期）：起止页码	SCI影响因子
445	Genomics and Comparative Genomic Analyses Provide Insight into the Taxonomy and Pathogenic Potential of Novel Emmonsia Pathogens	Ying Yang*，Qiang Ye，Kang Li，Zongwei Li*，Xiaochen Bo*，Zhen Li*，Yingchun Xu*，Shengqi Wang*，Peng Wang*#，Huipeng Chen*#，Junzhi Wang#	Front Cell Infect Microbiology	2017，（7）：105	4.3
446	Structure – toxicity relationship of cefoperazone and its impurities to developing zebrafish by transcriptome and Raman analysis	Ying Han，Jianqin Qian*，Jingpu Zhang*，Changqin Hu#，Chen Wang	Toxicology and Applied Pharmacology	2017，（327）：39 – 51	3.847
447	Phase 3 Trial of a Sabin Strain – Based Inactivated Poliovirus Vaccine	Liao，Guoyang，Li，Rongcheng，Li，Changgui，Sun，Mingbo，Jiang，Shude，Li，Yanping，Mo，Zhaojun，Xia，Jielai，Xie，Zhongping，Che，Yanchun，Yang，Jingsi，Yin，Zhifang，Wang，Jianfeng，Chu，Jiayou，Cai，Wei，Zhou，Jian，Wang，Junzhi，Li，Qihan，	Journal of Infectious Diseases	2016，214（11）：1728 – 1734	6.2729
448	Dynamics of 8G12competitive antibody in “prime – boost” vaccination of Hepatitis E vaccine	Wu X，Chen P，Lin H，Su Y，Hao X，Cao Y*，Li L*，Zhu F*，Liang Z#	Hum Vaccin Immunother	2017，13（6）：1 – 6	2.157
449	Comparison of serological assays to titrate Hantaan and Seoul hantavirus – specific antibodies	Weihong Li*，Shouchun Cao，Quanfu Zhang*，Jiandong Li*，Shuo Zhang*，Wei Wu*，Jing Qu*，Chuan Li*，Mifang Liang*，Dexin Li*#	Virology Journal	2017，14（1）：133	2.139
450	Envelope Protein Mutations L107F and E138K Are Important for Neurovirulence Attenuation for Japanese Encephalitis Virus SA14 – 14 – 2 Strain	Jian Yang*，Huiqiang Yang*，Zhushi Li*，Wei Wang*，Hua Lin*，Lina Liu*，Qianzhi Ni*，Xinyu Liu，Xianwu Zeng*，Yonglin Wu*，Yuhua Li#	Viruses	2017，9（1）：20 – 31	3.465

注：本表统计本单位职工以第一作者或通讯作者发表的论文。外单位作者名后标“*”，通讯作者名后标“#”。